edition suhrkamp

Redaktion: Günther Busch

Die Arbeit des verstorbenen polnischen Wissenschaftlers und Begründers der polnischen Soziologie über die strukturellen Merkmale der Sozialwissenschaften ist in den Jahren 1957 bis 1961 geschrieben worden. Sie enthält eine Darstellung der sozialwissenschaftlichen Untersuchungsverfahren und Ideengeschichte. Indem Ossowski die Soziologie thematisch und methodologisch von den Nachbardisziplinen abgrenzt, bestimmt er ihren Gegenstandsbereich und ihren Kategorienapparat. Die Bedeutung dieses wissenschaftstheoretischen Versuchs nicht nur für die Sozialwissenschaft in Polen, sondern auch für die des Westens ist durch die Entwicklung bestätigt worden. Unsere Ausgabe soll nun auch den deutschen Leser mit einem Argumentationszusammenhang vertraut machen, mit dem auseinanderzusetzen sich lohnt, da er die »Krise im Selbstverständnis der Soziologie« anhand wichtiger Differenzierungskriterien durchsichtig macht.

Stanisław Ossowski

Die Besonderheiten der Sozialwissenschaften

Suhrkamp Verlag

Titel der Originalausgabe: O *obsobliwościach nauk społecznych*
Aus dem Polnischen übersetzt von Friedrich Griese

edition suhrkamp 612
Erste Auflage 1973
 Satz, in Linotype Garamond, Druck und Bindung bei Georg Wagner, Nördlingen. Gesamtausstattung Willy Fleckhaus.

Inhalt

Einleitung

Die Studien über die Besonderheiten der Sozialwissenschaften, die Gegenstand dieser Arbeit sind, gingen aus langjährigen Reflexionen und Beobachtungen während meiner Forschungs- und Lehrtätigkeit im Bereich der Soziologie hervor. Den Anstoß gaben Konflikte zwischen Interpretationen gesellschaftlicher Probleme, die sich in Diskussionen und Polemiken zeigten. In den letzten zehn bis zwanzig Jahren nahmen diese Konflikte manchmal dramatische Formen an, so daß es geboten schien, zu den Motivationen der häufig unverantwortlichen Äußerungen vorzustoßen, den wirklichen Gegenstand des Streits in dem Dickicht der Mißverständnisse und Vorurteile freizulegen.
In der jüngsten Zeit kamen als weiterer Impuls die Erfolge moderner Forschungsmethoden in der Soziologie hinzu sowie die Forderung nach einer Integration der Sozialwissenschaften, die gegenwärtig in Amerika laut erhoben wird, wo die Desintegration sehr weit fortgeschritten ist, mißt man sie an der Zersplitterung der einzelnen Departments an den Hochschulen.[1]
In Polen hatten diese Parolen eine alte Tradition, die unter anderem mit dem Namen Krzywickis verbunden ist, doch haben sie in der gegenwärtigen Entwicklungsphase der Soziologie auf der anderen Seite des Atlantik eine neue Begründung erfahren. Schließlich gehörten zu den Anreizen, die den Verfasser dazu bewogen, seine Reflexionen gerade jetzt öffentlich zu machen, der Neuaufbau des soziologischen Studiums in Polen und die rasche Entfaltung der empirischen Forschung in unserem Lande mit der Perspektive praktischer Aufgaben in der gesellschaftlichen Planung. Gerade zu diesem Zeitpunkt erschien es mir nützlich, meine Überlegungen über die Besonderheiten der Sozialwissenschaften jenen Lesern mitzuteilen, die sich für die Grundlagen der Soziologie und ihre Stellung innerhalb der

1 Die Integrationsparolen finden in Amerika gegenwärtig ihren Ausdruck in der Entstehung und im Ausbau solcher Institute wie Institute for Research in Social Science (Universität von North Carolina), Institute of Human Relations (Yale-University), Institute of Social Relations (Harvard University), Institute of Behavioral Sciences (Stanford-University Kalifornien).

Kultur interessieren. Derartige Interessen zeigen sich bei uns sowohl in den lebhaften Diskussionen innerhalb der Polnischen Soziologischen Gesellschaft als auch in den Veröffentlichungen einiger Soziologen der jungen Generation.

Obwohl unsere Überlegungen sich auf alle Disziplinen erstrekken, die gesellschaftliche Phänomene zum Gegenstand haben, wird eine im weiten Sinne verstandene Soziologie ihr Zentrum bilden, die auch Fragestellungen umfaßt, welche die Vertreter der Sozialpsychologie und der Sozialanthropologie für sich beanspruchen. Dies gibt eine gewisse Orientierung im Hinblick auf den Problembereich, umreißt aber nicht dessen Umfang. Den Grund, warum ich diesen Umfang nicht näher präzisieren möchte, werde ich noch zu erklären versuchen. Wo die Grenzen einer weit verstandenen Soziologie liegen und in welcher Beziehung sie zu den anderen Sozialwissenschaften steht – diese Frage ist für mich nur im Zusammenhang mit dem »humanistischen Koeffizienten« interessant: wie wird in diesem oder jenem Milieu die Soziologie im Verhältnis zu den anderen Disziplinen gesehen, nach welchen Kriterien werden die Probleme und Methoden abgegrenzt? Zwar nehme ich offiziell die soziale Rolle des Soziologen wahr, doch meine ich, daß es bedeutend leichter ist, mit dem Begriff der Sozialwissenschaften als mit dem Begriff der Soziologie zu operieren. Wer sich mit einer genauen Abgrenzung des Bereichs der Soziologie herumplagen will, der vergleiche die Inhaltsverzeichnisse einer Reihe von Lehrbüchern der Soziologie und der Sozialpsychologie oder die Konzepte von Felduntersuchungen, die von soziologischen bzw. sozialpsychologischen Instituten durchgeführt wurden, und überlege sich dann, welcher dieser Kategorien er die Institute zur Erforschung der öffentlichen Meinung zurechnen will.

Bei der Abgrenzung der Disziplinen kann man zweierlei Kriterien anwenden – institutionelle und inhaltliche. Im ersten Falle interessiert uns die Einteilung der Disziplinen im Hinblick auf bestimmte gesellschaftliche Tatsachen: akademische Lehrstühle, wissenschaftliche Institute, Gesellschaften und Kongresse, Berufsrollen, Verlage mit bestimmten Bezeichnungen. Nach diesen Kriterien gehört zur Soziologie das, womit sich Menschen beschäftigen, welche die soziale Rolle des Soziologen ausfüllen, und was zum Aktionsprogramm soziologischer In-

stitute, Lehrstühle und Vereinigungen gehört. Im zweiten Falle versuchen wir eine systematische Einteilung in dem Sinne, daß wir die Thematik, die Formulierung der Probleme, die Begriffsapparatur und die Forschungsmethoden berücksichtigen.
Nun decken sich diese beiden Verfahren der Abgrenzung von Wissenschaften keineswegs. Wissenschaftliche Institutionen sind wie alle Institutionen ein Produkt historischer Umstände, und wenn der Umfang ihres jeweiligen Fachbereichs überhaupt einmal nach logischen Klassifikationsprinzipien für die Forschungsprobleme und Methoden festgestellt wurde, dann war das die Ausnahme und nicht von Dauer. Das heißt nicht, daß institutionelle Einteilungen keinen Einfluß auf die Methoden, den Umfang und Charakter der Disziplinen haben, die sich infolge dieser oder jener historischen Umstände herausgebildet haben. Die wissenschaftlichen Institutionen und die an sie geknüpften sozialen Rollen erzeugen Milieus, Verhaltensmuster, einen Begriffsapparat; sie stellen an die Qualifikation der Mitarbeiter diese oder jene Anforderungen; sie fordern Beziehungen dieser oder jener Art zu den Institutionen und den Menschen. So können der Historiker und der Soziologe sehr verschiedene Typen des Wissenschaftlers darstellen – mit unterschiedlichen Neigungen und einer unterschiedlichen Art, die Phänomene zu fassen und nach Erklärungen zu suchen, obwohl beide sich mit denselben Sachverhalten der Kulturgeschichte oder der Geschichte der sozialen Konflikte befassen. Das gleiche kann für das Verhältnis zwischen dem Soziologen und dem Psychologen gelten, die es mit gemeinsamen Problemen zu tun haben – etwa dem Problem des Einflusses bestimmter sozialer Milieus auf den Einzelnen. In den Untersuchungen über die Religiosität von Wissenschaftlern, die J. H. Leuba vor vierzig Jahren in Amerika durchgeführt hat, zeigte sich, daß Soziologen den Biologen näherstehen als den Historikern und die Historiker den Physikern näher als den Soziologen.[2] Solche typologischen Unterschiede können aber nicht darüber hinwegtäuschen, daß die Problemstellungen der institutionell voneinander getrennten Disziplinen sich überschneiden.
In der Geschichte der Sozialwissenschaften können wir minde-

2 J. H. Leuba, *Psychologie du mysticisme religieux,* Paris 1925, S. 486.

stens sechs verschiedene Richtungen unterscheiden. An erster Stelle ließen sich Staatslehre und die Regierungskunst nennen. Sie haben in der Literatur Asiens eine alte Tradition, und in Europa stehen für diese Richtung unter anderem die Namen von Aristoteles, Machiavelli, Bodin, Grotius, Hobbes und Pufendorf. Ebenso alt ist die zweite Disziplin, die Geschichtsschreibung, welche die Geschichtsschreiber entweder zur Geschichtsphilosophie oder zu Verallgemeinerungen auf der Grundlage historischer Materialien führte. Die Anfänge dieser Konzeption liegen in grauer Vorzeit; innerhalb unserer Kultur reichen sie mindestens bis zum *Buch der Richter* im *Alten Testament* zurück. Bezüglich der Entwicklung der soziologischen Problematik im heutigen Sinne wäre darauf hinzuweisen, daß schon die historischen Prolegomena von Ibn Khaldun soziologische Theorien enthalten, und daß die mehr als 400 Jahre später verfaßte zweibändige soziologische Abhandlung von Buckle die Einleitung zu einem großen historischen Werk sein sollte und den Titel trägt: *History of Civilization in England*.[3]

Die dritte Richtung entsteht wie die erste aus praktischen Aufgaben – es ist die Wirtschaftswissenschaft. Hierbei unterschied Aristoteles zwei Disziplinen: die Lehre von der Wirtschaftsführung (oikonomia) und die Lehre vom Erwerb von Reichtümern, die Chrematistik (chrematistike). Die Lehre von der Wirtschaftsführung entwickelt sich im Altertum und in der Renaissance (Hesiod, Kato d. Ä., Alberti); die moderne politische Ökonomie entwickelt sich, im Widerspruch zu ihrem Namen, auf der Linie der Chrematistik.[4]

Wenn wir auf dem einen wie auf dem anderen Wege zur Realität vorstoßen, treffen wir auf Probleme, die in den Be-

3 1. Auflage 1857-1861. Postume Auflagen unter dem Titel: *Introduction to the History of Civilization in England.*

4 Etwas anders faßt Otto Neurath diesen Doppelcharakter der Ökonomie: »Die Vertreter der politischen Ökonomie versuchten den Menschen etwas über das menschliche Glück beizubringen. Sie schufen eine Kreuzung, die sich teils mit dem menschlichen Glück, teils mit der Buchhaltung befaßte. Die wissenschaftlichen Methoden aber, die sie anzuwenden versuchten, wurden aus der Buchführung und nicht aus Untersuchungen über das Glück abgeleitet.« *Foundation of the Social Sciences,* The University of Chicago Press 1944, S. 39. Die Buchführung gehört natürlich zum Bereich der Chrematistik.

reich der Soziologie gehören. Marx veröffentlichte seine gesamte, folgenreiche Soziologie teils unter dem Namen der Geschichte, teils unter dem Namen der Ökonomie, während sein Hauptwerk den Titel *Das Kapital* trägt. Viele Jahre später hatte Max Weber einen ökonomischen Lehrstuhl inne, als er seine soziologischen Theorien vortrug. – Die vierte Richtung, deren Anfänge man ebenfalls im Altertum finden kann, ist die Lehre von den fremden Völkern. In erster Linie denke ich an Herodot. Diese Richtung – die Völkerkunde – entwickelt sich durch Reisende wie Marco Polo in Gestalt von Berichten, bis sich verschiedene Disziplinen aus ihr absondern: die Ethnographie, die Ethnologie, die Völkerpsychologie und die Sozialanthropologie. Bei Durkheim und seinen Schülern geht die Ethnologie eine enge Verbindung mit der Soziologie ein.
Führen wir als fünfte Richtung die Wissenschaft vom Menschen an. Von ihren beiden Zweigen, der Physiologie und der Psychologie, interessiert hier natürlich die letztere. Sie dringt auf zwei Wegen in den Bereich der gesellschaftlichen Fragestellung ein: a) durch die Thematik der Abhängigkeit der psychischen Prozesse und der Persönlichkeitsstrukturen vom sozialen Milieu; und b) durch die Kategorie »heteropathischer« Erfahrungen, welche auf eine Beziehung zu anderen Wesen zurückgehen, wobei hier sowohl heteropathische Empfindungen wie auch die Problematik der Verständigung und Verständigungsmöglichkeit ins Spiel kommen. Auf diese Weise bildet sich die Sozialpsychologie als besondere Disziplin heraus, und ihre Anhänger bemühen sich, sie auf verschiedene Weise von der Soziologie einerseits und von der »Individualpsychologie« oder konkreter: der Psychophysiologie andererseits abzugrenzen.
Die jüngste Richtung im Rahmen der soziologischen Thematik entstand schließlich unter dem eigenen Namen der »Soziologie«. Diese Wissenschaft trat auf, als bereits ein bedeutender Teil der Fragestellungen, auf die sie zielt, anderen Disziplinen zugeordnet oder zum Gegenstand einer neuen Disziplin geworden war, die aus der Psychologie hervorging. Die Entwicklung eines eigenen, wenn auch uneinheitlichen und häufig inkonsequenten begrifflichen Apparats begünstigte die Anerkennung der Autonomie der neuen Wissenschaft, die schließlich auch institutionell gefestigt wurde. In England aber wird beispielsweise, wie Norman Birnbaum hervorhebt,

ein bedeutender Teil der Untersuchungen, die man anderswo der Soziologie zurechnen würde, bis heute unter anderen Bezeichnungen betrieben.[5]

In ihrem Bericht vom soziologischen Weltkongreß in Stresa in der *Revue Française de Sociologie* wird von den Verfassern die Beziehung zwischen Soziologie und Psychosoziologie diskutiert und in den zwischen Psychologie und Soziologie umstrittenen Bereichen eine weitere Disziplin ins Leben gerufen.[6]

Bei einer solchen mehrspurigen Entwicklung der wissenschaftlichen Reflexion, wo ein und dieselben Fragen sich häufig aus verschiedenen Ursprüngen herleiten, ist es verständlich, daß alle Versuche, die Disziplin auf Grund einer Systematisierung der Probleme abzugrenzen, mit den institutionellen Kriterien kollidieren müssen; selbst wenn man von institutionellen Kontroversen absieht, bestehen geringe Chancen, daß eine derartige Abgrenzung sich angesichts der engen Verknüpfung zwischen den verschiedenen sozialen Bereichen behaupten kann. Daß man sich dieser Verknüpfung bewußt wurde, zeigen die Tendenzen zur Integration der Sozialwissenschaften und die Suche nach einer Bezeichnung, welche die gesamte gesellschaftliche Thematik umfassen sollte, künstliche Barrieren einreißen und die Mißverständnisse vermeiden hülfe, die sich im Zusammenhang mit gewissen Bedeutungen des Ausdrucks »Sozialwissenschaften« (Nachdruck auf den sogenannten Rechtswissenschaften und der politischen Ökonomie, Widerstand gegen psy-

5 Norman Birnbaum, *Friends and Enemies*, in: *Twentieth Century* 1960 (Mai), S. 466 f.

6 »Es wird allmählich deutlich, daß die neuen methodologischen Bemühungen zum größten Teil weiterhin von einer psychosoziologischen Perspektive ausgehen. Was kann der Soziologe in diesem Fall tun? Wenn man ausschließen will, daß eine streng soziologische Erkenntnis allein auf dem Wege über die Psychosoziologie möglich ist, scheinen dem Soziologen nur zwei Möglichkeiten zu verbleiben: entweder übernimmt er die Methoden der Psychosoziologie, ohne gleichzeitig ihre Konzepte und Begriffe zu übernehmen, die ihn oft in seinem Vorgehen behindert haben, oder er schafft sich eine neue, seiner Problemstellung angemessene Methodologie. Eine dritte, vielversprechende Möglichkeit bestünde darin, daß mathematische und vom Modell ausgehende Ansätze sich so weit verfeinern und entwickeln, daß sie von den Vertretern der gesamtgesellschaftlichen Theorie verwendet und integriert werden könnten.« J. Dofny und H. Jamous, *L'orientation de la sociologie au Congrès de Stresa*, in: *Revue Française de Sociologie 1960*, Nr. 1, S. 85.

chologische Erklärungsverfahren) ergeben konnten. Ein solch neuer und brauchbarer, weil einer konventionellen Festlegung zugänglicher Ausdruck ist der in Amerika sich ausbreitende Terminus *behavioral sciences*. Leider ist seine polnische Übersetzung (»Verhaltenswissenschaften«/»nauki o zachowaniu się«) sowohl hölzern als auch geeignet, falsche Vorstellungen zu erwecken, und auch in der englischen Version findet der Terminus Widerspruch, weil er auf Grund seiner Etymologie den Akzent auf Sachverhalte setzt, die von dem heiklen Verhältnis der antagonistischen gesellschaftlichen Kräfte wegführen.

In unseren weiteren Überlegungen bleiben wir also bei dem Ausdruck »Sozialwissenschaften«. Sofern wir nicht einen Begriff der Soziologie meinen, wie er in Intellektuellen-Kreisen gebräuchlich ist, werden wir den Terminus »Soziologie« in einem sehr weiten Sinne – eingedenk dessen, was wir oben gesagt haben – verwenden, ohne ihn näher zu präzisieren und nur darum besorgt, daß es nicht zu Mißverständnissen kommt. Wir werden deshalb in gewissen Situationen von der »Soziologie und den verwandten Disziplinen« sprechen, wobei wir institutionellen Kriterien stattgeben, obwohl diese verwandten Disziplinen – die Sozialanthropologie und Sozialpsychologie – sich, mindestens zu einem erheblichen Teil, durch einen erweiterten Begriff der Soziologie fassen lassen. Wie bekannt, wird die Sozialanthropologie unter anderem als Soziologie der schriftlosen Völker definiert oder als Soziologie der exotischen Kulturen, so wie auch die Vorgeschichte gewöhnlich der »eigentlichen« Geschichte als Geschichte der Völker gegenübergestellt wird, die keine Dokumente hinterlassen haben. Erst im Zusammenhang mit der Entwicklung der modernen empirischen Soziologie zeigte sich ein Gegensatz zwischen der Soziologie und der Sozialanthropologie hinsichtlich der Methode, wovon wir im fünften Kapitel handeln werden.

Frühzeitig sonderte sich die Politische Ökonomie von den übrigen Sozialwissenschaften in ihrem begrifflichen Apparat, ihren präziseren Methoden und ihren praktischen Anwendungen ab. Zu einer Zeit, als die Priorität der ökonomischen Tatsachen im gesellschaftlichen Leben allgemein anerkannt war, wurden diese praktischen Anwendungen die Grundlage der institutionellen Verselbständigung dieser Disziplin. Dazu trug auch bei, daß sie die Phänomene dinghaft umschrieb und die ökonomischen Gesetze dinghaft und nicht in Begriffen menschlicher Handlungen formulierte, insofern sie davon spricht, daß das Kapital Ertrag bringt, die Hortung von Ware Preissteigerungen verursacht und das schlechtere Geld das bessere Geld verdrängt. Diese Art, die Phänomene zu bestimmen, die George Katona als Verdinglichung der ökonomischen Gegebenheiten bezeichnet[7], führte mehr als einmal zu Hypostasierungen und verstärkte die Illusion, daß die ökonomischen Gesetze nicht die Beziehungen zwischen Menschen, sondern zwischen Dingen besonderer Art betreffen.

Die institutionell definierten Aufgaben und Probleme der Ökonomie bilden kein in sich geschlossenes Ganzes. Wir können vor allem die *Technik* des Wirtschaftens mit beschränkten Mitteln herauslösen, die über den Bereich der Sozialwissenschaften hinausreicht, da sie ebensogut die Wirtschaftspraxis Robinson Crusoes (Probleme der Einteilung in Investitions- und Konsumgüter, das Problem der Engpässe usw.) angeht. Nachdem wir die technischen Angelegenheiten, die das Verhältnis zu den materiellen Mitteln und nicht das Verhältnis zu den Menschen betreffen, ausgeklammert haben, können wir die Ökonomie als einen besonderen Zweig einer vereinfachten Soziologie behandeln – als Wissenschaft von bestimmten sozialen Verhaltensweisen der Menschen unter bestimmten Bedingungen gegenüber quantitativ beschränkten Tauschgütern oder – indem wir den Bereich der Ökonomie einengen – gegenüber nach einem einzigen Maßstab beurteilten Waren: dem Maßstab des Preises. Im letzteren Falle umfaßt die Ökonomie nur die Verhaltensweisen von Menschen in Gesellschaften mit Warenwirtschaft. Im Vergleich zu anderen Teilbereichen der Soziologie beruht die Vereinfachung hier darauf, daß die Ökonomie in den Beziehungen zwischen den Menschen, in den Austauschprozessen von Gütern und Dienstleistungen nur eine Art von Motivation anerkennt: das Streben nach maximalem Gewinn oder nach minimalem Verlust. Eine solche Vereinfachung kann man auf zwei Arten erreichen – entweder, indem man sich einer gewissen Abstraktion bedient: des Idealtyps eines Menschen, der sich in elementarer Weise ausschließlich von ökonomischen Motiven leiten läßt *(homo oeconomicus)*, oder indem

7 G. Katona, *Psychological Analysis of Economic Behavior*, New York 1951, S. 6.

man die realistische Annahme macht, daß in bestimmten Kulturen und unter bestimmten Bedingungen (Marktbedingungen) die ökonomische Motivation dominierend wird, so daß man andere Motive außer acht lassen darf. Im ersten Fall ergibt sich bei der Anwendung der ökonomischen Theorie das empirische Problem des Verhältnisses der abstrakten Konstruktionen zur konkreten Realität, im zweiten Falle die Notwendigkeit, mit Hilfe kultureller und situativer Indizes den Phänomenbereich auszuzeichnen, in dem die Annahme einer einheitlichen Motivation gerechtfertigt ist.

Mit der Entfaltung der modernen kapitalistischen Zivilisation ist funktional die Bildung von Verhaltenstypen verbunden, bei denen die ökonomische Motivation weit über die durch biologische Bedürfnisse geprägten Lebensformen hinaus imperative Gewohnheiten schafft und einen bestimmten Stil der menschlichen Beziehungen durchsetzt. Es ist verständlich, daß die Wissenschaft vom Verhalten der Menschen gegenüber begrenzten Gütern, die sich eines vereinfachten Modells bedient, gerade in dieser Kultur entwickelt wird. Die kapitalistische Zivilisation schuf auch die Institutionen, in denen die Ausschließlichkeit der rationalen ökonomischen Motivation sich dem Idealtyp annähert und die ökonomischen Prozesse ein Höchstmaß an »Dehumanisierung« aufweisen. Diese Institutionen, in denen sich die Wirklichkeit fast vollständig den abstrakten Annahmen der Wissenschaft anpaßt, sind das anonyme Kapital und die großen Konzerne. Mit unvergleichlicher Deutlichkeit kennzeichnete Marx in seinen *Ökonomisch-philosophischen Manuskripten* (1844)[8] und im ersten Teil des *Kommunistischen Manifests* die von der kapitalistischen Kultur verursachte Entmenschlichung der menschlichen Beziehungen, noch bevor jene Institutionen sich entwickelt hatten. Eine einprägsame Schilderung einer »Dehumanisierung« höheren Grades – weil mit der Akkumulation des anonymen Kapitals verknüpft – findet man im fünften Kapitel des Romans *Früchte des Zorns* von John Steinbeck, der hundert Jahre später verfaßt wurde.

Einer solchen Vereinfachung der Handlungsmotive, der, je nach

8 Marx/Engels, *Ökonomisch-philosophische Manuskripte, MEGA* I. Abt., Bd. 3, Berlin 1932, S. 129–131. Vgl. Ossowska, *Moralność mieszczańska*, Łódź 1956, S. 30 f.

der Situation und der Kultur, die Realität mit geringerer oder größerer Abweichung entspricht, verdankt die Ökonomie die Transparenz ihrer Konstruktionen und die Präzision ihrer Methoden im Vergleich zu den anderen Sozialwissenschaften. Die ökonomische Theorie, so schrieb der Anthropologe K. F. Walker im Jahre 1943, kann den Menschen nicht als ein gesellschaftliches Wesen erfassen. Darin gerade sieht Walker das Motiv der negativen Einstellung der Anthropologen (und auch mancher Ökonomen) gegenüber der in den wissenschaftlichen Institutionen herrschenden ökonomischen Theorie.[9]
Berücksichtigt der Ökonom neben der ökonomischen Motivation andere Motive des Verhaltens gegenüber quantitativ begrenzten Gütern, z. B. Motive des Gemeinwohls, die sich in bestimmten Situationen gegenüber den ökonomischen Stimuli durchsetzen können, oder die Angst vor außerökonomischen Sanktionen, den Ehrgeiz, das Mitgefühl oder den kollektiven Haß, der sich beispielsweise im Wirtschaftsboykott einer ethnischen oder konfessionellen Gruppe äußern kann, dann begibt er sich auf das Gebiet der allgemeinen Soziologie als der Wissenschaft, die das Handeln mit vielfältigen Motivationen und nach vielfältigen Mustern zum Gegenstand hat.
Auch die in der gegenwärtigen Ökonomie sich äußernden empiristischen Tendenzen zur Überprüfung von Hypothesen, die auf Grund abstrakter Modelle aufgestellt wurden, durch »mikroökonomische« Untersuchungen sind ein Faktor, der die Ökonomie mit der Soziologie im üblichen Verständnis verbindet.

9 »Die Anthropologen betrachten mehr die Gemeinschaft als den Einzelnen; sie betrachten die Gesellschaft als ein System voneinander abhängiger Elemente und betonen den Einfluß sozialer Kräfte auf das Verhalten. Der Ökonom leitet auf der anderen Seite die Formen des ökonomischen Verhaltens aus Annahmen über die ursprüngliche Natur des Menschen ab. Er betrachtet zunächst, wie ein isoliertes Individuum über seine Mittel verfügen würde, und nimmt daraufhin an, daß die einzelnen Mitglieder einer sozialen Gruppe sich in der gleichen Weise verhalten werden. Der ›ökonomische Mensch‹ ist kein ›soziales Wesen‹. [. . .] Die ökonomischen Beziehungen sind *unpersönlich*. Die soziale Organisation, von der die ökonomische Theorie handelt, läßt sich am besten durch eine Reihe von Crusoes darstellen, welche ausschließlich durch Märkte interagieren. [. . .] Das Unvermögen der ökonomischen Theorie, den Menschen als ein soziales Wesen darzustellen, [. . .] liegt der Ablehnung der ökonomischen Theorie bei den Anthropologen (und manchen Ökonomen) zugrunde.« F. K. Walker, *The Study of Primitive Economics*, in: *Oceania*, Bd. XIII, 1943.

Die Beachtung kultureller Faktoren bei der Bestimmung des Bereichs, in dem bestimmte Typen des Verhaltens gegenüber den Wirtschaftsgütern zu erwarten sind, verbindet dagegen die Ökonomie mit der Sozialanthropologie. Selbstverständlich verlangen die Untersuchungen »vor-literarischer Kulturen«, deren Verhaltensmuster gegenüber ökonomischen Gütern den Gegenstand des bekannten Werkes *Economic Anthropology* von M. Herskovits[10] und vieler monographischer Arbeiten bilden, eine Einschränkung des Geltungsbereichs der ökonomischen Gesetze durch kulturelle Indizes. Doch ist dies nicht nur eine Frage vorliterarischer oder auch nur vorkapitalistischer Kulturen. Inwiefern das gesellschaftliche Leben im sozialistischen System neue soziale Handlungsmuster hervorbringt, muß künftige empirische Forschung entscheiden. Die auf der Annahme einer ausschließlichen ökonomischen Motivation beruhenden Regeln der Ökonomie können dort unter Umständen ihre Plausibilität einbüßen, bevor noch die Vorhersagen von Marx und Lenin oder von Enthusiasten wie William Morris sich erfüllt haben, daß die Arbeit in der künftigen Gesellschaft allgemein den Charakter eines selbständigen Zieles annimmt und sich bestimmten Produktionsformen in früheren Kulturen insofern angleicht, als sie den Menschen zum Bedürfnis wird. Derart tiefgreifende Veränderungen brauchen wir nicht abzuwarten. Sobald die Sozioökonomik aufhört, eine Wissenschaft vom Verhalten des abstrakten Menschen zu sein, und den Anspruch auf Allgemeinheit ihrer Theorien auf Grund von Annahmen über die Natur des Menschen aufgibt, beginnt der Prozeß der Integration mit jenen wissenschaftlichen Disziplinen, die wir als Soziologie und Sozialanthropologie bezeichnen. Selbstverständlich fällt eine so verstandene Ökonomie unter unsere Überlegungen über die Besonderheiten der Sozialwissenschaften.[11]

Von den sieben Kapiteln, aus denen die vorliegende Publikation besteht, entstanden die fünf letzten, beginnend mit dem

10 New York, 1952.

11 Im Zusammenhang mit dem Problem des Verhältnisses von Ökonomie und Soziologie ist zu verweisen auf das Werk von T. Parsons und N. J. Smelser, *Economy and Society. A Study in the Integration of Economics and Social Theory*, Glencoe 1956. Die Autoren widmen ihr Werk dem Andenken von Max Weber und Alfred Marshall als »zwei großen Pionieren bei der Integration von ökonomischer und soziologischer Theorie«.

dritten Kapitel, in der Weise, daß jedes Kapitel die Fortsetzung des vorangehenden darstellt. Die beiden ersten Kapitel wurden selbstständig verfaßt und sind weniger eindeutig mit der gesamten Arbeit verbunden. Auch sie sind aber auf vielfältige Weise mit dem späteren Fortgang der Reflexion verknüpft, nicht nur deshalb, weil sie bestimmte Eigentümlichkeiten der Sozialwissenschaften beschreiben.

Das erste Kapitel behandelt begriffliche Peripetien der Soziologie, die mit der Suche nach einem Gegenstandsbereich verbunden sind, welcher der neuen Disziplin ihre Besonderheit und Autonomie gewährleisten soll. Es hängt insofern mit den Überlegungen des fünften Kapitels über die zweimalige Entstehung der Soziologie zusammen. Darüber hinaus bietet es Illustrationsmaterial für das dritte Kapitel über die Mannigfaltigkeit der Aspekte der sozialen Realität und über die Typen von Konflikten und die Quellen von Mißverständnissen in den Sozialwissenschaften, das den Leser mit dem elementaren Gegensatz von zwei unterschiedlichen Auffassungen des gesellschaftlichen Lebens bekannt macht.

Das zweite Kapitel erörtert Sachverhalte, die über Fragen der Struktur und der Aufgabe der Sozialwissenschaften hinausgehen, aber gleichwohl mit den Erwägungen des folgenden Kapitels durch die angedeutete Typologie der Gesellschaftsordnungen verknüpft sind, während es mit dem Inhalt des siebten Kapitel dadurch verzahnt ist, daß es dem Soziologen konkrete Aufgaben bei der gesellschaftlichen Planung zuweist. Die im Titel des zweiten Kapitels angezeigte Schwierigkeit führt in eine der Eigentümlichkeiten der Sozialwissenschaften ein – in den Zusammenhang zwischen dem Typ der Vorhersage und dem Typ der Sozialordnung sowie in den Zusammenhang zwischen der Anwendbarkeit bestimmter Forschungsmethoden und der Form des sozialen Systems.

Der Gedankengang und die Verbindung der einzelnen Probleme bedarf vom dritten Kapitel ab, wie mir scheint, keiner Erläuterung. Vielleicht sollte der Leser hier noch darauf hingewiesen werden, daß dem im fünften Kapitel dargestellten Gegensatz zwischen einem empirisch und einem humanistisch orientierten Soziologen im siebten Kapitel der Gegensatz zwischen zwei verschiedenen Aufgabenstellungen des Soziologen in den gesellschaftlichen Veränderungen gegenübergestellt wird. Zum Schluß dieser Überlegungen befassen wir uns mit der Frage, inwieweit diese beiden Gegensätze konvergieren. Mehr als einmal appellieren diese Untersuchungen an Interessen, die über die Methodologie der Sozialwissenschaften und die Wissenssoziologie hinausreichen.

Das erste und zweite Kapitel der vorliegenden Arbeit sind zuerst erschienen in den *Studia Filozoficzne* (1959), das dritte Kapitel im *Przeglad Socjologiczny* (1960), das vierte und fünfte Kapitel in den *Studia Socjologiczne* (1961).

I. Der vielhäuptige Leviathan und die soziale Gruppe. Über begriffliche Peripetien in der Soziologie

Untersuchungsmotive

Seit einigen Jahrzehnten gehört der Begriff der sozialen Gruppe zu den Grundbegriffen der Soziologie. Er bildet inzwischen ein Korrelat zu anderen Grundbegriffen dieses Faches: z. B. den Begriffen der Kultur, der Institution und – in bestimmten Interpretationen – auch dem Begriff des sozialen Phänomens. Die Repräsentanten des historischen Materialismus haben sich seiner kaum bedient, doch umfaßten ihre Interessen auch nicht die gesamte soziologische Fragestellung. Im übrigen hängt die Vermeidung des Begriffs der sozialen Gruppe – oder vielmehr die Vermeidung dieses Terminus – mit einer politischen Direktive zusammen: keine Begriffe oder Termini einzuführen, deren Anwendung die Bedeutung der Klassenproblematik verdunkeln könnte. In bestimmten Situationen wurde daher statt des Begriffs der Gruppe der Begriff des Kollektivs verwendet.

Wenn der Terminus »soziale Gruppe« in der Nachkriegszeit in der allgemeinen Soziologie und insbesondere in der amerikanischen Soziologie an Gewicht verloren hat, so hat das verschiedene, teils begriffliche, teils terminologische Ursachen. Vor zwanzig Jahren kritisierten die Psychologen den Gruppenbegriff wegen des »mystischen«, mit der Erfahrung nicht übereinstimmenden Gebrauchs, den einige Autoren von ihm machten.[1]

Bei einigen zeitgenössischen Soziologen, z. B. bei Znaniecki, wurde die »soziale Gruppe« durch das »soziale System« ersetzt. Bei einer reistischen Interpretation des »sozialen Systems«, wie sie z. B. Radcliffe Brown[2] vertritt, wird dann lediglich ein in bestimmten Situationen wegen der Assozia-

1 Vgl. *Handbook of Social Psychology*, hrsg. v. G. Lindsey, Cambridge (Mass.) 1956, S. 213-214.

2 Radcliffe Brown, *A Natural Science of Society*.

tionen bequemerer Terminus eingetauscht: das soziale System ist in dieser Bedeutung ein spezifisches Ensemble von Menschen. Bei einer nicht-reistischen Interpretation (des sozialen Systems als System von Verhaltensweisen, System der Interaktion, System von Beziehungen)[3] ist es ein *Attribut* der sozialen Gruppe, und alle Aussagen über das System der Beziehungen zwischen den einzelnen Personen eines beliebigen Ensembles lassen sich übersetzen in Aussagen über die Gruppe von Einzelnen, die durch dieses Beziehungssystem miteinander verbunden sind. Gelegentlich wird der Terminus »soziales System« in beiden Versionen verwendet, und diese Doppeldeutigkeit wird manchmal auf die Termini »soziale Gruppe« und »Gesellschaft« übertragen.[4] Andererseits festigte sich der Terminus »Gruppe« (in der reistischen Interpretation) in den letzten Jahren durch seine neue Anwendung in der Sozialpsychologie in Verbindung mit solchen Begriffen wie Bezugsgruppe und Identifikationsgruppe sowie mit der Entwicklung der empirischen Kleingruppenforschung.

Nicht als Terminus, sondern als Begriff verlor die »soziale Gruppe« in der Soziologie der Gegenwart an Bedeutung aus einem anderen Grunde als der sich hier und dort äußernden Tendenz, die Phänomene eher unter dem Gesichtspunkt der Beziehungen als unter dinghaftem Aspekt zu beschreiben. Sie büßte, wie mir scheint, an Bedeutung ein auf Grund des für verschiedene Richtungen der gegenwärtigen Soziologie charakteristischen »Hominozentrismus«[5] und wegen des Bestrebens, den Begriff der Sozialwissenschaften durch einen Begriff der Verhaltenswissenschaften *(behavioral sciences)* zu ersetzen, über das zu reden wir noch Gelegenheit haben werden.

Unabhängig von diesen Veränderungen im begrifflichen Apparat und in der Akzentuierung dieser oder jener Probleme der gegenwärtigen Soziologie hat der Terminus »soziale Gruppe« nicht aufgehört, einer der grundlegenden Termini unserer Dis-

3 »Jedes System von Interaktionsbeziehungen einer Mehrzahl individueller Faktoren ist ein *soziales System.*« Parsons und Shils, *Toward a General Theory of Action,* Harvard University Press 1951, S. 26.

4 Vgl. z. B. La Piere, *Sociology,* 1946; Hiller, *Social Relations and Structures,* 1947; u. a.

5 Der Ausdruck wurde eingeführt von H. D. Lasswell und A. Kaplan, *Power and Society,* Yale Univ. Press 1950, S. XXIV.

ziplin zu sein, und die mit ihm verwobenen begrifflichen Divergenzen verdienen erklärt zu werden.

Ein wichtigeres Motiv unserer Untersuchung ist jedoch die Rolle, die der Begriff der Gruppe in der Geschichte der Soziologie gespielt hat. Einen Einfluß auf die Herausbildung des Begriffs der sozialen Gruppe hatte die Fiktion einer Kollektivseele, die unter dem Gesichtspunkt einer Psychologie der wissenschaftlichen Kreativität interessant ist als Beispiel für Fiktionen, die aus apriorischer Spekulation entstanden sind im Unterschied zu solchen, die durch oberflächliche oder unkritische Beobachtung der Realität hervorgerufen werden. Die Entstehung des Gruppenbegriffs hängt zusammen mit der Entgegensetzung von psychischen und sozialen Phänomenen sowie mit einer Vermengung von Kriterien, die bis heute immer wieder Verwirrung in den soziologischen Untersuchungen gestiftet haben. Sie ist darüber hinaus mit Klassifikationskonzepten in der Systematik der Wissenschaften verknüpft.

Überlegungen zum Begriff der sozialen Bindung, die ein Kriterium der sozialen Gruppe in einer ihrer Bedeutungen sein soll, gestatten uns unter anderem, Strukturmerkmale von zwei Typen sozialer Gruppen mit ideologischem Charakter deutlich zu machen: von Gruppen, die Bekehrungsversuche betreiben, und von Gruppen mit einer Ausschließlichkeits-Ideologie. Auch diese den Begriffsapparat betreffenden Fragen kann man zu den Eigentümlichkeiten der Sozialwissenschaften zählen.

Der soziale Organismus und die »Kollektivseele«

Die Aufdeckung der sozialen Bedingtheit in den Handlungen und psychischen Dispositionen von Individuen, in ihren Überzeugungen und Emotionen ist nicht ausschließlich das Werk bürgerlicher Gelehrter vom Anfang des neunzehnten Jahrhunderts. Eine reiche Beispielsammlung für solche Bedingtheit sind bereits die *Essais* von Montaigne, aber auch die Schriften von Ibn Khaldun, dessen Reisen durch die von seiner Heimat weit entfernten Länder der Mittelmeerwelt ihn den soziologischen Relativismus lehrten. Die Epoche intensiver gesellschaftlicher Veränderungen in Frankreich, die mit dem Ausbruch der Großen Revolution begann und in der sich auf der Grundlage neuer Wertvorstellungen eine neue Sozialstruktur herausbildete, war jedoch jene, in der die soziale Bedingtheit des Handelns sich den am Fortgang der gesellschaftlichen Entwicklung interessierten und mit ihrer Beobachtung vertrauten Denkern ganz besonders aufdrängte – insbesondere jenen Theoretikern, die ihre Arbeit in den Dienst der Verteidigung der Interessen der siegreichen Klasse gestellt hatten und nach Argumenten suchten, die den Glauben an einen unveränderlichen, absoluten Wert von Normen und Ideen treffen sollten.

Gleichzeitig lenkte die Entwicklung der Naturwissenschaften die Aufmerksamkeit der Zeitgenossen Auguste Comtes auf die »Gesetze des sozialen Lebens«; die historischen Ereignisse der vorangegangenen Jahrzehnte lieferten nicht wenig Material, auf das sich die Anschauung begründen ließ, daß die gesellschaftlichen Prozesse nach bestimmten Gesetzen von der Art der Naturgesetze verlaufen und nicht nach dem Willen der handelnden Personen. Diese Überzeugung führte zu der Konzeption einer Wissenschaft vom Typ der Naturwissenschaften, deren spezifische Gesetze für einen spezifischen Gegenstand gelten sollten. Dieser Gegenstand sollte ein Gebilde höherer Art im Verhältnis zu jenen Wesen, die Gegenstand der Biologie sind, und damit auch im Verhältnis zum menschlichen Organismus sein. Die Wissenschaft von der Gesellschaft, die auf den für einen Philologen quälenden Namen »Soziologie« getauft wurde, stand denn auch, wie man weiß, in der Comteschen Hierarchie der Wissenschaften auf der der Biologie übergeordneten Stufe. Um die wissenschaftliche Erforschung der Gesellschaft einzuleiten, so meinten die Anhänger der positiven Philosophie, mußte man zunächst die von der Biologie entdeckten Gesetzmäßigkeiten der Organismen kennen. Die kollektiven Gebilde, deren Elemente menschliche Individuen sind, sind seit jeher Gegenstand poetischer und philosophischer Personifizierung gewesen, deren plastischen Ausdruck wir auf der Titelseite der ersten Ausgabe von Hobbes' *Leviathan* (1651) finden, und sie sind seit alters Thema der Reflexionen der Staatslehre. Die Analogie zwischen der Gesellschaft und dem Organismus, die allgemein mit dem Namen Spencers verknüpft wird, leitet sich von Platon, Aristoteles[6] und dem legendären

6 *Politik,* I, 1, 8, 11, 12 und passim.

Agrippa her, sie fand aber im neunzehnten Jahrhundert eine Stütze in der Physiologie mehrzelliger Organismen.
Diese Analogie zum Organismus, welche die Schöpfer der neuen Wissenschaft faszinierte, belastete die Entwicklung der Soziologie. Als die Wissenschaft vom Menschen als Individuum sich in die Wissenschaft von den physiologischen Prozessen und die Wissenschaft von der Psyche, die Psychologie, differenzierte, zeigte sich das Problem einer entsprechenden Differenzierung der Wissenschaft von der Gesellschaft.
Eine konsequente Lösung verlangte die Einführung der Fiktion einer »kollektiven Seele« sowie die Artikulation von Phänomenen, die den psychischen Phänomenen im gesellschaftlichen Maßstab äquivalent waren. Der Begriff der Kollektivseele spielt denn auch in den Systemen von Izoulet und Durkheim eine hervorragende Rolle. Im Gegensatz zu Wundt, der sich des Terminus *Volksseele* bediente, aber gleichzeitig andeutete, daß damit nicht ein Wesen gemeint sei, das außerhalb und über den menschlichen Individuen existiere, wurden die Ausdrücke »kollektive Seele« *(l'âme collective)* und »kollektive Vorstellungen« *(représentations collectives)* in einer Weise gebraucht, die oft nicht mehr erkennen ließ, wo die Metapher endet und die Hypostasierung beginnt.
Die Analogie zwischen der Gesellschaft und dem Organismus entspringt der Beobachtung von Phänomenen (Arbeitsteilung, gegenseitige Abhängigkeiten, Koordination, Erscheinungen des Wachstums und des Zerfalls usw.). Die Analogie zur Seele ist das Ergebnis einer apriorischen Spekulation nach einem einfachen dreigliedrigen Schema: protozoer-metazoer-hyperzoer.[7]
Hobbes' *Leviathan* machte nicht derartige Interpretationsschwierigkeiten wie die Texte Durkheims: dort war die Fiktion einer kollektiven Seele unnötig, denn der Wille der Nation sollte dort durch den Souverän ausgedrückt sein: die Seele des Souveräns ersetzte also die Seele des hyperzoers. Der aufmerksame Leser der Schriften Durkheims, ein Leser, der nicht auf seine philosophischen Deklarationen, sondern auf den Gebrauch achtet, den der Verfasser bei der Erklärung konkreter Sachverhalte von den »kollektiven Vorstellungen« macht, zweifelt nicht daran, daß, entgegen den ständigen Beteuerun-

7 Zelle – mehrzelliges Lebewesen – Gesellschaft als aus mehrzelligen Wesen zusammengesetztes Wesen (die Bezeichnungen ersann Izoulet).

gen des Verfassers, »kollektive Seele« lediglich die Bezeichnung einer gewissen Kombination von Elementen der individuellen Psyche ist, die den Mitgliedern des Kollektivs gemeinsam sind, und daß die »kollektiven Vorstellungen« solche sind, die von den Individuen erlebt wurden und lediglich eine gesellschaftliche Genese aufweisen. Gleichwohl konnte sich dank der suggestiven Bezeichnungen und metaphorischen Wendungen die Illusion erhalten, es gäbe als Äquivalent zur »Individualpsychologie« irgendeine Wissenschaft von der sozialen Psyche, so wie die »soziale Morphologie«, der in der Durkheim-Schule viele Untersuchungen gewidmet wurden, ein Äquivalent der Physiologie und Anatomie individueller Organismen darstellte. Noch in den zwanziger Jahren unseres Jahrhunderts weckt der Begriff der kollektiven Seele in einer modernisierten Terminologie Zweifel hinsichtlich seiner Interpretation. Ich denke vor allem an das berühmte Buch von Mac Dougall *Group Mind.*[8] In der zweiten Auflage des Buches (1928) bedauert der Autor die Mißverständnisse, die durch dessen erste Auflage (1920) hervorgerufen worden waren, deren Leser dem Verfasser einen Glauben an die Existenz eines Kollektivbewußtseins außerhalb der Psyche der Individuen zugeschrieben hatten. Er erklärte, daß er unter dem Terminus *group mind* lediglich Ähnlichkeiten in der Struktur des individuellen Bewußtseins verstehe und das Recht habe, von einem Gruppenbewußtsein zu sprechen, da er das Bewußtsein *(mind)* definiert als »organisiertes System der geistigen oder psychischen Kräfte«. Ausdrücke wie »Kollektivseele« oder »Gruppenbewußtsein« suggerierten jedoch in verschiedenen metaphorischen Kontexten die Existenz eines überindividuellen psychischen Wesens, und oft war die Fiktion einer kollektiven Seele, die *group fallacy*, Gegenstand harter Kritik empirisch eingestellter Psychologen und Soziologen. »Alle Theorien, welche die Fiktion eines kollektiven Geistes einführen«, schrieb F. H. Allport 1924, »haben die fatale Wirkung, die Aufmerksamkeit vom Bereich der wesentlichen kausalen Abhängigkeiten abzulenken, der in dem Verhaltensmechanismus der Individuen besteht«.[9]

8 In der polnischen Übersetzung J. Chałasinskis wurde dieser Titel in *Psychologia grupy*/Gruppenpsychologie (1930) geändert.

9 F. H. Allport, *Social Psychology*, S. 9. Zitiert nach: G. W. Allport, *The*

Individualpsychologie und Sozialpsychologie

Die Thesen von der »Kollektivseele« hinterließen gewissermaßen als Erbe einerseits die Unterscheidung zwischen der Individual- und Sozialpsychologie, andererseits die Unterscheidung der »psychischen Tatsache« von der »sozialen Tatsache«. Auguste Comte beabsichtigte in den letzten Jahren seines Lebens, sich einer weiteren »positiven Wissenschaft«, der Psychologie, zu widmen, die er als *la morale positive* bezeichnete. Es ging ihm um die Erforschung der individuellen Psyche unter zwei Gesichtspunkten: dem biologischen und dem soziologischen. Ähnlich faßte Wilhelm Wundt die psychologische Konzeption, der eindeutig zwischen zwei psychologischen Disziplinen unterschied: der physiologischen Psychologie und der Sozialpsychologie (Völkerpsychologie), wobei er alle höheren Geistesfunktionen des Individuums unter die letztere subsumierte.[10]

Nun läßt sich die Unterscheidung zwischen Individual- und Sozialpsychologie, die häufig sehr inkonsequent durchgeführt wurde, meines Erachtens konsequent ohne die Unterstellung einer »Kollektivseele« auf der einst von Wundt vorgezeichneten Linie stabilisieren, mit der Präzisierung, daß dieser Unterscheidung nicht verschiedene Phänomene, sondern nur getrennte Gesichtspunkte entsprächen. Da es eine Seele des »Hyperzoers« nicht gibt, ist alle Psychologie eine Psychologie von Phänomenen, die in der Psyche des Individuums vorkommen. Die »Individualpsychologie« wäre die Wissenschaft von der organischen Konditionierung psychischer Erscheinungen (oder auch – in behavioristischer Terminologie – von der organischen Konditionierung des Verhaltens der Menschen), die »Sozialpsychologie« von ihrer sozialen Konditionierung. Die Sozialpsychologie ohne die Fiktion einer Kollektivseele ist also wie die Individualpsychologie eine Wissenschaft von den psychischen Phänomenen. Es gibt psychische Phänomene, bei denen, im Vergleich zu anderen Kategorien von Phänomenen, die soziale Konditionierung von geringer Bedeutung ist, aber so-

Historical Background of Modern Social Psychology, in dem Sammelband *Handbook of Social Psychology*, Cambridge, Mass. 1954, Bd. I, S. 39.

10 Wilhelm Wundt, *Beiträge zur Theorie der Sinneswahrnehmung*, 1862. Zitiert nach: G. Allport, op. cit., S. 36.

gar die sinnlichen Eindrücke sind – außerhalb des Säuglingsalters – in diesem oder jenem Grade sozial konditioniert, und sei es nur dadurch, daß ihnen Urteile zugeordnet werden. Selbst diejenigen, die sich über Erfindungen wie den »einzigen Menschen« Ibn Tufajls[11] lustig machen, beachten häufig nicht, daß die »individuelle Seele« als Sphäre psychischer Dispositionen im Gegensatz zu den sozial konditionierten Dispositionen ebenfalls eine Fiktion ist. Wenn es aber unmöglich ist, im psychischen Leben des Individuums eine individuelle Sphäre von der Sphäre sozial konditionierter Faktoren zu trennen, dann kann die Unterscheidung zwischen Individual- und Sozialpsychologie entweder eine Unterscheidung im Hinblick auf die Variablen sein, deren sich jeweils die eine und die andere Disziplin bei der Erklärung bedient (wobei Variable des zweiten Typs auf stabile Faktoren zurückgeführt werden)[12], oder sie kann sich auf eine *relative* Abgrenzung zwischen solchen Phänomenen stützen, die in hohem Grade durch kulturelle Faktoren und die soziale Situation bedingt sind, und andere, bei denen diese soziale Konditionierung als unbedeutend eingeschätzt wird. Eine derartige Abgrenzung, die oft als eine zwischen einer »höheren« und einer »niederen« Sphäre des psychischen Lebens aufgefaßt wird, läßt sich nicht eindeutig durchführen; aber wenn wir uns ihres relativen Charakters bewußt bleiben, führt sie nicht zu Fiktionen.

Anders verhält es sich mit der Unterscheidung von psychischen und sozialen Phänomenen. Mehr oder weniger zur gleichen Zeit, als die Psychologie aufhörte, »Wissenschaft von der Seele« zu sein, und sich in eine Wissenschaft von den psychischen Phänomenen verwandelte, begann man die Soziologie als Wissenschaft von den sozialen Phänomenen zu definieren, wobei die Durkheimsche Definition der sozialen Tatsache durch den

11 Eine phantastische Erzählung über einen Menschen, der in völliger Isolierung von der Gesellschaft aufwuchs und die Geisteskraft eines Philosophen besaß. Ibn Tufajl ist ein arabischer Denker des zwölften Jahrhunderts.

12 Eine Kategorie von Variablen kann z. B. Elemente des biologischen Erbes oder die biologischen Bedingungen enthalten, unter denen das Individuum lebt, eine zweite Kategorie die Elemente der sozialen Situation und der kulturellen Herkunft. Die Elemente der sozialen Situation lassen sich weiter differenzieren in Form von Variablen der familialen Bedingungen, des Klassenmilieus usw. Vergleiche Ossowski, *Więź społeczna i dziedzictwo krwi,* 1. Kap. / siehe *Werke* (polnisch), Bd. II.

sozialen Zwang keineswegs die einzige Konzeption des sozialen Phänomens ist.
Das so formulierte Verhältnis zwischen Psychologie und Soziologie zog weitere Mißverständnisse nach sich, die beide Wissenschaften bis in die jüngste Zeit belasteten. Ich denke an die besonders auf dem Boden der Durkheimschen und der marxistischen Theorietradition recht allgemeine *Gegenüberstellung* von psychischen und sozialen Tatsachen, so, als wären das einander ausschließende Kategorien, als würden sie nicht auf Grund unterschiedlicher Kriterien voneinander gesondert. Bei den Marxisten hatte diese Gegenüberstellung ihre Ursache natürlich nicht in der Durkheimschen Definition der sozialen Tatsache, sondern in dem erbittert geführten Kampf gegen den Idealismus. Anderswo war die Gegenüberstellung von psychischen und sozialen Tatsachen gewiß das Ergebnis der stillschweigend gemachten Annahme, daß, wenn die Psychologie die Wissenschaft von den psychischen Phänomenen und die Soziologie die Wissenschaft von den sozialen Phänomenen ist, die Psychologie sich nicht mit sozialen Phänomenen und die Soziologie und die Sozialwissenschaften sich nicht mit psychischen Phänomenen befassen. Hier hätten wir ein neues Beispiel für einen apriorisch aus einer Konvention über die Einteilung der Wissenschaften abgeleiteten Schluß, der auch durch seinen grellen Widerspruch zum faktischen Sachverhalt in eben diesen Disziplinen nicht unterbunden wird.

Die doppelte Interpretation der sozialen Phänomene

Den Divergenzen in der Charakterisierung des sozialen Lebens, in der Stellungnahme zu Begriffen wie »kollektives Bewußtsein« oder »kollektive Vorstellungen« und in den Anschauungen über die Problemstellung der Soziologie entspricht eine doppelte Auffassung der sozialen Phänomene. Gewöhnlich wird ihr *sozialer* Charakter in zweifacher Weise interpretiert. Der ersten Interpretation zufolge handelt es sich um Phänomene, die durch die Einwirkung menschlicher Individuen – oder weiter gefaßt: von mit Bewußtsein ausgestatteten Wesen – auf das Bewußtsein anderer Personen bedingt sind. Im einfachsten Fall beruht das soziale Phänomen auf der

Einwirkung eines Individuums auf das Bewußtsein eines anderen. Im Augenblick interessiert uns nicht, ob der Bereich der sozialen Phänomene auch die einseitige Beeinflussung umfassen soll, oder ob er auf gegenseitige Beeinflussung begrenzt ist; auch gehen wir nicht auf die häufig strittigen Einzelheiten der Art und Weise dieser Beeinflussung und auf die Rolle des Bewußtseins in den sozialen Beziehungen ein. Uns geht es darum, daß der ersten Interpretation zufolge das soziale Phänomen ein Ausdruck der Beziehungen zwischen Individuen ist. Der zweiten Interpretation zufolge betrachten wir die sozialen Phänomene als Tatsachen, die in der Existenz eines bestimmten Kollektivs mit bestimmten Attributen begründet sind.

Natürlich stellen diese zwei Bedingtheiten nicht nur keine Alternative dar, sondern sind in normalen Situationen zwei Aspekte desselben Sachverhalts: in jedem durch die soziale Gruppe bedingten Phänomen können wir ein in Beziehungen zwischen Individuen begründetes Phänomen sehen, und umgekehrt. Kulturelle Überlieferung sowie die Konsequenzen einer solchen Überlieferung, alle Akte von Gruppensolidarität oder Gruppenantagonismus vollziehen sich durch Einwirkung von Individuen auf Individuen. Alle, selbst die subjektivsten, Handlungen in den Beziehungen zwischen Einzelnen sind so oder anders in der Existenz sozialer Gruppen verankert, innerhalb derer die psychischen Dispositionen dieser Einzelnen sich herausbildeten.

Die Wahl der einen oder anderen Interpretation des sozialen Phänomens ist allerdings keine terminologische Frage. Im ersten Falle werden die Phänomene zum Gegenstand der Soziologie, weil sie das Ergebnis der Beziehungen zwischen Individuen sind, im zweiten, weil sie Erscheinungen des Lebens einer mehr oder weniger konsistenten Gruppe sind. Das führt häufig zu wichtigen Unterschieden des Erkenntnisinteresses. Im ersten Fall mögen uns vor allem Typen der Reaktion auf das Verhalten anderer Individuen auffallen, im zweiten mag sich die Aufmerksamkeit auf die Hervorbringungen des Kollektivlebens konzentrieren. Im einen Falle interessieren den Forscher andere Arten von Abhängigkeiten als im anderen, und im Zusammenhang damit wird er wahrscheinlich dazu neigen, nach anderen kausalen Erklärungen zu suchen. Ein Vergleich der Theorien der sozialen Evolution von Marx und Pareto[13] stellt ein in dieser Hinsicht sehr eindrucksvolles Beispiel dar. Dieses Beispiel könnte übrigens zu der Folgerung verleiten, daß die beiden Interpretationen der sozialen Tatsache Ausdruck entgegengesetzter, mit den Bezeichnungen »marxistische Theorie« und »bürgerliche Ideologie« zusammenhängender sozialer Tendenzen sind. Das wäre ein Fehlschluß. Die Abhängigkeit der Interpretationen des »sozialen Phänomens« von den gesellschaftlichen Interessen des Forschers ist weit komplizierter: sie können sich nämlich darin äußern, welchen Typus sozialer Gruppen er ins Zentrum seiner Analysen stellt, welchem Typ er die dominierende Rolle in den gesellschaftlichen Prozessen zuschreibt. Wenn wir uns nicht auf Soziologen beschränken, die – wie Durkheim – eine Definition des sozialen Phänomens *explizit* formulierten, und zu den Vertretern der ersten Interpretation Tarde mit seinem Gesetz der Imitation, Pareto mit seiner programmatisch atomistischen Darstellung der gesellschaftlichen Veränderungen, von Wiese, den Verfasser einer formalistischen *Soziologie als allgemeine Beziehungslehre*, die Anhänger der amerikanischen Soziometrie, aber auch Abramowski, den Verfasser der *Pierwiastków indywidualnych w socjologii*, rechnen, dann finden wir auf der anderen Seite neben Marx vor allem den Zeitgenossen Tardes, Durkheim, aber auch MacDougall und Durkheim-Schüler mit unterschiedlichen sozialen Einstellungen wie Mauss und Czarnowski.

Suchten wir in der Frühgeschichte nach einem Eponym für die eine und die andere Konzeption, dann schlüge sich vor, als Patron der ersten Interpretation Konfuzius mit seinem *wu-lun*, den fünf Grundtypen menschlicher Beziehungen, und als Patron der zweiten Aristoteles zu wählen, der den Menschen durch sein Verhältnis zur Gesellschaft *(zoon politikon)* definierte. Das heißt nicht, daß dieser sich nicht ebenfalls für die Beziehungen zwischen den Individuen, z. B. zwischen dem Herrn und dem Sklaven, interessierte; doch stellt für ihn die organisierte Gesellschaft *(polis)* die Grundlage aller derartigen Beziehungen dar. Einen naiven Ausdruck findet der Gegensatz zwischen dem »konfuzianischen« und dem »aristotelischen« Gesichtspunkt übrigens in den Streitigkeiten darüber, ob die Gesellschaft oder das Individuum »das Erste« sei.[14]

13 *Sociologia generale*, S. 2053–2059.
14 Vergleiche Aristoteles, *Politik*, I, 1, 12.

Gesellschaft und soziale Gruppe

Der Begriff der Gesellschaft als eines über viele Generationen dauernden, innerlich durch vielfältige Systeme sozialer Beziehungen verbundenen, von anderen Kollektiven durch die ständige Zugehörigkeit der Mitglieder unterschiedenen und eines in größerem oder geringerem Ausmaß ein geschlossenes ökologisches Ganzes darstellenden Kollektivs erwies sich als unzureichend im Sinne jener, die in den sozialen Phänomenen eine Funktion des Kollektivs sehen. Das würde nicht ganz deutlich, wenn die Soziologie sich ausschließlich mit primitiven Gesellschaften, mit relativ isolierten und autarken Gesellschaften befaßte, in denen es noch keine Klassenschichtung gibt und wo es lediglich um spezifische soziale Rollen der Individuen geht.[15]
Gehen wir von solchen primitiven Gesellschaften über zu Gesellschaften, die eine komplizierte Struktur aufweisen, die von Klassengegensätzen und politischen, religiösen und ethnischen Antagonismen zerrissen sind, dann stoßen wir auf die Tatsache, daß bedeutende soziale Phänomene durch die Zugehörigkeit der Individuen zu besonderen Kollektiven bedingt sind, die sich innerhalb der großen Territorialgesellschaften herausheben oder außerhalb dieser Gesellschaften entstehen. Das Verhalten der Individuen kann das Ergebnis ihrer Teilhabe an solchen Kollektiven sein, die im ökologischen Sinne nichts Abgeschlossenes darstellen und im ökonomischen oder biologischen Sinne nicht autark sind. Bei der Klärung dieser Zusammenhänge spielte die Marxsche Soziologie eine hervorragende Rolle auf Grund der Funktion, welche der Begriff der sozialen Klasse in diesem System gewann: als Motor der menschlichen Geschichte und als das Verhalten der Individuen bestimmender Faktor wurden die innerhalb der großen Gesellschaften wirksamen Antagonismen anerkannt – Antagonismen zwischen Kollektiven, die durch ihre Beziehung zu den Produktionsmitteln gekennzeichnet sind.

15 Vgl. die Definition der Gesellschaft in dem klassischen Werk von Sumner und Keller: »Eine Gruppe von Menschen, die sich kooperativ bemühen, ihren Unterhalt zu erwerben und die Fortdauer der Gattung zu sichern: das ist die hier dargebotene Konzeption der *menschlichen Gesellschaft*«. W. G. Sumner und A. G. Keller, *The Science of Society*, New York 1946, I, S. 7 (erste Auflage 1927).

Die Kollektive, mit denen es die Religionsgeschichte und Soziologie zu tun hat, sind ebenfalls solche, die sich innerhalb der einzelnen Gesellschaften herausheben und deren Grenzen überschreiten können. Wir denken dabei – im Unterschied zu den Stammes- und Volksreligionen – an die großen universalistischen Kirchen wie den Islam oder den Katholizismus und an religiöse Sekten, die auf Missionierung ausgehen. Auch hier können wir wieder feststellen, daß bedeutende soziale Phänomene durch die Zugehörigkeit von Individuen zu Kollektiven bedingt sind, die keine Gesellschaften in dem Sinne darstellen, in dem dieser Terminus gewöhnlich gebraucht wird. Steht der Soziologe beispielsweise vor der Frage der klassenmäßigen Basis religiöser Einstellungen oder vor der Frage eines Konflikts zwischen religiöser und Klassensolidarität, so hat er es mit den beiden soeben erwähnten Kategorien von Kollektiven gleichzeitig zu tun, von denen keine mit dem Begriff der Gesellschaft erfaßt wird. Unschwer lassen sich in dieser Hinsicht noch kompliziertere Situationen finden.

Wenn Durkheim in den allgemeinen Überlegungen zu den sozialen Tatsachen der Begriff der Gesellschaft genügte, so deshalb, weil er sich bemühte, soweit wie möglich selbst innerhalb der modernen Gesellschaften von sozialen Antagonismen und Konflikten zu abstrahieren, und weil er bei der Erforschung religiöser Phänomene, denen er schließlich einen bedeutenden Teil seiner wissenschaftlichen Aufmerksamkeit widmete, auf die primitiven Gesellschaften zurückgriff, bei denen das religiöse Kollektiv sich mit dem räumlich gesonderten Stammeskollektiv deckte. Seine Wahl rechtfertigte er mit der methodologischen Maxime, daß man bei der Erforschung einer Kategorie von Phänomenen Situationen zum Ausgangspunkt zu nehmen habe, in denen diese Phänomene in elementarer Form auftreten. In den Sozialwissenschaften verursacht diese Maxime freilich häufig Verwirrungen, die zu unzulässiger Vereinfachung komplexer Sachverhalte führen.

Marx und seinen Schülern genügte der Begriff der Gesellschaft aus einem anderen Grund: ihre soziologischen Interessen konzentrierten sich auf eine Kategorie von menschlichen Kollektiven innerhalb der großen Territorialgesellschaften – auf die soziale Klasse. Sie analysierten die Klassenantagonismen und den Einfluß der Klassenzugehörigkeit auf die Ideologie und das Verhalten der Individuen, während sie andere Arten von Abhängigkeiten und sozialen Antagonismen als sekundär gegenüber den klassenmäßigen Abhängigkeiten betrachteten. Eines umfassenderen Terminus bedurfte es unter diesen Umständen nicht, denn für die soziale Klasse war ein *genus proximum* unnötig.

Die Analyse der komplizierten Struktur moderner Gesellschaften und die Erweiterung der soziologischen Problemstellung verdeutlichen das Bedürfnis nach einem Begriff, der sich auf Phänomene unterschiedlicher Größenordnung anwenden lassen und alle Arten menschlicher Verbände erfassen sollte, von denen diese Phänomene in dieser oder jener Weise bedingt waren. Ein solch allgemeiner Begriff, der sowohl die soziale Klasse und die religiöse Gemeinschaft als auch die Familie, sowohl die Dorfgemeinschaft als auch den Sportverein und die politische Partei, sowohl die Berufsgruppe als auch den geselligen Klub, den primitiven Stamm wie die moderne Nation umfaßte, wurde der der »sozialen Gruppe«. Dieser in der polnischen Sprache nicht sonderlich überzeugende Terminus erlangte im zwanzigsten Jahrhundert im soziologischen Vokabular internationale Verbreitung, was allerdings Komplikationen und Verwirrungen nicht verhinderte. Vor allem nahm er rasch eine zweifache Bedeutung an – eine engere und eine weitere. Während A. W. Small, einer der Väter der amerikanischen Soziologie, die »soziale Gruppe« in der umfassendsten Weise definierte, indem er als Gruppe eine Anzahl von Personen bezeichnete, die wir mit Rücksicht auf beliebige, beachtenswerte Beziehungen zwischen ihren Mitgliedern als Ganzheit auffassen können[16], gebrauchten andere den Terminus nur, um Kollektive zu bezeichnen, die durch eine »soziale Bindung« verknüpft wa-

16 »Der Terminus *Grupp*e dient uns als geeignete soziologische Bezeichnung für eine beliebige, größere oder kleinere Anzahl von Menschen, zwischen denen solche Beziehungen gefunden werden, daß man sie als zusammengehörig betrachten muß. ›Gruppe‹ ist der generellste und blasseste Begriff, der in der Soziologie für eine Kombination von Personen gebraucht wird. Eine Familie, ein Pöbelhaufen, die Teilnehmer eines Picknicks, eine Gewerkschaft, ein Stadtbezirk, [. . .] die zivilisierte oder nichtzivilisierte Bevölkerung der Welt können als Gruppe betrachtet werden. Eine *Gruppe* ist also für die *Soziologie* eine Anzahl von Personen, deren Beziehungen untereinander hinreichend eindrucksvoll sind, um Beachtung zu verlangen.« *General Sociology*, Chicago 1905, S. 495.

ren und insofern gewisse Funktionen der »Gesellschaft« übernahmen (vergleiche MacDougall, *Group Mind*, 1920). Aber auch der Ausdruck »Gesellschaft« hat keine einheitliche Bedeutung. Oft wird in Texten, die von der »sozialen Gruppe« sprechen, auch der Terminus »Gesellschaft« in einem weiteren Sinne als bloß zur Bezeichnung von sozialen Gruppen verwendet, deren Idealtyp eine primitive Inselgesellschaft wäre. Manche berücksichtigen bei der Definition der Gesellschaft lediglich die Fortdauer des Kollektivs über Generationen hinweg und den Gewinn neuer Mitglieder durch natürlichen Zuwachs. Für Lasswell und Kaplan kann jede Gruppe, die Kultur hervorbringt, eine Gesellschaft sein.[17] Manchmal wird mit dem Ausdruck »Gesellschaft« ein komplexeres Kollektiv, als die soziale Gruppe es darstellt, umschrieben; dann ist keiner dieser Termini dem anderen (im logischen Sinne) übergeordnet, die Gruppe aber ein Bestandteil der Gesellschaft.[18]
Genau genommen ist auch für Lasswell und Kaplan die »soziale Gruppe« nicht der »Gesellschaft« übergeordnet, Gesellschaft vielmehr ein Organisationsmuster von Gruppen, die eine eigene Kultur besitzen: *A society is a group with a culture.* Das bedeutet, daß wir ein und dieselbe Anzahl Personen entweder als Gesellschaft oder als soziale Gruppe betrachten können. Ähnlich ist für Znaniecki, der die Gesellschaft in traditioneller Weise auffaßt, das Verhältnis zwischen dem Begriff der Gesellschaft und dem der sozialen Gruppe kein einfaches Subsumtionsverhältnis: für ihn ist Gesellschaft ein Verband »biopsychischer Wesen«, die soziale Gruppe ein System sozialer Rollen. Das Kollektiv, das als relativ stabiler Verband »biophysischer Wesen« eine Gesellschaft ist, kann also unter anderem Aspekt als soziale Gruppe bestimmt werden.[19] Schließlich gibt

17 Lasswell und Kaplan, *Power and Society*, Yale Univ. Press 1950, S. 47.

18 »Gewöhnlich wird jedoch die Gesellschaft als ein umfassenderes und komplexeres Aggregat von Individuen und die Gruppe als ein Unterelement der größeren Gesellschaft vorgestellt.« Kimball Young und L. Freeman.

19 »Eine Gruppe ist natürlich nicht eine ›Gesellschaft‹ im alten Sinne des Wortes; sie ist nicht eine Entität, die eine Reihe biopsychischer Individuen vollständig umfaßt und sie in einer Gemeinschaft des kulturellen Lebens eint. Sie ist lediglich eines der vielen kulturellen Systeme, welche diese Individuen errichten und durch ihre Aktivitäten aufrecht erhalten.« *The Method of Sociology*, New York 1934, S. 120. Entgegen den naturalistischen Doktrinen von den menschlichen Gruppen, schreibt Znaniecki elf Jahre später, »kann ein und dieselbe Person zu mehreren verschiedenen Gruppen mit

es auch solche Autoren, die »Gesellschaft« und »soziale Gruppe« als Synonyme behandeln und damit den Begriffsapparat weiter einschränken.[20]

Im übrigen eignet sich der alte Begriff der Gesellschaft angesichts der immer stärkeren ökonomischen und kulturellen Interdependenz aller Länder der Welt und angesichts der Veränderungen, welche die modernen Kommunikationsmittel in den menschlichen Beziehungen bewirken, immer weniger zu einer unreflektierten Anwendung auf moderne Sozialstrukturen, sofern wir nicht die Dinge in der Weise vereinfachen, daß wir zu der aristotelischen und hobbesschen Gleichsetzung der Gesellschaft mit dem Staat zurückkehren wollen. In dem Maße, wie die großen Gebietskollektive nicht mehr die Bedingungen aufweisen, deren Zusammentreffen es gestatten würde, sie als dem traditionellen Begriff entsprechende besondere Gesellschaften zu sehen, und wie relativ isolierte »primitive« Stämme eine Seltenheit werden, nähert sich die Menschheit, die bis vor kurzem entweder ein zoologischer Sammelbegriff oder eine Fiktion war, immer mehr einem Zustand, in dem sie die Definition der Gesellschaft erfüllen würde.

Die Frage der Übersetzbarkeit des Terminus

Im Hinblick auf das Verhältnis der Termini »społeczeństwo« / »Gesellschaft« und »grupa społeczna« / »soziale Gruppe« habe ich mich keineswegs auf die Sprache der polnischen Soziologie beschränkt und unterstellt, diese Termini besäßen genaue Äquivalente in anderen europäischen Sprachen. Bezüglich des Terminus »społeczeństwo« sind hier gewisse Vorbehalte zu machen, denn sowohl das französische Wort *société* und das englische *society* wie das russische *obščestwo* oder das deutsche *Gesellschaft* sind mit einer Zweideutigkeit oder sogar Mehr-

unterschiedlichen Funktionen gehören und gehört sie gewöhnlich auch, und bei jeder dieser Gruppen hängt ihre Teilnahme nicht davon ab, wie sie [die Person] von den Biologen oder Psychologen definiert wird, sondern davon, wie sie von den anderen Mitgliedern ihrer Gruppe wahrgenommen und beurteilt wird«. *Social Organization and Social Institutions* in dem Sammelwerk: *Twentieth Century Sociology*, New York (The Philosophical Library) 1945.

20 Vgl. E. Dupréel, *Le pluralisme sociologique*, Bruxelles 1945, S. 10.

deutigkeit behaftet, die dem polnischen »społeczeństwo« fehlt. Der russische Terminus »obščestwo« ist das Äquivalent zweier polnischer Termini: *społeczeństwo* und *towarzystwo.* Das gleiche gilt für das französische *société (société anonyme, Société de Philosophie)* und das englische *society (Royal Society).* Im übrigen wurde der Terminus in den französischen und englischen Übersetzungen oder Interpretationen des Werkes von Tönnies *Gemeinschaft und Gesellschaft* dazu benutzt, den von Tönnies formulierten und im Titel seiner Abhandlung verewigten begrifflichen Gegensatz deutlich zu machen: *communauté – société, community – society.* In dieser Situation ist keiner der in den drei Sprachen entgegengesetzten Termini *(Gesellschaft, société, society – Gemeinschaft, communauté, community)* ein Äquivalent unseres »społeczeństwo« noch der »grupa społeczna«.[21]

Es ist als historisches Detail bemerkenswert, daß die polnische Sprache die mit den Termini *obščestwo, société* oder *Gesellschaft* verbundene Doppeldeutigkeit im neunzehnten Jahrhundert verlor. Zur Zeit von Staszic und Kołłątaj waren wir in dieser Hinsicht in der gleichen Situation wie die Russen, Franzosen und Deutschen. Das vollständige Äquivalent des Wortes *société* mit seiner zweifachen (oder – wenn wir »société« in der Bedeutung »gesellschaftliche Elite« berücksichtigen – dreifachen) Bedeutung war in der polnischen Sprache damals nur der Ausdruck *towarzystwo:* man sagte »Towarzystwo Przyjaciół Nauk« (Gesellschaft der Freunde der Wissenschaft), man sagte: »sfery towarzyskie stolicy« (Gesellschaftskreise der Hauptstadt) oder »ludzie z towarzystwa« (Menschen, die zur Gesellschaft gehören); man sagte aber ebenfalls »towarzystwo ludzkie« (menschliche Gesellschaft) und dachte dabei »społeczeństwo« (Gesellschaft). In der damaligen Zeit, als die wissenschaftliche und philosophische Literatur Polens unter starkem

21 Polnische Übersetzer hatten mit der Übertragung des Tönniesschen Gegensatzes immer Schwierigkeiten. Einige sind zwar mechanisch dem Wörterbuch gefolgt und haben ihn mit *wspólnota – społeczeństwo* wiedergegeben, aber es ist klar, daß eine lexikalische Übertragung hier nicht genügt, da der polnische Ausdruck *społeczeństwo* einer anderen Bedeutung des Ausdrucks *Gesellschaft* entspricht als der, um den es bei Tönnies geht und der wahrscheinlich unser *zrzeszenie* am nächsten kommt. (Vgl. unter anderem die polnische Übersetzung von Cuvillier, *Wprowadzenie do socjologii,* Warszawa 1947, S. 65.)

Einfluß der französischen und später der französischen und der deutschen Literatur stand, wurde das Wort »towarzystwo« anscheinend als Äquivalent der Ausdrücke *société* und *Gesellschaft* verwendet.

Zum Abschluß dieser terminologischen Anmerkungen verweilen wir einen Augenblick bei dem Verhältnis der Termini »grupa społeczna« und »zbiorowość« (Kollektiv). Hierbei geht es selbstverständlich nur um die polnische Sprache, da wir über feststehende lexikalische Äquivalente von »zbiorowość« für andere Sprachen nicht verfügen, wie es etwa mit dem internationalen Terminus »soziale Gruppe« der Fall ist. Seinerzeit schlug Czesław Znamierowski vor, mit dem Terminus »zbiorowość« räumlich getrennte und mit dem Terminus »soziale Gruppe« durch eine soziale Bindung verknüpfte menschliche Individuen zu bezeichnen. Diese Termini hätten also einander überschneidende Umfänge: ein Kollektiv in diesem Sinne kann eine soziale Gruppe sein (städtische Siedlung, Pilgerprozession), muß es aber nicht sein (Menge auf dem Bahnhof); auch muß eine soziale Gruppe nicht ein Kollektiv sein (die über das Land verstreuten Mitglieder einer Vereinigung). Eine derartige Unterscheidung ließe sich konsequent durchführen, doch fand der Vorschlag Znamierowskies keine nennenswerte Rezeption; das Wort »zbiorowość« wurde nicht zu einem Terminus mit relativ feststehender Bedeutung. Es erscheint angemessen, es im weitesten Sinne als Äquivalent des englischen *aggregate* zu verwenden. In dieser Bedeutung wird es auch in der vorliegenden Arbeit benutzt.[21a]

Zwei Aspekte des sozialen Lebens

Die Gesellschaft wurde als Gegenstand einer besonderen Wissenschaft gewöhnlich in zweifacher Weise aufgefaßt: entweder als eine organische Ganzheit, deren Elemente durch biologische und ökonomische Prozesse (die Gesamtheit der Produktions-,

21a Der Ausdruck »Kollektiv« wurde für *zbiorowość* gewählt, um alle möglichen unerwünschten Konnotationen von Ausdrücken wie »Masse« oder »Menge« zu vermeiden. Der morphologischen Struktur des Wortes »zbiorowość« zufolge müßte es »Kollektivität« heißen. *(Anmerkung des Übersetzers.)*

Konsumtions- und Austauschprozesse) miteinander verbunden sind[22], oder als Vereinigung von Menschen, die durch eine soziale Bindung verknüpft sind, d. h. durch ein System von psychischen Einstellungen, die den einzelnen Mitgliedern des Kollektivs gemeinsam sind und ihr Verhältnis zu den anderen Mitgliedern und der Gesellschaft als ganzer charakterisieren. Die menschliche Gesellschaft unter dem ersten Aspekt läßt sich mit der »Pflanzengesellschaft« vergleichen, z. B. mit einer natürlichen Wildnis. Sehr instruktiv in dieser Hinsicht ist die Arbeit des Botanikers Paczoski *Dwie socjologie* (1930). Unter dem zweiten Aspekt kann die Gesellschaft nur ein Kollektiv bewußter Wesen sein.

In der Soziologie des neunzehnten und zu Beginn des zwanzigsten Jahrhunderts kann man auf Spencer als einen Theoretiker des ersten Aspekts verweisen.[23] Das wohl eindrucksvollste Beispiel für die Dominanz des zweiten Aspekts sind die Theorien Durkheims. Die Überzeugung, daß gerade die soziale Bindung das Wesen der Gesellschaft ausmacht, fand ihren hervorstechendsten Ausdruck in der Durkheimschen Hypothese vom Kollektivbewußtsein und von kollektiven Vorstellungen. Der Zusammenhang zwischen in der Gesellschaft auftretenden Prozessen der einen und der anderen Art ist Gegenstand spezieller Untersuchungen, denen wir unter anderem den Durkheimschen Begriff der »sozialen Morphologie«, die Lehre von den Einflüssen der räumlichen Verteilung der Mitglieder eines Kollektivs auf die sozialen Beziehungen und auf die Kultur, verdanken. In anderer Weise wurde der Zusammenhang zwi-

22 Vgl. die Definition in der *Großen Sowjetenzyklopädie:* »Gesellschaft – das ist die Gesamtheit der Beziehungen zwischen den Menschen, deren Grundlage der Produktions- und Reproduktionsprozeß ihres materiellen Lebens darstellt« (*Bolšaja Sovietskaja Enciklopedija*, 1940; Artikel *Gesellschaft*).

23 »Die Systeme, welche die Soziologie untersucht, sind ›Gesellschaften‹. Eine Gesellschaft ist ein System, das als Grundeinheiten biopsychische Wesen umfaßt, welche einen bestimmten geographischen Bereich während einer zeitlichen Dauer bewohnen, die die Lebensperioden einer Reihe aufeinanderfolgender Generationen einschließt. Diese Individuen treten räumlich zusammen und bilden mehr oder weniger umfangreiche und dauerhafte Gruppen. Die bloße Zusammenfassung von Individuen zu einer Gruppe konstituiert jedoch noch keine Gesellschaft. Eine Gesellschaft im soziologischen Sinne entsteht nur dann, wenn es außer der Zusammenfassung auch Kooperation gibt.« Herbert Spencer, *The Principles of Sociology*, S. 440.

schen den zwei Aspekten des sozialen Lebens in den Marxschen Begriffen von »Basis« und »Überbau« verdeutlicht. Bei Marx ist jedoch die psychologisch verstandene Bindung nicht mehr ein Attribut der Gesellschaft als Ganzes, sondern ihrer einzelnen antagonistischen Bestandteile, der sozialen Klassen.

Konnte die Gesellschaft im traditionellen Sinne in zweifacher Weise definiert werden – durch den räumlichen, biologischen und ökonomischen Zusammenhang einerseits, die soziale Bindung andererseits –, so ist im Hinblick auf all jene sozialen Gruppen, die keine gesonderten Gesellschaften darstellen, sondern deren Bestandteile sind, die erste Möglichkeit *ex definitione* ausgeschlossen. Für die soziale Gruppe gilt vielmehr das zweite Attribut, die soziale Bindung. MacDougalls »Gruppenbewußtsein« *(Group Mind)* leitet sich von Vorstellungen Durkheims und Izoulets *(l'âme de la cité)* her. Stefan Czarnowski entdeckte in der den polnischen Adel strukturierenden sozialen Bindung Phänomene, die in den Theorien Durheims die soziale Bindung isolierter Stämme charakterisierten. Der Begriff der sozialen Bindung wird so zu einem Korrelat des Begriffs der Gruppe, und zwar zu einem solchen, das gewöhnlich in die Definition der sozialen Gruppe eingeht, obgleich der Terminus »soziale Bindung« in neueren Arbeiten meist durch Termini ersetzt wird, die jene Bindung, welche die soziale Gruppe auszeichnen soll, näher präzisieren.

Interpretationen der »sozialen Bindung«

Der Begriff der sozialen Bindung und die damit verbundenen Probleme traten schon viele Jahrhunderte vor der Entstehung der modernen Soziologie auf. Im 2. Jahrhundert v. Chr. sucht Polybios im Zerfall der sozialen Bindungen die Ursachen des Niedergangs der griechischen Städte. Ein englischer Vers aus dem späten Mittelalter klagt über den Verfall der sozialen Bindung in den Städten Englands:

where everyone is for himself
and no one for all.

Zornig nennt der Verfasser eine solche Stadt eine »Hölle ohne Ordnung« *(hell without order)*. In der Sprache der modernen Soziologie würde er sagen, daß die Stadt keine »soziale Gruppe« mehr darstellt. Die praktische Relevanz der sozialen Bindungen wird klar von Ibn Khaldun erkannt, wenn er in seinen *Prolegomena* die Stadt und das Land, die Seßhaften und die Nomaden miteinander vergleicht und sich Gedanken über den Aufstieg und Niedergang der Staaten macht. Im 19. Jahrhundert, als die Nation dem Staat gegenübergestellt wird, geht das Kriterium der sozialen Bindung in dieser oder jener Deutung in die Bestimmung der Nation ein. Im Westen hat Renan eine solche Konzeption der Nation in *Qu'est-ce qu'une nation?* popularisiert.[24]

Als Faktor des Bewußtseins der Mitglieder einer Gruppe kann die soziale Bindung unterschiedlich charakterisiert werden; meist verstehen wir unter dieser Wendung ein Äquivalent des alten französischen Ausdrucks *esprit de corps*. Sie setzt sich zusammen aus dem positiven Bewußtsein der Gruppenzugehörigkeit, der Tendenz zur Einhaltung der wichtigsten Formen von Gruppenkonformität, der Achtung gemeinsamer Werte, dem Bewußtsein gemeinsamer Interessen, aber auch der Bereitschaft, die Gruppeninteressen den persönlichen Interessen überzuordnen, wenn ein Konflikt auftritt, oder zumindest der Überzeugung, daß man die Interessen der Gruppe über die eigenen zu stellen hat.[25]

Die soziale Bindung läßt sich jedoch auch im Zusammenhang mit der Heterogenität der sozialen Gruppen unterschiedlich charakterisieren. Mehr oder weniger zu der gleichen Zeit, als Ludwik Gumplowicz sich mit dem Problem der Solidarität zwischen den Mitgliedern der sozialen Gruppe im Hinblick auf Antagonismen zwischen den Gruppen beschäftigt, teilt F. Tönnies in seiner oben erwähnten Arbeit[26] die Kollektive

24 Paris 1882.

25 Vgl. die amerikanische Wörterbuchdefinition von *social group:* »Mehrere Personen, zwischen denen es eine psychische Interaktion gibt und die aufgrund dieser Interaktion im eigenen Bewußtsein und im Bewußtsein anderer als eine Entität anerkannt werden. Die Existenz einer sozialen Gruppe setzt voraus, daß zwischen Personen ein dauerhafter Kontakt besteht, aus dem eine kontinuierliche Interaktion entstehen kann; ein Bewußtsein hinreichender Ähnlichkeit oder ein gemeinsames Interesse, damit sich jeder einigermaßen mit der Gruppe identifizieren kann; und eine Struktur, die von den Mitgliedern als wichtig dafür erachtet wird, daß die Gruppe als Entität weiter existieren kann«. H. P. Fairchild (Hrsg.), *Dictionary of Sociology*, New York 1944, S. 283.

26 *Gemeinschaft und Gesellschaft*, 1881.

nach dem emotionalen oder rationalen Charakter ihrer Bindung in zwei grundlegende Kategorien ein. Etwa 10 Jahre später untersucht Durkheim zwei – anders als bei Tönnies gefaßte – Arten der sozialen Bindung und analysiert gleichzeitig die materiellen Bedingungen, unter denen die eine oder andere Art der Bindung sich durchsetzt.[27]

Wenn die soziale Gruppe also durch die soziale Bindung definiert wird, so kann man sie als ein Aggregat betrachten, das in größerem oder geringerem Maße eine Gruppe darstellt. So faßt Tönnies die Sache auf, wenn er von den Graden der Existenz der Kollektive spricht, die der Gegenstand seiner Überlegungen sind, oder auch MacDougall, der die sozialen Gruppen nach dem Grad der von den Mitgliedern empfundenen Bindung einteilt. Den Grad der Bindung kann man natürlich nur an dem Verhalten der Gruppenmitglieder messen; MacDougall führt als Beispiel Typen von Verhaltensweisen an, die unterschiedlichen Graden der sozialen Bindung entsprechen.[28] Heute verwendet man in der amerikanischen Soziologie zur Bezeichnung der sozialen Bindung, welche die Gruppe charakterisieren soll, allgemein den Ausdruck »Identifikation«. Das entscheidende Moment ist dabei die Empfindung oder Überzeugung von der Zugehörigkeit zur Gruppe, doch kann man »Überzeugung von der Zugehörigkeit« unterschiedlich verstehen. Wenn es sich um ein zustimmendes Bewußtsein der Teilnahme handelt, so impliziert das eine in dieser oder jener Hinsicht gegebene, mehr oder weniger große Gemeinsamkeit der Ziele, der Normen und der Anschauungsweisen sowie ein positives Interesse am Leben der anderen Gruppenmitglieder. Der Begriff der Identifikation kompliziert sich allerdings, wenn wir den im Jahre 1942 von H. H. Hyman eingeführten und heute in der Sozialpsychologie verbreiteten Begriff der Bezugsgruppe *(reference group)* heranziehen.[29]

Reference group – ein ins Polnische nur schwer zu übertragen-

27 Die *mechanische Solidarität*, die auf der Überzeugung beruht, daß die Mitglieder der Gesellschaft einander ähnlich sind, und die *organische Solidarität*, die auf der Überzeugung beruht, daß die Mitglieder der Gesellschaft einander aufgrund der Arbeitsteilung brauchen. *De la division du travail social*, Paris 1893.

28 *Group Mind*, 1920.

29 Vgl. M. Sherif, *Reference Group in Human Relations*, in dem Sammelband: *Sociological Theory*, 1957.

der Ausdruck – meint die Gruppe, von der das Individuum die Normen und Muster bezieht, nach denen es sich selbst beurteilt, und an der es teilnehmen möchte. Wenn wir annehmen, daß die Bezugsgruppe nicht mit der Gruppe identisch sein muß, an der jemand teilnimmt, dann haben wir in solchen Fällen, wo sie nur eine Gruppe ist, der ein Individuum zustrebt, eine Situation, als befände sich »die Kollektivseele« im Durkheimschen Sinne für jemanden außerhalb des Kollektivkörpers, dessen Bestandteil dieser Jemand ist. Es wäre dann in den Einstellungen des Individuums zwischen einer realen und einer potentiellen Identifikation zu unterscheiden, wobei die reale Identifikation an Inhalt einbüßte.

Der grundlegende Faktor der Bindung, von der die Existenz einer sozialen Gruppe abhängt, ist für einige Soziologen das Bewußtsein eines gemeinsamen Verhältnisses zu bestimmten Objekten, Symbolen oder Personen.[30] Dupréel schuf sogar einen speziellen Ausdruck zur Bezeichnung der sozialen Beziehungen, die auf einer gemeinsamen Beziehung zu einem dritten Glied beruhen: das kann ein gemeinsamer Freund, ein gemeinsamer Feind, der Gegenstand eines gemeinsamen Kultes sein. Dupréel nennt solche Beziehungen *rapports sociaux complémentaires* und definiert die soziale Gruppe als »Zusammenfassung von Individuen«, die miteinander verbunden sind und sich von anderen Individuen unterscheiden durch eben solche positiven und durch ein vermittelndes Glied ergänzten sozialen Beziehungen.[31]

Für Znaniecki besteht die Bindung, die über die Existenz der sozialen Gruppe entscheidet, in der intentionalen Kooperation.[32] Ähnlich fassen die Marxisten die Klassensolidarität. Für

30 »Mitglieder der Gruppe müssen gemeinsame Einstellungen haben. Eine strukturelle Beziehung zueinander erlangen sie durch ihre unterschiedlichen Einstellungen gegenüber Objekten, Personen, Symbolen oder Handlungen.« Ralph Ross und E. van den Haag, *The Fabric of Society,* New York 1957, S. 57.

31 E. Dupréel, *Sociologie générale,* Paris 1948. Eine positive soziale Beziehung kann das Ergebnis sowohl einer positiven wie einer negativen gemeinsamen Beziehung zu einem dritten Glied sein. Für den Prozeß der Verstärkung der sozialen Bindung durch eine feindliche Beziehung zu Fremden haben sich sowohl Freud wie Gumplowicz interessiert. Das Neue bei Dupréel ist die Einführung von Beziehungen, die durch ein Mittelglied ergänzt werden, in die Definition der sozialen Gruppe.

32 Vgl. Znaniecki, *Social Organization and Social Institutions.*

Znaniecki unterscheidet die intentionale Kooperation die Gewerkschaft oder die Arbeiterpartei von der Arbeiterklasse, die in dieser Definition keine Gruppe als Ganzheit darstellt.
Diese unterschiedlichen Interpretationen der Bindung, welche die soziale Gruppe charakterisieren soll, schließen einander nicht aus: »Identifikation« zieht eine Zusammenarbeit auf bestimmten Gebieten nach sich; intentionales Zusammenwirken impliziert gemeinsame Ziele, gemeinsame Haltungen gegenüber bestimmten Objekten oder Personen und eine gewisse »Identifikation«. Doch gibt es Situationen, wo die »intentionale Kooperation« mit der »Identifikation«, dem Zugehörigkeitsgefühl zur Gruppe, in Konflikt gerät. Der englische Arbeiter, der in der Überzeugung, unter der Regierung der Konservativen, die die Gesellschaftsordnung erhalten wollen, werde es den Arbeitern gut gehen, für die Konservativen stimmt, zerreißt damit nicht die Verbindung mit den Arbeitern, wird nicht zum Mitglied der Bourgeoisie. Auch der galizische Bauer, der für die Kandidatenliste der »Herren« votierte, brach dadurch seiner Meinung nach nicht die Solidarität mit den Bauern, hörte deshalb nicht auf, sich als Mitglied der Gemeinschaft der Bauern zu fühlen, obwohl er mit den Großgrundbesitzern zusammenarbeitete. In derartigen Fällen sagte man, diesem Arbeiter oder diesem Bauern fehle es an Klassenbewußtsein. Dabei versteht man dann unter »Klassenbewußtsein« mehr als das Bewußtsein der Gruppenzugehörigkeit. Im marxistischen Verständnis umfaßt das Klassenbewußtsein sowohl eine bestimmte Klassenkonzeption als auch eine politische Orientierung. Auch in solchen Fällen muß man jedoch nicht eine Divergenz zwischen dem »intentionalen Zusammenwirken« und dem Gefühl der Zugehörigkeit zur Gruppe sehen, wenn nur jener Bauer und jener Arbeiter in gutem Glauben handeln: Wenn sie politisch mit der Partei der Konservativen oder der Großgrundbesitzer zusammenarbeiteten, so arbeiteten sie in anderer Hinsicht nach ihrer Überzeugung mit der eigenen Klasse zusammen, denn ihre Wahlentscheidung war ein Ausdruck der Sorge um deren Interesse. Derartige Fälle wären für Znaniecki noch aus einem anderen Grunde kein Beweis einer Divergenz zwischen dem Gruppenzugehörigkeitsgefühl und der Kooperation gewesen, denn er betrachtet die Klassen nicht als eine soziale Gruppe. Auch Marx würde, wenn er sich

des Ausdrucks »soziale Gruppe« bedient hätte, die nach ökonomischen Kriterien bestimmten Klassen, bei denen es an einem »Klassenbewußtsein« fehlt, welches sich in politischem Zusammenwirken geäußert hätte, sicher nicht als soziale Gruppe betrachtet haben.[33]

Wie mir scheint, sind die Unterschiede, mit denen wir es bei den einzelnen Interpretationen der sozialen Bindung zu tun haben, im Grunde eher solche der Akzentuierung. Wichtig ist für uns im Augenblick die all diesen Interpretationen gemeinsame Annahme, daß eine Anzahl von Menschen dann und nur dann eine soziale Gruppe bilden, wenn sich bei ihnen ein Bewußtsein der sozialen Zusammengehörigkeit zeigt und wenn dieses Bewußtsein sich in ihrem Verhalten äußert.

Die Definition der sozialen Gruppe durch eine Bindung, die auf bestimmten psychischen Einstellungen der Individuen beruht, führt jedoch in einigen Situationen zu Schwierigkeiten, die, wenn man über die Besonderheiten der Sozialwissenschaften schreibt, einige Überlegungen wert sind. Wir werden uns hier nicht mit den Schwierigkeiten hinsichtlich der Indikatoren der sozialen Bindung aufhalten – Indikatoren, von denen die Operationalität der Definition abhängt: die Frage der Indikatoren psychischer Einstellungen ist ein allgemeineres Problem, mit dem sich die gesamte Forschung im Bereich der Sozialpsychologie abmühen muß.

Mit dem Thema der sozialen Bindung hängt eine ziemlich verbreitete Fiktion zusammen. Man nimmt an, daß die Mitglieder eine *gemeinsame* Beziehung zu bestimmten Objekten, Symbolen und Personen und insbesondere eine gemeinsame Beziehung zur Gruppe verbindet. Es ist indessen bekannt, daß diese Beziehung innerhalb ein und desselben Kollektivs sehr heterogen zu sein pflegt, und zwar innerhalb eines Kollektivs, dem niemand die Bezeichnung soziale Gruppe absprechen wird; sie ist um so heterogener, je weniger homogen das Milieu ist, aus dem sich die Gruppenmitglieder rekrutieren. So finden wir z. B. unter den Mitgliedern eines Kollektivs mit ideologischem Charakter – sei es ein lockeres Kollektiv wie z. B. die Nation, sei es organisatorisch eingefaßt wie die politische Partei – neben eifrigen Verfechtern der Ideologie der Gruppe solche, denen

33 Vgl. seine Äußerungen über die französischen Bauern im *18. Brumaire des Louis Bonaparte*.

diese Dinge gleichgültig sind; wir finden solche, die eine aufrichtige Anhänglichkeit mit der Gruppe verbindet, und solche, deren Motiv die persönliche Karriere ist; solche, bei denen die Teilnahme an der Gruppe das Resultat einer bewußten Entscheidung ist, und solche, denen die Teilnahme durch zufällige Umstände oder eine Tendenz zur Nachahmung nahegelegt wurde, oder solche, bei denen die emotionale Beziehung zur Gruppe im Grunde auf persönlicher Anhänglichkeit gegenüber einigen Freunden beruht, die Mitglieder dieser Gruppe sind. Wie stellt sich dann die Einheit der sozialen Gruppe dar, die doch *ex definitione* auf der psychischen Einheitlichkeit der Gruppenmitglieder beruhen sollte? Wenn nur die Überzeugung, daß man sich zur Gruppe zählt, das gemeinsame Element bildet, dann beziehen sich Handlungen, die wir als symptomatisch für eine soziale Bindung ansehen, auf Einstellungen, die mehr bedeuten. Es unterliegt keinem Zweifel, daß es in vielen Fällen von anderen Kriterien abhängt, wenn wir irgendeine beliebige Versammlung von Menschen als soziale Gruppe betrachten und ihr eine bestimmte Zusammensetzung zuschreiben.

Die »nichtbewußten« Mitglieder ideologischer Gruppen

Andere Schwierigkeiten tun sich auf, wenn wir bei einem bestimmten Kollektiv zwischen den Überzeugungen hinsichtlich der Ausdehnung der Gruppe und der Zugehörigkeit einzelner Mitglieder Nichtübereinstimmung feststellen. Der Ausdruck »soziale Bindung« ist ein metaphorischer; er suggeriert die Vorstellung von Fäden, welche die Mitglieder der Gruppe miteinander verbinden. Wenn die Existenz eines solchen Fadens von den Überzeugungen der Menschen abhängt, zwischen denen dieser Faden verlaufen soll, so entsteht eine schwierige Situation, da ihre Überzeugungen in diesem Punkt nicht übereinstimmen. Wir werden gleich sehen, daß das nicht eine Frage von Einzelfällen ist, sondern daß sie für die große Masse relevant ist.

Wir knüpfen hier an die zweifache Interpretation der sozialen Phänomene an, von der oben die Rede war. Wenn wir die Verbundenheit einzelner Personen oder die Solidarität mit der Gruppe betrachten, oder wenn wir uns des Terminus »Identifikation« bedienen, dann kann die Gruppe entweder distributiv oder kollektiv verstanden werden. Im ersten Falle ist die Feststellung der Verbundenheit oder Solidarität eines Individuums mit der Gruppe eine Konsequenz aus Urteilen über die Verbundenheit dieses Individuums mit einzelnen Mitgliedern der Gruppe: Ich bin mit der Gruppe solidarisch, weil ich mit einzelnen ihrer Mitglieder solidarisch bin. Im zweiten Falle ist die Beziehung zu einzelnen Mitgliedern der Gruppe das Resultat einer bestimmten Beziehung zur Gruppe: Ich bin mit diesen oder jenen Menschen verbunden, weil sie Mitglieder meiner Gruppe sind. Ein Beispiel der ersten Situation ist ein Freundeskreis; ein Beispiel der zweiten eine Nation, eine religiöse Sekte oder eine politische Partei, wenn ich mich zur Solidarität mit mir unbekannten Menschen verpflichtet fühle, weil sie Mitglieder meiner Nation oder meiner sozialen Organisation sind. Über mein Verhältnis zu ihnen entscheiden dann mein Patriotismus, mein Klassenbewußtsein oder meine Loyalität gegenüber der Organisation.

Entsprechend verändert sich auch der Sinn des Wortes »Identifikation«: Im einen Falle identifiziere ich meine Ziele und Einstellungen mit den Zielen und Einstellungen einzelner Menschen, im zweiten Falle identifiziere ich sie mit den Zielen und Einstellungen, die für das Mitglied der Gruppe postuliert werden. In diesem letzteren Falle, wo die soziale Bindung in den Einstellungen der Individuen in der Teilnahme an der Gruppe begründet ist, hängt die Reichweite der Bindung davon ab, wie das Individuum sich die Gruppe vorstellt, an der es teilnimmt. Das ruft eine besondere Komplikation bei Kollektiven mit ideologischem Zusammenhalt hervor, d. h. dort, wo eine gemeinsame Ideologie eines der Merkmale der sozialen Bindung ist, von der die Existenz der Gruppe abhängen soll; dabei denken wir insbesondere an Kollektive, bei denen die Teilnahme keinen institutionellen Initiations- oder Aufnahmeakt für das einzelne Mitglied fordert, wie es bei ideologischen Kollektiven vom Typus der politischen Partei der Fall ist.

Nun kann die Ideologie von Kollektiven, in denen die Mitgliedschaft nicht auf institutionellen Akten beruht, den Mitgliedern der Gruppe gebieten, sich auch mit all jenen Personen

zu verbünden, die sich durch bestimmte objektive Merkmale, unabhängig von ihren psychischen Einstellungen zur Gruppe, auszeichnen. Wir haben dann die Situation vor uns, daß der Kreis von Personen, die der Ideologie der Gruppe zufolge Objekt der sozialen Bindung sein sollen, größer ist als der Kreis jener, die sich durch die psychologischen Kriterien dieser Bindung auszeichnen. Hier interferieren in besonderer Weise objektive Kriterien (wie Herkunft, Sprache, ökonomische Position) mit psychologischen. Um die Annahme zu rechtfertigen, daß die Gruppe ideologischen Charakter hat, wird gewöhnlich ein weiterer Begriff eingeführt: Menschen, die nicht die psychischen Einstellungen teilen, die das Mitglied der Gruppe charakterisieren sollen, werden als nichtbewußte oder potentielle Mitglieder betrachtet, und die bewußten Mitglieder haben, im Sinne der gemeinsamen Ideologie, die Verpflichtung, in jenen Solidarität mit der Gruppe zu wecken und auf diese Weise zu versuchen, zwischen dem faktischen Zustand und dem postulierten Zustand Übereinstimmung herzustellen.
Wenn wir annehmen, daß die soziale Bindung auch einseitig sein kann, dann entsteht die Frage, wie der Umfang einer solchen Gruppe zu bestimmen ist. Ist Gruppenzugehörigkeit bereits gegeben, wenn jemand passiv jene Beziehung annimmt, oder erst, wenn jemand sie aktiv knüpft? Umfaßt die Gruppe all jene, mit *denen* die Vertreter der Gruppenideologie sich verbunden fühlen, oder nur jene, die *sich* verbunden fühlen?
Wenn die soziale Gruppe als eine Anzahl von Menschen definiert wird, die durch eine psychologisch verstandene soziale Bindung miteinander verbunden sind, wird in der Regel nicht berücksichtigt, daß diese Beziehung asymmetrisch sein kann. Mit einer asymmetrischen sozialen Bindung haben wir es bei den großen Kollektiven zu tun, die in der Geschichte der Menschheit eine bedeutende Rolle spielen. Bereits auf dem Gebiet der Ideologie der Klassen stoßen wir auf dieses Phänomen: Der Kreis von Individuen, auf die der bewußte amerikanische Proletarier seiner Ideologie gemäß die Verpflichtung zur Arbeitersolidarität ausdehnt, deckt sich keineswegs mit dem Kreis von Personen, welche eine solche Solidarität empfinden; wie aus Umfragen hervorging, die in den Vereinigten Staaten durchgeführt wurden, betrachteten sich dort noch im Jahre 1940 etwa 80% der weißen Bevölkerung als Mitglieder der

Mittelklasse. In ähnlich asymmetrischer Weise stellt sich die proletarische Solidarität in Polen zu Beginn des 20. Jahrhunderts dar, wenn wir das ländliche Proletariat einbeziehen. Besonders deutlich tritt die Divergenz der Kriterien dann hervor, wenn es um die Kennzeichnung des Umfangs des nationalen Kollektivs geht, was gewöhnlich ernsthafte politische Konsequenzen hat. In seinem oben erwähnten Essay *Qu'est-ce qu'une nation?* charakterisierte Renan die Nation als eine geistige Einheit, über deren Fortdauer sozusagen ein tägliches Plebiszit entscheidet. Diese Konzeption der Nation als Kollektiv, die sich lediglich auf die innere Überzeugung und die emotionale Bindung der Einzelnen stützt, finden wir schon bei den Romantikern (»Vaterland – das ist der Glaube ans Vaterland«, sagte Mazzini). Ihr zentraler Ausdruck waren die nationalen Volksabstimmungen in der zweiten Hälfte des 19. und im ersten Viertel des 20. Jahrhunderts. Wenn allerdings einer der Patrioten, die gerade diese Konzeption der Nation vertraten, die Zahl der Angehörigen seiner Nation nannte, beschränkte er sich nie auf die Anhänger der nationalen Ideologie: Statt Hunderttausenden gab er Millionen an, zu denen er auch jene rechnete, die keine nationale Ideologie besaßen und die keine weitergehende als die regionale Bindung anerkannten, die »Hiesigen«, die von der Statistik der Sanacja[33a] in Polesie[33b] berücksichtigt wurden, um die Prozentzahl der ukrainischen und weißrussischen Bevölkerung zu drücken, sowie jene, welche die nationale Ideologie aus opportunistischer Loyalität gegenüber der Teilungsmacht[33c] verwarfen, und die, die vom Standpunkt eines Patrioten ein »falsches Nationalbewußtsein« besaßen, d. h. sich zu anderen nationalen Gruppen zählten, trotz ihrer Abstimmung, ihrer Sprache oder ihres Geburtsortes.
Mit Rücksicht auf diese Interferenz der Kriterien in der Gruppenideologie können wir die Struktur der Nation und anderer, nichtinstitutionalisierter ideologischer Gruppen symbolisch in Gestalt zweier konzentrischer Kreise darstellen (s. Grafik S. 49). Der kleinere Kreis *a* umfaßt die durch die Ideologie der Gruppe verbundenen Menschen, auch wenn sie sich in einzelnen Punkten dieser Ideologie unterscheiden – diejenigen also, die

33a Reaktionäre Vorkriegsregierung in Polen. *Anm. d. Üb.*
33b Ostpolnisches Grenzgebiet zur Sowjetunion. *Anm. d. Üb.*
33c Rußland, Österreich-Ungarn, Deutschland vor 1918. *Anm. d. Üb.*

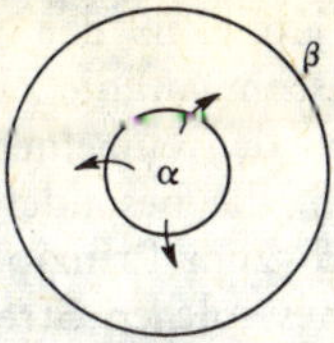

Abb. 1

sich mit einer Gruppe verbunden fühlen, welche nach ihrer Überzeugung nicht nur den Kreis α umfaßt. Der Kreis β bezeichnet die Gesamtheit der Individuen, mit denen die Menschen, welche sich zur Ideologie des Kreises α bekennen, sich solidarisieren möchten. Dieser größere Kreis ist durch objektive Kriterien gekennzeichnet, über die unter den Personen des Kreises α im übrigen unterschiedliche Meinungen herrschen können: Die Grenzen des Kreises β sind dann für verschiedene Teile der Gesamtheit α nicht identisch. Derjenige Teil des Kreises β, der sich außerhalb der Grenzen von α befindet, repräsentiert diejenigen, die an der durch die Ideologie ausgezeichneten Gruppe nicht partizipieren und die Gegenstand der Bemühungen der Gesamtheit α sind.

Eine derartige Struktur weist sowohl die Nation – insbesondere die Nation nach den Konzeptionen des 19. Jahrhunderts – als auch das Proletariat in der sozialistischen und der kommunistischen Theorie auf. Im ersten Falle repräsentiert der Kreis α die bewußten Patrioten, im zweiten die bewußten Proletarier. Auch werden zum Kreis α und besonders zu seinen aktiven Zentren Menschen zugelassen, die eine starke ideologische Bindung an diesen Kreis zeigen und nicht aufgrund bestimmter objektiver Bindungen von vornherein zum Kreis β gehören. Manche litauischen Patrioten, Kämpfer für die Sache der litauischen Nation, waren polnischer Abstammung und kannten die litauische Sprache nicht; sie hängten die Endung s an ihre polnischen Namen an. Der größte Teil der Führer des Proletariats rekrutierte sich aus der Intelligenz und manchmal sogar – wie im Fall Owen oder Engels – aus den Kapitalisten.

Was die ideologische Struktur der Nation betrifft, so ist oft, weil die Ideologien der verschiedenen Nationen im Hinblick

auf die objektiven, das Kollektiv der Nation kennzeichnenden Merkmale nicht übereinstimmen, die Zugehörigkeit bestimmter territorialer Gruppen zu den einzelnen Nationen Gegenstand erbitterter Streitigkeiten, die besonders scharf ausfallen, weil in der Zeit, da man sich zum Prinzip des Nationalstaats bekennt, das Ergebnis eines solchen Streits ernsthafte politische Konsequenzen haben kann. Beispiele bieten die früheren Auseinandersetzungen um die Bewohner des nördlichen Spisz, des nördlichen Orawa und des Cieszyner Gebiets von Schlesien; die Kontroversen um die Nationalität der preußischen Masuren, der Elsässer oder der Mazedonier, die von den Bulgaren, den Serben und den Griechen für sich beansprucht wurden. Die litauischen Nationalisten betrachteten die Bewohner der Gegend von Grodno, Nowogród und Bialystok als polonisierte oder ruthenisierte Litauer, die zu relituanisieren wären. Die polnischen Nationalisten erblickten in den gleichen katholischen Weißrussen im Gebiet von Grodno ihrer Nationalität nicht bewußte Polen.
Die unvereinbaren Standpunkte einander benachbarter Nationen kann man mit Hilfe der folgenden Schemata verdeutlichen:

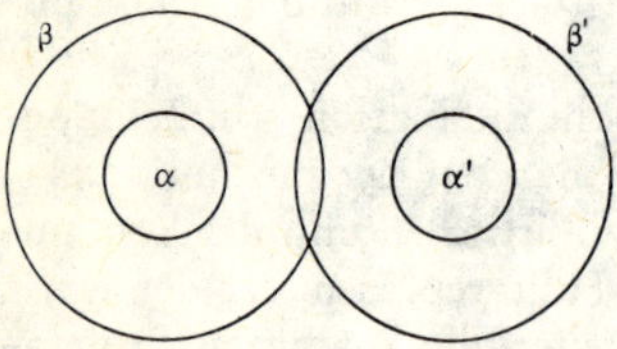

Abb. 2

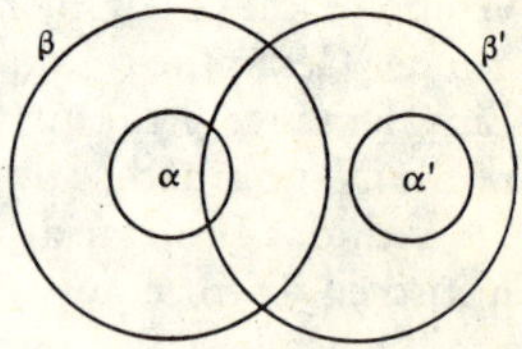

Abb. 3

Das zweite Schema (Abb. 3) berücksichtigt die Tatsache, daß einigen Patrioten der benachbarten Nation ein »falsches« Nationalbewußtsein zugeschrieben wird. Selbstverständlich kann man nicht in allen Fällen, von denen hier die Rede ist, ernstlich von einem Zusammenstoß der nationalen Ideologien sprechen. Häufig ging es in derartigen Deklarationen nur um einen Vorwand zur Aggression, und die dem siegreichen Staat angegliederte Gruppe der »national nichtbewußten Landsleute« wurden als nationale Minderheit in der Regel zu Bürgern zweiter Klasse. Allerdings passen derlei Fakten keineswegs zu

der Zwei-Zonen-Konzeption der Nation, die eine der Schwierigkeiten deutlich macht, die soziale Gruppe durch die soziale Bindung zu definieren.
Auf dem Gebiet der Klassenbeziehung finden wir analoge Konflikte um solche Zwei-Zonen-Gruppen in den Kämpfen um die Kleinbauern und landlosen Bauern (ein Proletarier, der sich mit dem städtischen Proletariat solidarisiert, oder ein dem städtischen Arbeiter fremd gegenüberstehendes Mitglied der bäuerlichen Gemeinschaft) oder um die Klassenzugehörigkeit der werktätigen Intelligenz. Ein Feld derartiger Auseinandersetzungen war vor dem Kriege u. a. der Polnische Lehrerverband.

Die Asymmetrie der sozialen Bindung bei Gruppen mit exklusiven Tendenzen

Verglichen mit europäischen Regional- oder Klassengruppen, die kein »Nationalbewußtsein« besitzen und mit nationalen Bekehrungsversuchen umworben werden, befinden sich die amerikanischen Neger in der umgekehrten Situation. Der schwarze Nationalismus mit einer rassistischen Ideologie (ein schwarzer Rassenkult), der in den zwanziger Jahren von Garvey progagiert wurde, blieb erfolglos. Die von der Kommunistischen Partei erhobene Forderung nach einer eigenen Negerrepublik im Süden der Vereinigten Staaten fand ebenfalls keine Anhänger. Die bei den amerikanischen Negern dominierende Einstellung ist die eines amerikanischen Bürgers, der ein vollberechtigtes Mitglied der amerikanischen Nation sein möchte. Die Neger, besonders jene, die sich zur Mittelklasse zählen, solidarisieren sich trotz der Rassendiskriminierung mit der amerikanischen Nation. Eine Dame, die an einem Neger-College in Alabama (also in einem jener Staaten, die ein System der Segregation haben) Soziologie lehrte, berichtete mir, daß ihre schwarzen Studenten sich über das Buch *The American People*[34] des englischen Ethnologen Gorer empört hätten. Bei weißen Amerikanern ruft Gorers Buch im allgemeinen nicht solche Reaktionen hervor. Die weiße amerikanische Gesell-

34 New York 1948.

schaft, insbesondere die weiße Gesellschaft des Südens, fühlt sich indessen nicht zur Solidarität mit den amerikanischen Negern verpflichtet und bezieht sie auch nicht in ihre Konzeption der amerikanischen Nation ein, was sich im Kampf des Südens gegen die Desegregation ausdrückt. Zwar unterliegen diese gegen die Neger gerichteten Einstellungen in der weißen Bevölkerung in den letzten Jahren einem raschen Wandel; gleichwohl stellt sich, wenn wir um der leichteren Beispiele willen einige Jahre in der Vergangenheit zurückgehen, die Frage, wie angesichts dieser asymmetrischen Beziehungen zwischen der weißen und der schwarzen Bevölkerung die soziale Bindung der amerikanischen Nation zu interpretieren ist. Eine ähnliche Situation – nur in kleinerem Maßstab – zeigte sich in Deutschland, als nach der Machtübernahme Hitlers deutsche Patrioten jüdischer Herkunft aus der deutschen Nation ausgeschlossen wurden.

Hier kommen wir wieder zurück auf die Unterscheidung zwischen Gruppen, denen man angehört, und anderen Gruppen, auf die man sich bezieht, doch haben wir es in diesen Fällen nicht mit Individuen in einer marginalen Situation zu tun, sondern mit umfangreichen menschlichen Kollektiven, die deshalb zur Gruppe nicht zugelassen werden, weil sie bestimmte objektive Merkmale (Herkunft) aufweisen, obwohl es sich um eine Gruppe mit ideologischem Charakter handelt und die nicht zur Gruppe Zugelassenen die psychologische Teilnahmebedingung erfüllen. Mehr noch: es handelt sich nicht um Individuen, die nur die Teilnahme an jener Gruppe anstreben, sondern um solche, die ein Gefühl der Zugehörigkeit zu ihr haben. Wieder stoßen wir also auf die Zwei-Zonen-Struktur der Gruppe, wobei jetzt allerdings das Kollektiv des kleineren Kreises sich nach außen hin abschließt und den Bereich seiner sozialen Bindung im Hinblick auf bestimmte objektive Kriterien einengt.

Wenn wir die soziale Gruppe also durch die soziale Bindung definieren, wie wenden wir dann dieses Kriterium bei asymmetrischen Beziehungen an? Ist für die Zulassung zur Gruppe die Überzeugung des Individuums, seine »Identifikation«, ausschlaggebend, oder kommt auch die Beziehung hinzu, welche ihm gegenüber jene entwickeln, deren Gruppenzugehörigkeit unangefochten ist? Die Divergenz zwischen diesen beiden

Standpunkten rührt daher, daß in der Konzeption der Gruppe objektive Kriterien mit »konfessionellen« Kriterien im Widerstreit liegen.

In beiden hier angeführten Beispielen sind die den Kreis δ von der Zone ε abteilenden Grenzen der Gruppe mit exklusiver Tendenz in geringerem oder größerem Ausmaß institutionalisiert (Segregation); aber gleichzeitig ist – für die amerikanische Nation – der bekenntnismäßige Charakter der nationalen Gruppe ein Bestandteil des »amerikanischen Glaubens« *(American Credo)*, den beide Zonen des Kreises akzeptieren: Über die Zugehörigkeit zur amerikanischen Gesellschaft soll allein die Zustimmung zu den »amerikanischen Idealen«, zum *American Way of Life*, entscheiden.

δ – Weiße Amerikaner
ε – Amerikanische Neger
$\delta + \varepsilon$ – Die amerikanische Nation in den Augen der Neger und der weißen Amerikaner, die keine Ausschließlichkeitsthese vertreten.

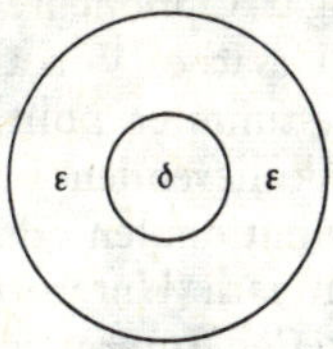

Abb. 4

Inkonsequenzen der Ideologie sind ein allgemeines soziales Phänomen, doch wenn sie mit einer Asymmetrie der sozialen Beziehungen kombiniert sind, bilden sie eine neue Schwierigkeit für die Anwendung des Begriffs der sozialen Gruppe, der sich auf ein psychologisches Kriterium stützt; insbesondere deshalb, weil man sich in diesem Falle nicht auf die Kategorien des »potentiellen Mitgliedes« oder des »nicht-bewußten Mitgliedes« berufen kann, deren sich die Vertreter von Gruppen bedienen, die in begrenztem Umfang Proselyten zu machen versuchen.

Reale Menge und logische Klasse

Bis heute hört man häufig die mit Emphase vorgetragene Meinung, daß die Gesellschaft, die Nation, die soziale Klasse »nicht nur eine Summe von Individuen ist« und daß Urteile über die soziale Gruppe nicht nur eine Konjunktion von Urteilen über die diese Gruppe bildenden Individuen sind. Nun versucht freilich niemand, die Menschen davon zu überzeugen, daß ein Dreieck nur die Summe der drei Seiten oder daß das Parthenon nur die »Summe« der es bildenden Säulen sei, obwohl die Masse des Parthenon die Summe der Massen seiner Teile ist. Mehr noch, wir kennen auch keine Versuche, zu begründen, daß die Familie lediglich die Summe einiger Individuen sei und man über sie Urteile äußern könne, die eine Konjunktion von Urteilen über die einzelnen Mitglieder der Familie sind.

Die Tatsache, daß einige Leute, die sich beruflich mit sozialen Problemen befassen, das Bedürfnis haben, derartige Erklärungen abzugeben, wenn es sich um die großen sozialen Gruppen handelt, und daß sie sogar Opponenten finden, hat – wie ich meine – eine dreifache Ursache. Vor allem sind solche Äußerungen ein Ausdruck bestimmter politischer oder moralischer Tendenzen: Die sie artikulierenden Leute glauben, auf diese Weise das Bedürfnis der nationalen oder der Klassen-Solidarität oder die Forderung nach Unterordnung der subjektiven Interessen unter die sozialen Interessen zu unterstreichen und so den Standpunkt der extremen Individualisten oder der Vertreter des laissez-faire-Systems zu erschüttern. Zum anderen äußern sich in derartigen Problemstellungen alte philosophische Traditionen: der einstige Streit zwischen Realisten und Nominalisten über die allgemeinen Begriffe wird auf das Gebiet der sozialen Begriffe übertragen, wobei man nicht erkennt, daß »polnische Nation« oder »europäisches Proletariat« nicht nur allgemeine, sondern gleichermaßen besondere Termini sind wie der Vorname und der Nachname jedes einzelnen Bürgers. Schließlich kann es sich um eine Reaktion gegen methodologische Tendenzen handeln, die sozialen Phänomene kausal aus Verhaltensweisen erklären zu wollen.

Die grundlegende Tatsache bei Diskussionen über diese Themen, insbesondere bei Diskussionen im Bereich der Publizistik, ist ein Mißverständnis über die Beziehung zwischen einem Kollektiv im soziologischem Sinne und einer Klasse in logischer Bedeutung. Die Unterscheidung einer Menge von Elementen, die eine reale Gesamtheit, von einer Menge, die lediglich eine begriffliche Gesamtheit darstellt (der Umfang des abstrakten Begriffs), ist fundamental. Wir können jede Menge von Objekten als eine reale Gesamtheit behandeln, wenn wir die zwischen diesen Objekten auftretenden Beziehungen berücksichtigen. Die einzelnen Elemente der Menge nehmen dann in deren Struktur einen bestimmten Platz ein, und wir identifizieren sie durch die Beziehung jedes einzelnen dieser Elemente zur Gesamtheit – wir identifizieren sie als Bestandteile der Menge, z. B. eines vor einer Scheune aufgeschütteten Haufens Kartoffeln. Wenn es um die logische Klasse (die Gesamtheit der Objekte, denen die Bezeichnung »Kartoffel« zukommt) geht, so identifizieren wir die Elemente, ohne daß wir uns auf die gesamte Menge berufen, wir identifizieren sie aufgrund der ihnen zukommenden besonderen Merkmale, die ein Bestandteil des abstrakten Inhalts des allgemeinen Begriffs sind. Eine bestimmte politische Partei bildet eine reale Gesamtheit mit einer bestimmten Struktur und bestimmten sozialen Funktionen, und ihre Mitglieder identifizieren wir nicht aufgrund besonderer Merkmale, sondern aufgrund ihrer Beziehung zur gesamten Organisation – beispielsweise aufgrund des konkreten Beitrittsaktes zur Partei, der durch den Besitz eines Parteiausweises bewiesen wird. Eine reale Gesamtheit ist auch die Gewerkschaft oder die Handwerkerzunft – im Gegensatz zum Berufsstand, beispielsweise Stand der Gärtner oder der Lehrer. Ein Angehörigen der französischen oder der litauischen Nation identifizieren wir durch seine Beziehung zum nationalen Kollektiv; einen Menschen, der ein Mitglied der Klasse von Menschen mit einer Körpergröße von über 2 m sein will, identifizieren wir mit Hilfe eines Zentimetermaßes – es sei denn, wir hätten es mit einem Mitglied der amerikanischen Vereinigung von Menschen mit einer Körpergröße von über 2 m zu tun.

Sätze über eine reale Menge können im Gegensatz zu Sätzen über eine logische Klasse einen im Hinblick auf Sätze über die Elemente der Menge neuen Inhalt besitzen, der in der Konjunktion der Sätze über die einzelnen Elemente nicht enthal-

ten ist: der Satz, der die Form eines Starenschwarms und dessen Veränderungen während des Fluges beschreibt, ist nicht gleichbedeutend mit der Konjunktion der Sätze über die einzelnen Stare; der Satz, daß jede Säule des Parthenon Kalk oder Silizium enthält, ist gleichbedeutend mit der Konjunktion der Sätze über die einzelnen Säulen, jedoch sind Sätze, welche die Formen des Parthenon und die sozialen Funktionen dieses Gebäudes in der alten griechischen Kultur und in der modernen europäischen Kultur beschreiben, keine Äquivalente einer solchen Konjunktion. Das gleiche gilt für Sätze über soziale Gruppen. Fügen wir hinzu, daß derjenige, der die Existenz einer realen Gesamtheit, sei es ein griechischer Tempel, die Mannschaft eines Schiffes oder eine indische Kaste, formuliert und nicht daran zweifelt, daß man über diese Gesamtheiten Sätze äußern kann, die nicht eine Konjunktion der Sätze über ihre Elemente sind, dadurch nicht zu einem Realisten im mittelalterlichen Sinne wird, und daß sein Opponent in diesem Streit nicht ein Nominalist vom Typus Ockhams ist, der lediglich das Problem nicht versteht.
Anders verhält es sich mit Schlußfolgerungen über die Gesamtheit auf der Grundlage von Urteilen über deren einzelne Elemente: Die Gestalt einer Stadt läßt sich beschreiben, wenn man die genaue Lage aller ihrer Gebäude kennt; eine soziale Revolution läßt sich vorhersehen, wenn man den Bewußtseinsstand der einzelnen Bürger kennt. Das gleiche gilt für kausale Erklärungen: Man kann den Mißerfolg einer Aktion einer politischen Partei mit der geringen intellektuellen Qualifikation und moralischen Befähigung ihrer einzelnen Mitglieder erklären, ohne daß man damit die These in Zweifel zieht, die Partei stelle eine reale Gesamtheit dar, über die sich Urteile fällen lassen, die nicht Äquivalente der Konjunktion von Sätzen über die einzelnen Mitglieder sind.

Systeme sozialer Beziehungen

Nach diesen Erläuterungen kehren wir zurück zum Begriff der sozialen Gruppe als einer Menge von Einzelnen, die durch eine soziale Bindung miteinander verknüpft sind. Dieser Begriff wurde, wie wir wissen, im Zusammenhang mit der Ausdehnung der soziologischen Fragestellung auf Kollektive eingeführt, die keine Gesellschaften im traditionellen Sinne sind. Die derart bestimmte soziale Gruppe umfaßt viele Typen von Kollektiven, angefangen bei der Familie oder dem Freundeskreis und endend bei Nationen, religiösen Sekten und bewußten Vereinigungen von Mitgliedern sozialer Klassen; sie umfaßt sowohl lockere Kollektive wie auch organisierte Kollektive vom Typus der politischen Partei, der Armee, der Gewerkschaft oder des Sportvereins. Nun könnte es scheinen, daß ein solch weiter Begriff einer realen Menge von Personen die einzige Alternative zur logischen Klasse darstellt, deren Elemente menschliche Individuen (Dunkelhaarige, Schizothyme, Musiker) sind. Eine kurze Überlegung genügt, um sich zu überzeugen, daß es so nicht ist: eine Menge von menschlichen Individuen kann man als eine reale Gesamtheit auch im Hinblick auf andere Kategorien von Beziehungen als die »Identifikation«, die intentionale Kooperation und das Bewußtsein gemeinsamer Werte und gemeinsamer Einstellungen gegenüber bestimmten Objekten, Symbolen und Personen behandeln. Gerade durch die Beachtung dieser Möglichkeit zeichnet sich die weitere Definition der sozialen Gruppe aus, an die ich im Zusammenhang mit der Definition Smalls aus dem Jahre 1905 erinnert habe.[35] Eine Menge von menschlichen Individuen kann eine reale Gesamtheit schon als ein räumliches System darstellen (Militärkolonne). Unter diesem Gesichtspunkt waren die menschlichen Verbände ein Gegenstand von Überlegungen der sozialen Morphologie. Die Soziologen, welche die soziale Morphologie oder Ökologie betreiben, interessieren sich allerdings für das Verhältnis des räumlichen Systems der Menschen zum sozialen Leben der Gruppe, die sie nach anderen Kriterien bestimmen. Das räumliche System von Individuen an sich ist zwar eine reale Gesamtheit, aber nicht eine Gesamtheit, die Gegenstand der Sozialwissenschaften sein könnte, sofern sich nicht zwischen den Elementen dieses räumlichen Systems Beziehungen anderer Art herstellen. Im Großen

35 Vierzig Jahre später finden wir eine ähnliche Bestimmung der »sozialen Gruppe« bei Kurt Lewin, der sich eines weiten Begriffs der Interdependenz von Einzelnen bedient (*Resolving Social Conflicts*, New York 1948), oder bei MacIver, der unter der sozialen Gruppe »jede beliebige Ansammlung von Menschen« versteht, »die in eine soziale Beziehung zueinander gebracht werden«. (*Society: An Introductory Analysis*, New York 1949, S. 313).

Theater in Warschau soll es in der zweiten Hälfte des 19. Jahrhunderts einen Kassierer gegeben haben, der sich bemühte, den Besuchern des Parterre die Eintrittskarten so zu verkaufen, daß die Glatzen geometrische Figuren bildeten, was vom Balkon oder vom letzten Rang aus sichtbar war; sein Vergnügen bestand darin, eine Menge von Menschen als eine Menge willenloser Körper zu behandeln und sich den Effekt auszumalen, den die plötzliche Umwandlung der Besitzer von Glatzen in eine soziale Gruppe haben könnte.

Aber auch wenn wir von räumlichen Systemen absehen, ist die durch die soziale Bindung definierte Gruppe keineswegs die einzige Alternative zur Auffassung einer Menge von Individuen als logische Klasse. Eine Menge menschlicher Wesen können wir als eine reale Gesamtheit mit Rücksicht auf ihre Interdependenz betrachten, die eine soziale Bindung im oben definierten Sinne keineswegs impliziert. Es kann eine Menge sein, die durch soziale Beziehungen gänzlich anderer Art zu einer Gesamtheit verknüpft wird: Einen Kreis von Rivalen oder Konkurrenten können wir als eine reale Gesamtheit nicht im Hinblick auf den gemeinsamen Wert, um den sie sich bemühen, sondern nur im Hinblick auf ein System antagonistischer Beziehungen betrachten. Genauso können wir zwei kämpfende Armeen als eine reale Gesamtheit auffassen, oder das Zusammentreten von Gefangenen und verhörenden Beamten – ein Verband, der keineswegs durch »soziale Bindung« ausgezeichnet ist.

Schließlich ist festzuhalten, daß eine Menge von Individuen, die wir als eine logische Klasse behandeln, immer dann als eine reale Gesamtheit anerkannt werden kann, wenn diese Klasse durch historische Kennzeichen getrennt ist. Es ist zu unterscheiden zwischen Merkmalen, die, wenn sie einem Individuum zugeschrieben werden, keine Beziehung dieses Individuums zu anderen, dasselbe Merkmal besitzenden Individuen (außer der Beziehung der Ähnlichkeit im Hinblick auf dieses Merkmal) implizieren, und solchen Merkmalen, die, wenn man sie jemandem zuschreibt, eine gewisse Sonderbeziehung zu anderen Individuen derselben Kategorie implizieren. Wenn wir beispielsweise jemanden als Bürger Warschaus im Jahre 1960 bezeichnen, so heißt das, daß er ein Mitbürger anderer Bürger Warschaus im Jahre 1960 ist, und diese Mitbürger-Beziehung charakterisiert die Situation des Bürgers von Warschau; der Inhalt des Ausdrucks »Bürger Warschaus« hängt davon ab, wie viele Menschen zur Kategorie gehören: Sind es Millionen, dann ist der Bürger Warschaus ein Großstadtbürger; sind es 5 000, dann haben wir es mit einem Kleinstadtbürger zu tun. Nichts dergleichen geschieht, wenn wir von jemandem sagen, daß er blaue Augen hat.

Die ausschließlich – wie Max Weber es tut – durch ökonomische Kriterien und ohne den Rückgriff auf den Begriff der sozialen Bindung definierte soziale Klasse stellt lediglich eine logische Kategorie dar, sofern wir keine historischen Indikatoren einführen. Damit verändert sich nämlich die Situation. Merkmale von Individuen, mittels deren wir diese zur Klasse der Proletarier oder Kapitalisten rechnen, implizieren die Existenz anderer Individuen, die in den gleichen Produktionsprozessen engagiert sind, und ihre wechselseitige Abhängigkeit. Zwar genügt es, um jemanden als Proletarier oder als Kapitalisten zu qualifizieren, seine Position im Produktionsprozeß zu kennen, doch ergibt sich, wenn es um die durch das Verhältnis ihrer Mitglieder zum konkreten, historisch bestimmten Produktionsprozeß oder System von Produktionsprozessen gekennzeichnete Klasse geht, die Interdependenz der Mitglieder dieser Klasse daraus, daß wir sie dieser Klasse zurechnen mit Rücksicht auf die Beziehung zu eben diesem Prozeß, der seinerseits bedingt ist durch die Tätigkeit oder, allgemeiner gesagt, das Verhalten aller, die an ihm teilnehmen.

Der Begriff des Proletariers im modernen Sinne ist, wie man weiß, logisch mit dem Begriff des Kapitalisten verknüpft (d. h. man kann nicht erklären, was ein Proletarier ist, wenn man nicht den Begriff des Kapitalisten einführt). Er ist aber auch mit dem Begriff der Massenproduktion und daher mit dem Begriff des Mitproletariers gekoppelt. Der Proletarier wird unter diesen Bedingungen durch die Konnotation des Terminus zu einem Element nicht nur der logischen Klasse, sondern der realen Menge, welche die Gesamtheit der an einem konkreten Produktionsprozeß beteiligten Proletarier bildet. Diese reale Menge bestimmt in gewisser Hinsicht die soziale Position des Designats des Wortes »Proletarier«, auch wenn dieser kein »Klassenbewußtsein« besitzt und keine soziale Bindung im Rahmen der sozialen Klasse empfindet.

Es gibt also verschiedene Möglichkeiten, eine Menge von Individuen als eine reale Gesamtheit zu begreifen, selbst wenn diese Menge nicht durch eine soziale Bindung vereint ist und vom Standpunkt der Individuen, aus denen sie besteht, keine Gesamtheit bildet. Die umfassendere Bestimmung der »sozialen Gruppe«, die ich oben im Zusammenhang mit der Definition Smalls von 1905 erwähnte, zeichnet sich durch die Berücksichtigung dieser Möglichkeit aus. Geht es um Beispiele für eine solch weitere Auffassung der sozialen Gruppe in der neueren soziologischen Literatur, so ist Kurt Lewin zu nennen, der sich eines Begriffs der Interdependenz der Individuen bedient[36], oder Ogburn und Nimkoff oder auch MacIver, der unter der sozialen Gruppe »jede beliebige Ansammlung von Menschen« versteht, die in sozialen Beziehungen zueinander stehen.[37] Hinsichtlich der Operationalität der Definition hält keine dieser Formulierungen, wie ich meine, der Konkurrenz der alten Bestimmung Smalls stand.

Folgerungen

Die Motive der hier versuchten Analyse der Begriffe der sozialen Gruppe und der sozialen Bindung habe ich in der Einleitung genannt. Sie hatte sowohl theoretische als auch praktische Ziele. – In der ganzen Geschichte der modernen Soziologie beobachten wir einen grundlegenden Unterschied in der Auffassung der sozialen Phänomene und der Gegenstände dieser Disziplin. Es geht um zwei Gesichtspunkte, die manchmal einander ergänzen und manchmal einander entgegenstehen. Mir scheint, daß der Gegensatz ungleich viel älter ist als die Geschichte der modernen Soziologie, daß man ihn in der Geschichte des chinesischen und griechischen Denkens vorfindet und mit den Namen von Konfuzius und Aristoteles verbinden kann. Einen »aristotelischen« im Gegensatz zu einem »konfuzianischen« Gesichtspunkt haben wir jenen zugeschrieben, für die das soziale Phänomen Ausdruck der Beziehung der Individuen zu dem Kollektiv ist, an dem sie partizipieren. Dieses Kollektiv kann man wiederum unter zwei Aspekten betrach-

36 Kurt Lewin, op. cit.
37 *Society: An Introductory Analysis,* New York 1949, S. 213.

ten, die ich an bestimmten Konzeptionen Spencers und Durkheims belegte. In der Konzeption Durkheims liegt der Nachdruck auf der sozialen Bindung, die psychologisch interpretiert wird, ohne daß er dieses Wort benutzt; als soziale Tatsache wird nur anerkannt, was die Unterordnung des Individuums unter die Normen, Urteile und Vorstellungen sichtbar macht, die das Kollektiv kennzeichnen, dem dieses Individuum angehört. Für Durkheim war dies normbildende Kollektiv gewöhnlich die Gesellschaft im traditionellen Sinne.

Die Ausdehnung der Problematik der sozialen Bindung auf Kollektive, die keine Gesellschaften im traditionellen Verstande sind, führte zur Herausbildung des Begriffs der durch die soziale Bindung definierten sozialen Gruppe. Die begriffliche Unterscheidung zwischen Gesellschaft und sozialer Gruppe ließ aber noch eine weitere Doppelerscheinung deutlich werden, die wir ebenfalls zu den Besonderheiten der Sozialwissenschaften zählen können: Die Zugehörigkeit des Individuums zum Kollektiv kann man nämlich einmal als integrale Zugehörigkeit, ein anderes Mal als Zugehörigkeit in einer der möglichen sozialen Rollen fassen.

Wenn ich als Gegenstand meiner Überlegungen die Peripetien des Begriffs der sozialen Gruppe in der Soziologie gewählt habe, wollte ich gleichzeitig gewisse Fiktionen und Mißverständnisse aufklären, die sich bis in die jüngste Zeit hinein am Leben erhalten und häufig Verwirrung gestiftet haben. Dabei wurde auch deutlich, daß der Begriff der sozialen Bindung für die Deifinition der sozialen Gruppe nicht ausreicht. Obschon er als Kriterium sozialer Gruppen ein operationaler Begriff ist, so gehört doch die Frage der sozialen Bindung und des Einflusses, den das Bild der Gruppe und die Überzeugung, ein Mitglied von ihr zu sein, auf die Einstellungen und das Verhalten des Individuums haben, zu den zentralen Sachkomplexen der Soziologie; wie man weiß, wurden diese Faktoren seit der Antike bei der Erklärung historischer Veränderungen von den Historikern, Philosophen und Politikern beachtet.

Die mit Hilfe des Begriffs der sozialen Bindung definierte soziale Gruppe erbt, wie wir gesagt haben, eine Reihe von Problemen, die im 19. Jahrhundert mit dem Begriff der Gesellschaft verknüpft waren. Während man aber die Gesellschaft als einen Verband »biopsychischer Individuen« betrachtete, die alle zur gleichen Zeit nur einer Gesellschaft angehören können, haben wir es im Bereich der sozialen Gruppen mit einer gleichzeitigen Beteiligung desselben Individuums an mehreren, verschiedenen Kollektiven zu tun – ein Prozeß, der den Übergang von einer zu einer anderen sozialen Rolle ermöglicht. Das gestattet unter anderem, das Problem der Konditionierung der psychischen Dispositionen durch die soziale Zugehörigkeit von dem Problem ihrer Veränderung unter dem Einfluß eines veränderten Milieus zu trennen. Die Zugehörigkeit zu mehreren sozialen Gruppen kann zur Ausbildung relativ isolierter Dispositionsstrukturen in der Psyche des Individuums führen, die sich in den verschiedenen sozialen Rollen dieses Individuums ausdrücken. Unter Verwendung des Begriffs der Gesellschaft könnte man fragen, welche Veränderungen die Persönlichkeitsstruktur erfährt, wenn das Individuum in eine andere Gesellschaft überwechselt, wenn es, z. B. durch Emigration, sein Milieu wechselt. Unter Verwendung des Begriffs der sozialen Gruppe – in dieser psychologischen Interpretation – sowie des Begriffs der sozialen Rolle können wir fragen: Wie unterschiedlich artikuliert sich der Einzelne in verschiedenen sozialen Rollen als Teilnehmer an verschiedenen Gruppen, und welche inneren Konflikte kann diese Teilnahme verursachen? Dieses Problem zeigt sich bei Marx in seinem Verhältnis zu Goethe und bei Lenin im Verhältnis zu Tolstoj.

Was den Begriffsapparat betrifft, so erscheint hier am geeignetsten der umfassendste Begriff der sozialen Gruppe – derjenige, der es gestattet, als soziale Gruppe jede beliebige Anzahl von Menschen zu bestimmen, wenn der Forscher oder Beobachter unter ihnen nach dem Gesichtspunkt seiner Fragestellung hinreichend wichtige Beziehungen feststellt; durch Relativierungen läßt sich ein solcher Begriff nämlich flexibel anwenden, sofern nur eindeutig definiert ist, im Hinblick auf welches System sozialer Beziehungen ein gegebenes Ensemble als soziale Gruppe verstanden wird. Bei einem solchen Begriff der sozialen Gruppe kann – vom Standpunkt des Beobachters aus – eine Menge von Menschen eine Gruppe bilden, obwohl die Mitglieder dieser Menge eine Verbundenheit in dem festgestellten Rahmen überhaupt nicht wahrnehmen. Die auf der sozialen Bindung beruhende soziale Gruppe ist dann eine spezielle Kategorie sozialer Gruppen: Vom Standpunkt des Beobachters ist sie eine reale Gesamtheit deshalb, weil sie vom Standpunkt der Gruppenteilnehmer aus eine reale Gesamtheit darstellt. Wenn die den Forscher interessierenden Standpunkte der Mitglieder einer Menge in dieser Hinsicht nicht einheitlich sind, ergeben sich Schwierigkeiten, von denen im Zusammenhang mit dem Begriff der Nation und dem Begriff des Proletariats im soziologischen Sinne die Rede war. Je nachdem, ob der Forscher die Gruppengrenzen dem Standpunkt des engeren Kreises folgend festlegt, oder ob er auch die innerhalb des weiteren Kreises unvereinbaren Einstellungen berücksichtigt, fallen die Begriffe für ihn unterschiedlich aus.

Die Divergenzen in der Auffassungsweise sozialer Phänomene, von denen die Rede war, Divergenzen zwischen einem »konfuzianischen« und einem »aristotelischen« Gesichtspunkt oder zwischen einem Spencerschen und einem Durkheimschen Aspekt des sozialen Lebens, legen die Frage nahe, inwiefern wir es hier mit einander widersprechenden Anschauungen zu tun haben oder inwiefern dies Ausdruck einer veränderten Problemstellung und einer anderen Systematisierung der Fakten ist. Diesem Problem – den interferierenden Divergenzen in den Gesichtspunkten, Thesen und Direktiven – werden wir eine besondere Überlegung widmen.

II. Konzeptionen der sozialen Ordnung und Typen der Vorhersage

Ich habe mir eine zweifache Aufgabe gestellt. Einerseits geht es mir um gewisse typologische Differenzierungen, die bei der Analyse des sozialen Handelns und der sozialen Beziehungen in konkreten Kollektiven nützlich sein könnten, andererseits um die Aufhellung des Zusammenhangs zwischen dem Verfahren der Vorhersage sozialer Ereignisse und dem unter bestimmten Bedingungen dominierenden Typus kollektiven Verhaltens.

Idealtypen des kollektiven Verhaltens

Jede Konzeption der sozialen Ordnung nimmt einen Mechanismus von Anreizen und sozialen Beziehungen an, die das Verhalten der Individuen im Rahmen einzelner Kollektive bestimmen. Vorläufig unterscheiden wir in dieser Hinsicht drei Grundtypen des Verhaltens in der sozialen Gruppe:

a) Die Mitglieder eines Kollektivs verhalten sich in einer Weise, die geprägt ist durch eine Gemeinsamkeit von Mustern und Normen, welche in psychischen Dispositionen der Individuen verankert sind.

b) Das kollektive Verhalten ist ein Resultat der gegenseitigen Beeinflussung verschiedener individueller oder Gruppen-Entscheidungszentren; die Mitglieder des Kollektivs lassen sich leiten von einer individuellen Motivation oder von der Motivation kleinerer Verbände innerhalb des analysierten Kollektivs.

c) Das Verhalten der Mitglieder des Kollektivs wird gelenkt von einem gemeinsamen Entscheidungszentrum.

Mit dem ersten Typus sozialer Phänomene haben wir es dann zu tun, wenn das Verhalten der Menschen unreflektiert Gewohnheiten und traditionellen Normen folgt oder wenn routinierte Kollektivarbeit dominiert. Solche Routine kann durch traditionelle Muster geformt sein, wie es z. B. bei den Schnittern und Binderinnen der Fall war, bevor die Landmaschinen sich ausbreiteten; sie kann aber auch in einem System bedingter Reflexe bestehen, das allein aus der kollektiven Arbeit einer dauerhaften Gemeinschaft entstanden ist.

Der zweite Typus kollektiven Verhaltens enthält eine Interferenz sowohl individueller Entscheidungen als auch der Entscheidungen von Entscheidungszentren der einzelnen, ein größeres Kollektiv bildenden Gruppen. Eine Schachpartie oder eine individualistische Gesellschaft, die sich von dem Grundsatz des *laissez faire* leiten läßt, sind Beispiele einer Interferenz der ersten Art; die Konkurrenz und Kooperation von Konzernen und Aktiengesellschaften ist ein Beispiel der zweiten Art, ebenso die Beziehungen zwischen politischen Parteien, die internationale Politik oder eine Schlacht zwischen zwei disziplinierten Armeen.

Der dritte Typus schließt, ähnlich wie der erste, grundsätzlich jegliche Interferenz von Entscheidungen aus. Die Menschen sind in diesem Fall Befehlen oder Anordnungen unterworfen, die »von oben« kommen.

Wenn der traditionelle, ohne Vortänzer ausgeführte Gemeinschaftstanz eines Stammes für uns den ersten Typus kollektiven Verhaltens symbolisiert, wenn eine großstädtische Tanzveranstaltung, bei der einzelne Paare je für sich tanzen, in beliebigen Augenblicken beginnen und aufhören und ihre Bewegung über das Parkett von den Bewegungen anderer, nicht koordinierter Paare abhängt, für die Interferenz individueller Handlungen steht, dann ist das Exerzieren auf dem Kasernenhof ein Beispiel des dritten Typus kollektiven Handelns.

Die Unterscheidung dieser drei elementaren Typen kollektiven Verhaltens ist wichtig nicht nur für die Frage der Formen des sozialen Lebens und des Typs der menschlichen Beziehungen. Sie ist, wie ich meine, nicht minder wichtig für die gesellschaftliche Planung, weil die Planung und die Wahl der Mittel zu ihrer Realisierung von einem Mechanismus von Anreizen abhängig sind. Hochbedeutsam erscheint sie auch für das Problem der Vorhersage in den Sozialwissenschaften; das System der Anreize, auf welche die soziale Ordnung der einzelnen Kollektive sich stützt, beeinflußt nämlich die Methoden der Prognose und ihren Wahrscheinlichkeitsgrad.

In Anbetracht dessen, daß in jeder Gesellschaft kulturelle Muster existieren, die sich im spontanen Verhalten der Individuen äußern; daß sich hinter jedem bewußten Handeln individuelle Entscheidungen – und sei es auch nur die Entscheidung, sich Befehlen zu unterwerfen – verbergen, und daß bestimmte Handlungen von Individuen in jedem organisierten Kollektiv das Resultat von Entscheidungen einer Zentralgewalt sind, können wir – zumindest in einem gewissen Phänomenbereich – unsere Unterscheidung als die von drei Idealtypen oder drei Aspekten umschreiben. Jedenfalls erlaubt dieser begriffliche Rahmen eine Klassifikation konkreter sozialer Handlungen.

Der Mechanismus der sozialen Ordnung

Unseren drei Idealtypen des Verhaltens entsprechen drei Konzeptionen der sozialen Ordnung:
a) *Die Ordnung der kollektiven Vorstellungen:* Das soziale Leben beruht auf durch traditionelle Muster geregelter sozialer Konformität.
b) *Die polyzentrische Ordnung:* Das soziale Gleichgewicht wird, dank den »Naturgesetzen« der Interaktion, durch individuelle, unkoordinierte Entscheidungen unter Beachtung bestimmter Spielregeln (Normen des Zusammenlebens) erreicht.
c) *Die monozentrische Ordnung:* Das soziale Leben wird durch zentrale Entscheidungen mit Hilfe einer Organisation reguliert, die deren Befolgung überwacht.
Die erste Konzeption entspricht den populären Vorstellungen von der »primitiven« Gesellschaft als einer statischen, traditionalistischen Gemeinschaft, in der Veränderungen nur langsam und selten erfolgen. »Bei den Eingeborenen Australiens«, schreibt Elton Mayo in seiner Arbeit über die menschlichen Probleme der industriellen Zivilisation, »beruht die Lebensweise auf einer fast perfekten Zivilisation, die jedem Stammesmitglied eintrainiert wird. [...] Jedes Mitglied kennt seinen Platz und seinen Anteil, auch wenn es ihn nicht erklären kann.«[1] Mayo selbst schätzt diesen Typus unreflektierter sozialer Handlungen unter dem Gesichtspunkt des menschlichen

1 Elton Mayo, *The Human Problems of the Industrial Civilization*, New York 1933, S. 179 ff.

Glücks sehr hoch ein. Der Durkheimsche Begriff der mechanischen Solidarität bezieht sich auf eben diese Form der »sozialen Ordnung«[2]; dort nämlich erreichen die »kollektiven Vorstellungen« ihre größte Stärke. Und W. G. Sumner spricht davon, daß eine auf der Kraft traditioneller Muster beruhende Ordnung sogar in einer zivilisierten Gesellschaft dominieren kann, wie z. B. im Süden der Vereinigten Staaten nach dem Bürgerkrieg, wo gegenüber der Macht der Bräuche *(mores)* die neue Gesetzgebung und einzelne Maßnahmen sich als wirkungslos erwiesen.[3] Die nationale Ideologie der unterdrückten Völker des 19. Jahrhunderts, die Ideologie der Schüler Herders und der Propagandisten des »Völkerfrühlings« verband sich ebenfalls mit der ersten Konzeption der sozialen Ordnung: Nicht Befehle eines Führers, sondern die gemeinsame Partizipation am »Geist der Nation« sollte die Harmonie des kollektiven Handelns gewährleisten. Sehr häufig stößt man im bäuerlichen Milieu europäischer Agrarländer vor dem letzten Kriege auf eine zweifache Funktion der bäuerlichen kulturellen Muster: als Faktor der sozialen Bindung und als Faktor der sozialen Ordnung.

Eine das zweite Konzept realisierende Gesellschaft stellte, wie man weiß, das Ideal der westlichen bürgerlichen Demokratien dar. Im Sinne dieser Konzeption ist eine Regierung um so besser, je weniger sie regiert. Ihre einzige Aufgabe besteht darin, über die Einhaltung der Spielregeln (Rechtsnormen und Regeln für die ökonomischen Beziehungen) durch alle Mitglieder der Gesellschaft zu wachen und die Gesellschaft gegen äußere Bedrohungen zu schützen, mit anderen Worten: in der Unterhaltung von Polizei und Armee. Im übrigen dominieren hier die unkoordinierten, aus privater Initiative unternommenen und vom persönlichen Interesse sowie der rationalen Vorhersage des Verhaltens anderer geleiteten Handlungen. Die philosophische Grundlage dieses Typus sozialer Ordnung ist die Hypothese von der »Weisheit der Natur«; ausgestattet mit funktionierenden Instinkten und Fähigkeiten, verbürgten die »menschliche Natur« und das von ihr geleitete Handeln eine optimale soziale Ordnung; sie stellt sich automatisch her, sofern nur keine Zentralgewalt sich einmischt. Die »unsichtbare

2 E. Durkheim, *De la division du travail social*, Paris 1893.
3 William Graham Sumner, *Folkways*, 1906, S. 77 ff.

Hand des Marktes« sollte die Wohlfahrt der gesamten Gesellschaft besser gewährleisten als irgendeine herrschende Elite.[4]

Die dritte Konzeption – die einer durch exakte Ausführung der Entscheidungen einer obersten, planenden und regierenden Macht aufrechterhaltenen monozentrischen Ordnung den Vorzug gibt – stellt sich mit dem Postulat der Eliminierung von Konflikten, die sinnlos gesellschaftliche Energie verschlingen, und dem Postulat der rationalen Organisation der Mittel der ersten und zweiten Konzeption entgegen. Konsequenz im kollektiven wie im individuellen Handeln erfordert eine einmütige Leitung. Jeder fachkundige Industrielle, der für den Bereich der Gesamtgesellschaft das Prinzip des *laissez faire* propagiert, wird sich innerhalb des eigenen Unternehmens zur Erlangung maximaler Produktivität von dem Prinzip der monozentrischen Führung leiten lassen. Eine monozentrische soziale Ordnung erreicht ihre vollständige Realisierung in perfekt disziplinierten militärischen oder bürokratischen Organisationen, in denen es eine Hierarchie von Entscheidungs- und Dispositionszentren gibt, irgendeine Interferenz der Entscheidungen jedoch prinzipiell ausgeschlossen ist durch ein System der Kompetenzabgrenzung und enger, einseitiger Abhängigkeit. Selbst dort, wo ein schmaler Bereich für individuelle Entscheidungen oder für die Interpretation der Verhaltensnormen belassen wird, kann die übergeordnete Gewalt ihn jederzeit annullieren oder – wenn die Entscheidung schon vollzogen wurde – die Urheber zur Rechenschaft ziehen.

Gewohnheitsmäßigen Gehorsam, der in diesem System sozialer Ordnung zur allgemeinen Tugend werden muß, kann man bewußt auf verschiedene Weise erreichen. Der Gehorsam kann aus einem unbegrenzten Vertrauen in die Führer der Gesamtorganisation erwachsen, insbesondere dort, wo wir es – um mit Max Weber zu sprechen – mit einer charismatischen Herrschaft zu tun haben. Gehorsam kann erzwungen werden durch Einschüchterung, wenn die Zentralgewalt im Bedarfsfall Terror anwendet. Gehorsam kann auch bewirkt werden durch Überredung, wobei entweder an das private Interesse, an die Ideologie oder an die menschliche Trägheit appelliert wird. Die gezielte Herstellung bestimmter Systeme bedingter Re-

4 Vgl. C. Kerr und L. H. Fisher, in dem Sammelwerk: *Common Frontiers of the Social Sciences*, Glencoe 1957.

flexe gehört ebenfalls zu den Methoden, Gehorsam herzustellen; Aldous Huxley hat diese Methode in der *Schönen Neuen Welt* eindringlich beschrieben. Es ist bekannt, mit wieviel pädagogischer Kunst der militante Jesuitenorden, der unter Berufung auf Loyola den Begriff des »Kadavergehorsams« entwickelte, seine Adepten im Gehorsam unterweist. Die vollkommene Form des Gehorsams ist nach Loyola rückhaltlose Unterwerfung des eigenen Willens unter den der Vorgesetzten; die Unterordnung des eigenen Urteils gilt hier als der Weg zu Weisheit und Vollkommenheit.[5] In den Tagebüchern von Rudolf Höß, dem Kommandanten des Konzentrationslagers Auschwitz, finden wir die Beschreibung ausgeklügelter Methoden der Übung im Gehorsam für die Mitglieder der Hitlerschen SS.[6]

Wenn die Erziehung der Jugend in der traditionalistischen Gesellschaft darauf zielt, dauerhafte konformistische Gewohnheiten und Treue gegenüber den etablierten Normen zu erzeugen, so geht im modernen monozentrischen System die Herstellung des Gehorsams gegenüber den höchsten Autoritäten Hand in Hand mit der Herausbildung von Anpassungsbereitschaft, da die Befehle und Urteile der Autoritäten im Laufe der Ereignisse eine radikale Veränderung erfahren können. Diese eigentümliche Plastizität muß kombiniert werden mit einer orthodoxen Grundeinstellung und dem Willen, sich neuen obligatorischen Mustern vorbehaltlos zu unterwerfen. Hier besteht das Ideal darin, sich gegenüber den jeweils geltenden Mustern und Meinungen als Konformist zu verhalten, so als würden diese ewig gelten, und gleichzeitig fähig zu sein, sie jederzeit, wenn entsprechende Direktiven kommen, umzustoßen.

Die monozentrische Struktur verhindert nicht, daß die faschistische Ideologie an Stammestraditionen, an die Traditionen der »kollektiven Vorstellungen« anknüpft. Im Hitlerschen Rassismus erlangt die »Stammesseele« wieder Autorität, und der Führer soll ihr vollkommener Ausdruck und ihr autoritativer Interpret sein. Dank den normsetzenden Funktionen der Zentralgewalt kann die monozentrische Ordnung zu einer Synthe-

5 Vgl. René Fülop-Müller, *Macht und Geheimnis der Jesuiten*, Berlin 1929, S. 36 ff.

6 Rudolf Höß, *Kommandant in Auschwitz*, dritte Auflage, Stuttgart 1961.

se von Merkmalen führen, welche die erste und die zweite Form der sozialen Ordnung auszeichnen: zur Synthese der orthodoxen und der dynamischen Gesellschaft.
Wenn der Gehorsam – bei einem geringen Anteil erzieherischer Prozesse – hauptsächlich durch Terror erzwungen wird, muß man damit rechnen, daß schützende Fiktionen entstehen: die Fiktionen, daß der Befehl genau erfüllt wird, daß der von den Zentralbehörden entworfene Plan genau realisiert wird. Solche Fiktionen, die auf verschiedenen Stufen der Organisation auftreten, komplizieren die Methoden der Vorhersage in der monozentrischen Gesellschaft, mit denen wir uns später befassen werden.
Eine monozentrische Struktur der Armee, die die Möglichkeit eines Konflikts zwischen unkoordinierten Entscheidungen und Handlungen prinzipiell ausschließt, wurde im Namen maximaler Effektivität und Machtentfaltung von den radikalen Liberalen der kapitalistischen Welt als – besonders während des Krieges – unerläßlich anerkannt. Die Polizei und das Militär sollten innerhalb der individualistischen, auf dem *laissez-faire*-Prinzip beruhenden Gesellschaft als quasi außergesellschaftliche, zu deren Schutz berufene Körperschaften Enklaven des dritten Typs der sozialen Ordnung darstellen. Soldatenräte brachte – in Rußland wie in Spanien – erst die Revolution hervor.

Typen des kollektiven Verhaltens und allgemeine Theorien in den Sozialwissenschaften

Wie ich in meiner Studie über die Klassenstruktur gezeigt habe, betrachten sowohl die klassische Ökonomie und die Soziologie – als neue Disziplin des 20. Jahrhunderts – wie auch die Theorie des historischen Materialismus das soziale Leben im allgemeinen durch die Optik der in der polyzentrischen Gesellschaft vorherrschenden Beziehungen, deren Grundlagen die individuelle Initiative und der individuelle Wettbewerb sind. Annahmen hinsichtlich dieses System haben Einfluß auf den Inhalt von allgemeinen Gesetzen. Am deutlichsten wird das bei den Gesetzen der klassischen Ökonomie, die lediglich für einen bestimmten Idealtyp kollektiven Verhaltens gelten. Doch sind die soziologischen Gesetze von Engels und Spencer ebenso wie die der sozialen Ökologie Gesetze der Interaktion, welche die polyzentrische Gesellschaft kennzeichnen. Diesen Theorien zufolge kann ein Zustand, der das Resultat nichtkoordinierten Verhaltens von Tausenden oder Millionen von Menschen ist, nicht von den Akteuren, wohl aber von dem Ökonomen oder Soziologen prognostiziert werden.

An der Wende des 19. zum 20. Jahrhundert tritt eine neue soziologische Schule auf, die zur Konstruktion einer allgemeinen soziologischen Theorie als Modell einen anderen Typ des kollektiven Verhaltens – nach unserer Tabelle den ersten – wählt. Ich denke an die Theorien Durkheims mit ihren *représentations collectives,* die das Gewissen und das Denken des Individuums beherrschen, mit ihrer Konzeption des verinnerlichten sozialen Zwangs, mit ihrem eigentümlichen Religionsbegriff und ihrem Akzent auf den »sozialen Tatsachen«, die weder durch eine Interferenz von Urteilen und Entscheidungen Einzelner noch durch das planmäßige Handeln einer Zentralgewalt entstehen. Nicht zufällig hat Durkheim die methodologische Direktive ausgegeben, die sozialen Tatsachen zunächst in ihren elementarsten Formen, d. h. in der primitiven Gesellschaft, zu erforschen.

Die kulturellen Muster stehen als ein Faktor, der das Verhalten der Menschen in den einzelnen Gesellschaften bestimmt, im Mittelpunkt des Interesses der angelsächsischen »Sozialanthropologie«. Den Funktionalisten zufolge erhalten sich Normen und Gebräuche unverändert, solange sie gesellschaftlich nützliche Funktionen erfüllen; erfüllen sie diese nicht mehr, dann verschwinden sie. Über ihre Nützlichkeit entscheidet weder die Zentralgewalt noch die Meinung der einzelnen Mitglieder des Kollektivs. Normen und Gebräuche bestimmen das Verhalten der Menschen oder sie hören auf, es zu bestimmen und weichen anderen Normen, ohne daß jemand bewußt eingreift. In dieser Konzeption des kollektiven Lebens sind – ähnlich wie in der Soziologie Durkheims – die Menschen der Macht ihrer eigenen unbewußten Produkte unterworfen, über deren Schicksal die soziale Nützlichkeit befindet.

Auch der erste Typ des kollektiven Verhaltens lieferte also Annahmen für gewisse allgemeine soziologische Theorien, sofern wir den Ausdruck »soziologisch« in einer weiteren Bedeutung verwenden als der, die sich in der amerikanischen Wissenschaft durchgesetzt hat. Es ist allerdings schwierig, Beispiele für allgemeine Gesellschaftstheorien zu geben, wo eine monozentrische Gesellschaft mit einer auf Gehorsam beruhenden sozialen Ordnung das Modell der Verallgemeinerung ist. Hobbes stellt die monozentrische soziale Ordnung, in der die Macht des Souveräns der gesamten Gesellschaft Leben und Inhalt verleiht, als die vollkommene und rationalste Form der sozialen Organisation dar, doch gelten seine »soziologischen« Überlegungen individuellen Kontakten und Interaktionen. Diese Konzeption der monozentrischen Ordnung ist freilich zu einem Bestandteil gewisser Theorien der sozialen Entwicklung geworden. Viele Jahre, bevor in den sozialistischen Staaten ein System gesellschaftlicher Planung entstand, sagten einige, mit der sozialistischen Bewegung nicht verbundene Evolutionisten den damaligen Idealen des *laissez-faire* zum Trotz voraus, die schließliche Form der sozialen Ordnung, zu der die menschliche Entwicklung führe, sei die monozentrische Gesellschaft mit Planwirtschaft. Für A. Cournot war das in den sechziger Jahren des vorigen Jahrhunderts eine Konsequenz seiner Hypothese, daß die menschliche Gesellschaft im Laufe der Geschichte immer rationaler werde.[7] Den gleichen Gedanken formulierte einige Jahrzehnte später Charles Ellwood in seiner die Evolution der Kultur symbolisierenden Parabel.[8]

Himmlische Vorbilder

Eine monozentrische Sozialordnung mit geplanter Wirtschaft war, wie man weiß, das Ideal kommunistischer Utopie. Vielleicht am konsequentesten wurde sie im IV. Teil des *Code de la Nature* (1753) von Morelly entworfen, der viele, im 20. Jahrhundert in den sozialistischen Gesellschaften eingeführte Institutionen vorhersah, obwohl sein Modell kleinere und minder komplexe Gesellschaften betraf. Vor allem verdient erwähnt zu werden, daß die Idee einer planmäßigen Ordnung

7 *Traité de l'enchaînement des idées fondamentales dans les sciences et dans l'histoire*, Paris 1861.
8 *Cultural Evolution*, New York 1927.

mit einer monozentrischen Leitung ein Attribut aller entwickelten monotheistischen Religionen war. Die Rationalität einer solchen Ordnung mit einer obersten Instanz, deren Entscheidungen und Kontrolle die gesamte Welt untersteht, war wahrscheinlich der Hauptgrund für die Überlegenheit des Monotheismus gegenüber jeder polytheistischen Religion, wo die Interferenz der Entscheidungen der einzelnen Götter Verwirrung stiften konnte. Es ist interessant, daß dieses Argument auch jene Vertreter der demokratischen, liberalen polyzentrischen Ordnung überzeugte, die gleichzeitig Anhänger der Religion waren. Divergierende Ideale der sozialen Ordnung auf Erden und im Himmel bei ein und denselben Menschen ist keine Seltenheit und könnte Gegenstand einer besonderen psychologischen Untersuchung sein.

Im übrigen sind die Individuen in den monotheistischen Religionen der Mittelmeerländer bedeutend weniger von Gott abhängig als die Bürger eines perfekten totalitären Regimes von der Staatsmacht. Ihre Handlungen und Pläne kommen gelegentlich mit den göttlichen Plänen in Konflikt und veranlassen Gott zu gewissen, nicht beabsichtigten Aktionen – zu Entscheidungen, die eine Antwort auf das Handeln der Menschen darstellen. Die Unterschiedlichkeit der menschlichen Sprachen war von Jahwe nicht geplant: Nach den ursprünglichen Plänen sollte sich das Menschengeschlecht in einer gemeinsamen Sprache verständigen. Die linguistische Revolution war die Antwort Jahwes auf die Kühnheit der Menschen, den Turm von Babel zu bauen; es war eine defensive Entscheidung. Ähnlich zog das ungebührliche Verhalten Chams die grundlegende Veränderung in den Plänen Jahwes zur sozialen Struktur der Welt nach sich.

Wenn wir von den biblischen Mythen zur monotheistischen Theologie der jüngsten Zeit übergehen, so trifft hier erneut das Dogma vom freien Willen auf die These von der Allmacht Gottes und eröffnet dem Handeln der Menschen vom allerhöchsten Führungszentrum nicht eingeplante Bereiche. Die oberste Instanz zerstört nicht die Gemeinschaft, so wie ein System des Kadavergehorsams sie zerstören würde. Sie erläßt Gesetze für die Menschen, aber rechnet mit ihrem Ungehorsam. Die Welt wird so zu einem Kompositum aus monozentrischer und polyzentrischer Ordnung. Im Hinblick auf die menschlichen Handlungen, die seinen Wünschen nicht entsprechen, wendet Gott überwiegend nicht vorbeugende Maßnahmen an, mit denen die Regierung in der modernen monozentrischen Gesellschaft operiert, sondern er beschränkt sich auf ein System von Strafen. So handelte Robespierre gegenüber der Presse, wenn er, statt eine präventive Zensur einzuführen, den Verfassern unpassender Artikel *post factum* den Kopf abschlagen ließ. Die himmlischen Sanktionen hemmen die menschliche Initiative nicht so sehr, da sie erst nach dem Tode wirksam werden und eine Hoffnung auf Amnestie lassen. Im übrigen wissen wir, daß bei der Anwendung der irdischen Präventivzensur die Strafe nicht ausgeschlossen ist; sie kann die Korrektur einer Unachtsamkeit des Zensors sein.

Die Typologie kollektiven Verhaltens und Methoden der Vorhersage

Die Richtigkeit von auf allgemeinen Urteilen beruhenden Vorhersagen ist das vielleicht überzeugendste wissenschaftliche Kriterium einer Generalisierung. Gerade dieses Kriterium wird am häufigsten erwähnt, wenn von der Überlegenheit der Naturwissenschaften über die Humanwissenschaften die Rede ist. Die Methoden der Vorhersage in den Sozialwissenschaften sind zu einer Frage von erstrangiger Bedeutung für die gesellschaftliche Planung geworden, da die Prognose ein Element des rationalen Planungsprozesses ist.

Die gesellschaftliche Planung betrifft, so oder so, das kollektive Verhalten der Menschen. Das Problem der Vorhersage in diesem Bereich wird jedoch häufig allzu abstrakt gestellt. Je nach der Form der sozialen Ordnung, nach dem dominierenden Typus kollektiven Verhaltens, mit dem wir es zu tun haben, muß die Soziotechnik eine andere sein. Handelt es sich um ein polyzentrisches Kollektiv, so muß die Vorhersage des Verhaltens Einzelner und damit auch die der Resultate des kollektiven Verhaltens die Vielfalt der Motive einbeziehen, von denen die Entscheidung abhängt. Bei ähnlicher organischer Konditionierung hängt die Entscheidung von der Situation des Individuums (Einkommenshöhe, familiäre und berufliche Bedingungen, Bekanntenkreis, Teilnahme an größeren Organisationen) und von den für das Individuum geltenden kulturellen Mustern ab. Die Prognose im Hinblick auf die kulturellen Muster ist um so schwieriger, je weniger konformistisch ein Kollektiv ist. Innerhalb des gleichen Milieus konfligierende unterschiedliche kulturelle Muster und unterschiedliche Solidaritäten (Sparsamkeitskult und Verachtung für die bürgerlichen Tugenden; Klassensolidarität und nationale Solidarität) können zugunsten unterschiedlicher Motive ins Gewicht fallen. Doch in einem polyzentrischen Kollektiv kann – selbst wenn die Mitglieder sich von einheitlichen kulturellen Mustern und einer gemeinsamen Wertskala leiten ließen, wie es die klassische Ökonomie annimmt – eine übereinstimmende Motivation ebenfalls zu unterschiedlichen Entscheidungen führen – je nach der individuellen Beurteilung der Situation und in Abhängigkeit von den Veränderungen der gesellschaftlichen Situation, die dadurch hervorgerufen werden, daß viele Menschen sich von einer gemeinsamen Motivation leiten lassen. Ein Verband von Menschen vom Typus des *homo oeconomicus* kann im gleichen Maße einheitlich sein wie ein Verband von Menschen des Typus *homo oboediens*, doch fällt der *homo oeconomicus* in konkreten Situationen selbst dann, wenn er sich von einer Wertskala leiten läßt, die er mit anderen teilt, eine subjektive Entscheidung. Sein Verhalten ist nicht durch lediglich einen Faktor bestimmt, wie es bei den Handlungen der *homines oboedientes* der Fall ist. Die kleinen Produzenten von Kaffee beginnen Kaffeebäume zu pflanzen, wenn eine gute Konjunktur sich ankündigt. Die Tatsache, daß die Nachbarn Kaffeebäume pflanzen, kann ein Faktor sein, der zum Pflanzen ermutigt, weil er die Überzeugung von der erwarteten Konjunktur bestärkt. Verhält sich jedoch eine zu große Zahl von Produzenten in der gleichen Weise, dann kann Furcht vor einer Überproduktion zu einem Motiv werden, das Pflanzen zu unterlassen. Ähnliche Beispiele lassen sich leicht im Bereich der Mode finden. Auch hier verändert sich durch die Verallgemeinerung einer Motivation bei den individuellen Entscheidungen (wenn z. B. eine bestimmte Art von Erzeugnissen gesucht ist, die durch ihre Neuheit und Seltenheit attraktiv wirkt) ein Zustand in der Weise, daß die Motivation nicht mehr praktikabel ist. (Besondere Dinge hören auf, etwas Besonderes zu sein, wenn ihre Besonderheit zu viele Menschen anzieht.)

Die Ökonomen rechnen in ihren Erwägungen mit unterschiedlichen Verhaltenstypen von Menschen, die sich in der kapitalistischen Gesellschaft von einer ökonomischen Motivation bestimmten lassen. Pareto unterschied zwischen Rentnern und Spekulanten als zwischen Menschen mit verschiedenen Verhaltensweisen und verschiedenen sozialen Funktionen. Keynes unterscheidet zwischen Sparern, Investoren und Spekulanten. Deren jeweilige Tätigkeit beruht auf Vorhersagen kollektiven Verhaltens, insbesondere der Tätigkeit des Investors und des Spekulanten. Diese Vorhersagen sind unterschiedlicher Natur. Der Investor beispielsweise läßt sich von langfristigen Vorhersagen leiten, der Spekulant von kurzfristigen Vorhersagen, von der Konjunktur des nächsten Tages. Alle diese Prognosen, nach denen die einzelnen Mitglieder des Kollektivs ihr Handeln ausrichten, haben einen Einfluß auf den Zustand, auf den sie sich beziehen: auf die Produktion, den Zinssatz, den Beschäftigungsgrad. Sie werden also zu Elementen der sozialen Situation, und die Richtigkeit der Vorhersagen bzw. die erkenntnistheoretische Funktion derartiger Urteile über zukünftige menschliche Handlungen hängt in einem gewissen Umfang von ihrer Funktion als Kausalfaktor, von ihrem Einfluß auf die vorhergesagte Wirklichkeit ab.
Rationale Prognosen, die ein Beobachter von außerhalb des Systems stellt, stützen sich immer auf Theorien der Interaktion, auf psychologische Annahmen und auf die Anwendung statistischer Methoden. In dem Beispiel mit den Kaffeepflanzern muß ein Beobachter, der die künftige Konjunktur vorherzusagen versucht, die Prognosen der einzelnen Pflanzer in seine Berechnungen der variierenden Phasen der Interaktion einbeziehen: Anfangs kann die allgemeine Verbreitung der Überzeugung von einer guten Konjunktur eben diese Überzeugung bei den Einzelnen bestärken, später aber, wenn die Pflanzer beginnen, sich an den Folgen einer solchen allgemein verbreiteten Überzeugung zu orientieren, kann es dadurch zu entgegengesetzten Überzeugungen kommen. Das Endresultat hängt davon ab, wann dieser Wandel in den Prognosen bei den Individuen eintritt.
Gelangen die Vorhersagen eines beteiligten Beobachters oder einer wissenschaftlichen Institution (z. B. des Instituts zur Erforschung der öffentlichen Meinung) den Mitgliedern einer un-

tersuchten Gruppe zur Kenntnis und beeinflussen sie deren Verhalten, dann bekommen sie eine ursächliche Funktion, die nicht beachtet würde, wenn man die Prognosen als Aussagen behandelt, die nicht Elemente der erforschten Realität sind – daher rührt die Notwendigkeit von Korrekturen, die der Soziotechnik einer polyzentrischen Gesellschaft besondere Schwierigkeiten bereiten.
Freilich berufen wir uns nicht bei allen Vorhersagen für ein polyzentrisches Kollektiv auf die Spieltheorie. Viele Vorhersagen beruhen auf der Annahme, daß die Menschen in identischen Situationen übereinstimmende Entscheidungen treffen, deren Folgen sich innerhalb des Kollektivs summieren können. Auf einer solchen Annahme beruht z. B. das »psychologische Grundgesetz« von Keynes, welches besagt, daß, wenn das Einkommen aller Mitglieder einer sozialen Gruppe wächst, der allgemeine Verbrauch ebenfalls, obschon nicht so schnell wie das Einkommen, steigt. So verhält es sich, weil nach Keynes die Gewöhnung an bestimmte Formen und einen bestimmten Umfang des Konsums das Individuum davon abhält, seinen Konsum in dem Maße auszuweiten, wie es der Einkommenszuwachs erlauben würde. In diesem Falle läßt sich die festgestellte Abhängigkeit im Verhalten der Individuen auf die gesamte Gruppe übertragen; in anderer Hinsicht kann das Verhalten derselben Individuen ein Ergebnis komplizierter Interaktionen sein, und dann kann von Schlußfolgerungen aufgrund der Annahme, daß das, was für das Individuum gilt, auch für die Gruppe gilt, keine Rede sein.

Sehr viel einfacher ist es mit Vorhersagen über ein kollektives Verhalten, das durch gemeinsame Normen und kulturelle Muster bestimmt ist, die gegenüber jeder individuellen Motivation überwiegen. Hier gibt es keine Interaktion individueller Vorhersagen, weil von vornherein »jeder seinen Platz kennt« und die kulturellen Muster nicht nur die psychischen Einstellungen und die Wertmaßstäbe der Individuen prägen – das finden wir auch im polyzentrischen Kollektiv –, sondern auch den gesamten Verlauf der Interaktion. Von einer Interaktion kann man hier nur im Sinne einer Interaktion von Schauspielern sprechen, deren jeweilige Antworten durch den Text des Stükkes bestimmt sind, nicht durch die individuelle Initiative, wie es in gewissem Ausmaß bei der *commedia dell'arte* der Fall war.

Um die Handlungen eines derartigen Kollektivs vorhersagen zu können, muß man seine spezifischen Muster und die Stärke dieser Muster kennen, d. h. den Grad der Wahrscheinlichkeit individueller Abweichungen. Wenn es Anhaltspunkte dafür gibt, daß dieses Muster als ein allgemeiner und bei allen Mitgliedern des Kollektivs ausschlaggebender Faktor gelten kann, und wenn es eine Interferenz individueller Meinungen und Wünsche in bestimmten Sphären kollektiven Handelns nicht gibt, dann haben wir es mit einer auf anthropologischen Daten (im Sinne der Sozialanthropologie) beruhenden Vorhersage zu tun: Wir prognostizieren kollektive Reaktionen auf innere Stimuli nach feststehenden, die ganze Gruppe charakterisierenden Mustern. Diese feststehenden interaktiven Muster müssen natürlich nicht für alle die gleichen sein; sie können in Abhängigkeit von unterschiedlich festgelegten sozialen Rollen differieren.

Auch das kollektive Verhalten in einem monozentrischen System hört in dem Maße, in dem es sich dem Idealtyp annähert, sich dem Handeln der Menschen in einer vollkommenen militärischen Organisation angleicht, auf, ein Gegenstand soziologischer, auf Theorien der Interaktion beruhender Vorhersagen zu sein. Statt mit einer Interaktion von Personen oder sozialen Gruppen haben wir es hier mit einer von vornherein feststehenden Kooperation von Elementen eines Mechanismus zu tun: Untersuchungen der öffentlichen Meinung als Grundlage für statistische Vorhersagen werden dann gegenstandslos und soziologische Umfrage- und Interview-Methoden zum Gespött. In einem vollkommenen monozentrischen System tritt an die Stelle der Soziologie die Kybernetik, so wie die politische Ökonomie ersetzt wird durch eine Wirtschaftstechnik, die sich mit Problemen wie der Vermeidung von Engpässen, dem Bezugskartensystem in der Kriegswirtschaft usw. befaßt. Statt aus komplizierten Interaktionsgesetzen und statistischen Zusammenhängen Schlußfolgerungen zu ziehen, erwarten wir ein Resultat (*output*), das in einem bestimmten Verhältnis zu dem steht, was wir in die Maschine hineingesteckt haben (*input*). Diese Art von Prognosen machen wir, wenn wir aufgrund des Fahrplans die Ankunftszeit eines Zuges vorhersagen. An die

Stelle der Strategie tritt in einem solchen System, wie Jessie Bernard sagt, das »engineering«.[9] Kennen wir die Entscheidung des Führungszentrums, dann beruhen unsere Folgerungen hinsichtlich der Resultate des kollektiven Verhaltens auf Annahmen über folgende Gegebenheiten:

a) ob die Mittel, die die Erfüllung der Anordnung gestatten (z. B. die Menge der nötigen Energie, die Kommunikationsmittel, die Qualitäten der Mitwirkenden) richtig eingeschätzt wurden;

b) ob wir es mit einem perfekten Organisationsmechanismus militärischen Typs zu tun haben; und

c) in welchem Maße die Organisation ein isoliertes System darstellt.

Der Eisenbahnfahrplan kann nicht nur dann zu Irrtümern verleiten, wenn die Lokomotiven in einem schlechten Zustand sind, sondern auch dann, wenn der Zugverkehr nicht ausreichend gegen den Kraftverkehr oder gegen militärische Operationen isoliert ist, oder wenn Konflikte zwischen den Bahnbeamten deren Diensteifer stören.

Um Beispiele aus demselben Bereich für die drei Arten der Vorhersage, die mit den drei Typen kollektiven Verhaltens verknüpft sind, zu geben, kann man, auf Probleme der Stadtplanung zurückgreifend, vergleichen:

a) eine Eskimosiedlung, das typische Dorf eines Bantustammes und die Pfahlbausiedlung von Biskupin, soweit sie als für jene Epoche typische Siedlung gelten kann;

d) die ungeplante Entwicklung der Stadt zur Zeit des uneingeschränkten Kapitalismus mit ihren ausgedehnten Mietshausgegenden, die das Ergebnis der Interaktion individueller Unternehmer ist und gleichwohl rationalen Vorhersagen unterliegt, die auf ökologischen Gesetzen, z. B. den bekannten Gesetzen der »Segregation« und der »Sukzession«, beruhen;

c) die infolge einer zentralen und von der Zentralgewalt konsequent durchgeführten Städtebauplanung errichtete Stadt.

Wie man weiß, hat gerade im Bereich der Urbanistik die zentrale Planung auf vier Kontinenten sehr alte Traditionen, die bis zu den frühen ägyptischen Pharaonendynastien oder zu

9 Jessie Bernard, *The Theory of Games of Strategy as a Modern Sociology of Conflict*, in: *American Journal of Sociology*, 1954 (March).

den sumerischen Herrschern zurückreichen – von der Urbanistik des antiken Griechenland, des antiken Mexiko oder der europäischen Stadtplanung im Mittelalter ganz zu schweigen.

Soziologie, Anthropologie, Kybernetik

Das eigentliche Terrain der soziologischen Prognose im engeren Sinne – im Unterschied zur »anthropologischen« und »kybernetischen« – ist somit die polyzentrische Gesellschaft. Da militärische Organisationen oder traditionalistische soziale Systeme jedoch unvollkommen sind – mit vollkommenen haben wir es bisher nur in literarischen Werken zu tun –, können auch sie soziologischer Interaktionsforschung unterzogen werden. Das ist der Fall bei Kollektiven militärischen Typs, wenn der Befehl nicht das einzige Handlungsmotiv, sondern nur eines von mehreren Motiven ist, zwischen denen das Individuum eine Wahl trifft. Das ist ebenfalls der Fall in der traditionalistischen Gesellschaft, wenn die Kultur nicht völlig einheitlich ist, wenn es alternative Muster gibt und die Mitglieder der Gruppe zwischen ihnen wählen können. Hier sind Prozesse der Abweichung von kulturellen Mustern ebenso wie Prozesse der Akkulturation, der Anpassung an neue Muster, Gegenstand soziologischer Forschung im engeren Sinne – als Erforschung des Verlaufs und der Folgen der Interaktion.
Wenn wir den Ausdruck »Interaktion« im weiteren Sinne verwenden und darunter nicht nur das Zusammenspiel individueller Entscheidungen, sondern jegliche Einwirkung von Individuen auf andere fassen, dann müssen wir offensichtlich das kollektive Verhalten des ersten und des dritten Typs ebenfalls als Interaktionsergebnis anerkennen: Aufgrund des Einflusses der Umgebung macht sich das Individuum die kulturellen Muster zu eigen, während der Befehl eine Form der Einwirkung eines Menschen auf andere ist. Damit sind die grundlegenden Unterschiede beseitigt, die es gestatten, von »anthropologischen« und »kybernetischen« Arten der Prognose sozialer Phänomene im Unterschied zu solchen Vorhersagen zu sprechen, die eine Vielfalt von Motivationen, die reale Möglichkeit der Wahl und die umfassende gegenseitige Beeinflussung der Mitglieder des Kollektivs – verbunden u. a. mit konfligierenden

und konvergierenden Absichten und Interessen – berücksichtigen müssen.

Zentrale Planung und Werturteile

Wer an liberalen Traditionen des 19. Jahrhunderts festhält, neigt dazu, das System zentraler Planung mit einer monozentrischen Verfassung militärischen Typs in Verbindung zu bringen. Die wohl eindrucksvollste Darstellung dieses Standpunktes ist das Buch *Road to Serfdom* (1944) von F. A. Hayek. Wenn wir unseren Überlegungen lediglich drei elementare Formen der sozialen Ordnung zugrunde legen, dann läßt sich die zentrale Planung eigentlich nur mit dem dritten Typus vereinbaren. Das Postulat der zentralen Planung ist in diesem Falle ein Postulat der Rationalität der monozentrischen Ordnung. Andererseits bezeichnet eine monozentrische Ordnung die elementarsten Bedingungen für die zentrale Planung und ihre Realisierung.

Es geht hierbei nicht nur um die Technik der Planung und die Durchführung der Pläne, sondern auch um ihre Rechtfertigung gegenüber der öffentlichen Meinung. Wir haben es im sozialen Leben ständig mit einem Vergleich inkommensurabler Werte zu tun – wir müssen zwischen ihnen wählen, wir müssen die einen Werte durch andere kompensieren, auf welche die Kriterien der einen nicht angewendet werden können. Da die unterschiedlichen Wertkategorien keinen gemeinsamen Nenner besitzen, muß die Entscheidung sich auf ideologische Annahmen oder auf individuelle Neigungen stützen. Es gibt kein objektives Kriterium, welches uns die Feststellung erlauben würde, wie viele Paar Schuhe das Äquivalent eines Symphoniekonzerts darstellen oder ob irgendein Romanmanuskript mehr oder weniger wert ist als ein Auto oder eine Kanone. Wir können natürlich eine numerische Skala konstruieren, um unseren Entscheidungen den Anschein der Objektivität zu geben, doch wird sich die Auswahl der Indizes stets in willkürlicher Weise vollziehen. Das ist übrigens auch der Fall bei der Konstruktion von Skalen zur Messung der sozialen Distanz oder der Intelligenz: obschon wir es hier scheinbar mit Phänomenen nur einer einzigen Kategorie zu tun haben, ist für die

Zuordnung der Indizes zu den einzelnen Skalenpositionen letztlich eine subjektive Intention ausschlaggebend.

In einer Gesellschaft, in der sich die wirtschaftlichen Beziehungen auf dem »freien Markt« herstellen, entsteht durch die Interferenz der individuellen Wertmaßstäbe der gemeinsame Maßstab des Preises, der im Austausch von Gütern und Dienstleistungen als objektiver Vergleichsmaßstab dient und die Illusion hervorruft, er sei ein »objektives Kriterium der Nützlichkeit«. Zur Aufstellung eines Maßstabes der inkommensurablen Werte gibt es im System der zentralen Planung jedoch keinen anderen Weg als die willkürliche Entscheidung. Nehmen wir als Beispiel die Verteilung des Volkseinkommens. In den Programmen des Sozialismus und des Kommunismus finden wir drei alternative Grundsätze:

a) jedem nach seinen Fähigkeiten,
b) jedem nach seinen Bedürfnissen,
c) jedem nach einer im Hinblick auf den gesellschaftlichen Nutzen unter bestimmten Bedingungen festgelegten Norm.[10]

Wenn die Fähigkeiten nicht am Kriterium des freien Marktes – am Maßstab von Angebot und Nachfrage – gemessen werden, dann gibt es kein objektives Kriterium, das festzustellen ermöglicht, um wieviel die Fähigkeiten eines Mitglieds der Akademie größer sind als diejenigen eines Busfahrers. Das gleiche gilt für die Bedürfnisse. Wenn wir annehmen, daß die Menschen nicht die gleichen Bedürfnisse haben – welche Kriterien erlauben uns dann, die menschlichen Bedürfnisse an einem Maßstab zu messen? George Fitzhugh, ein Verteidiger des Systems der Sklaverei und der aristokratischen Kultur der Pflanzerstaaten, der – soweit mir bekannt – als erster den Begriff »Soziologie« in die amerikanische Literatur einführte und sich gern mit seiner Kenntnis der fortschrittlichen Schulen des europäischen Denkens brüstete, hatte in der Mitte des vergangenen Jahrhunderts keine Zweifel, daß die Südstaaten der USA den Grundsatz der europäischen Kommunisten »Jedem nach seinen Bedürfnissen« verwirklichen. Nach Fitzhughs Meinung wurden die Bedürfnisse der Neger von den Plantagenbesitzern vollständig befriedigt; es war für ihn ausgemacht,

10 Die Besserstellung bestimmter Berufe (Bergmann, Arzt, Kontrolleur) kann mit den Interessen der Gesellschaft als ganzer begründet werden.

daß die Bedürfnisse eines Negers um ein Vielfaches geringer sind als die Bedürfnisse der weißen Bevölkerung.[11]
Da objektive Kriterien fehlen, kann jedes der drei Prinzipien der Verteilung des Volkseinkommens eine Verschleierung des vierten, nicht ausdrücklich formulierten Prinzips darstellen: Jedem gemäß den Interessen der herrschenden Klasse. Und gerade weil es für die Messung der gesellschaftlichen Nützlichkeit, für die Messung der Verdienste und Bedürfnisse keine objektiven Maßstäbe gibt, ist die planende Instanz durch das Monopol der autoritativen Beurteilung aller Schwierigkeiten enthoben, die sich aus divergierenden Meinungen, Interessen und Neigungen ergeben. Daher besteht in der monozentrischen Ordnung eine Tendenz zur Monopolisierung der Werturteile.

Arten des Kollektivverhaltens in der polyzentrischen Ordnung

Es gibt keinen Grund, alternativ zu den Auffassungen der Vertreter der freien Konkurrenz, z. B. Hayeks, von vornherein einen Widerspruch zwischen der zentralen Planung und einem polyzentrischen System sozialer Beziehungen anzunehmen. Die Interferenz zahlreicher Denk- und Entscheidungszentren, welche die polyzentrische Ordnung kennzeichnet, die Interferenz eigenständiger Ansichten, Urteile und Handlungen, gibt auch anderen Möglichkeiten Raum als jenen, die Bestandteil der liberalistischen Gesellschaft der freien Konkurrenz waren.
Zwischen den Mitgliedern eines polyzentrischen Kollektivs können, wie man weiß, Beziehungen dreifacher Art auftreten:
1.) Die ein polyzentrisches Kollektiv bildenden Personen oder Gruppen können sich zueinander in *unabhängiger* Weise verhalten: Sie wollen die Entscheidungen und das Verhalten anderer nicht beeinflussen und versuchen weder, ihnen zu helfen, noch sie zu behindern. Gleichwohl rufen die Folgen des Verhaltens der einzelnen Personen und Gruppen insgesamt einen Zustand hervor, der von niemandem beabsichtigt war, und beeinflussen auf diese oder jene Weise die Entscheidungen und

11 G. Fitzhugh, *Sociology for the South*, 1854.

das Verhalten der Mitglieder des Kollektivs. Die unabhängigen Entscheidungen vieler Menschen, sich ein Theaterstück anzusehen, bewirken, daß eine bestimmte Anzahl von ihnen wegen fehlender Eintrittskarten die Kasse wird verlassen müssen, und sie haben gleichzeitig einen Einfluß auf die Entscheidung der Theaterdirektion im Hinblick auf das weitere Programm. Die unabhängigen Entscheidungen einer gewissen Anzahl von Gefangenen, die Flucht aus dem Konzentrationslager zu versuchen, beeinflussen die Fluchtchancen jedes Einzelnen von ihnen.

2.) Eine andere Art wechselseitiger Beziehungen ist der *Wettbewerb* oder *Kampf*. Auf Beziehungen dieser Kategorie berufen sich die ökonomischen Theorien des Kapitalismus der freien Konkurrenz, die Spieltheorien, die Theorien der Strategie und der Politik. Mit dieser Kategorie von Beziehungen haben wir es bei den Gesetzen des *Marktes* und der *Arena* zu tun, wenn wir diesen Terminus von Lasswell und Kaplan übernehmen, um die Sphäre der Machtkämpfe zu bezeichnen. Die Arena ist in dieser Bedeutung das Äquivalent des Marktes als der Sphäre der ökonomischen Auseinandersetzungen. Ich möchte die zwei Begriffe durch einen dritten ergänzen: Wettbewerb um soziales Prestige. Ist die Arena die Sphäre der politischen Kämpfe oder des Wettbewerbs um Führungspositionen, um Einfluß auf den Gang der gesellschaftlichen Angelegenheiten oder um die »Herrschaft über die Seelen«, so ist die dritte Sphäre – nennen wir sie *Estrade* – die Sphäre der gesellschaftlichen Darbietungen und Spiele, der sportlichen, literarischen oder künstlerischen Wettbewerbe und einer gewissen Art wissenschaftlicher Diskussionen. Auch hier werden, wie in der Arena, Siege davongetragen oder Niederlagen erlitten, doch ist es nicht das Ziel des Siegers, die Macht über Menschen zu erweitern oder zu stärken, sondern den eigenen Wert gegenüber anderen zu steigern – in den eigenen Augen, aber vor allem in denen der anderen. Natürlich sind diese drei Sphären durch Abstraktionen voneinander abgehoben; sie sind nicht unabhängig voneinander: Eine Zunahme des Prestiges, z. B. ein Sieg in einem Wettbewerb, kann die Position eines Menschen in der Arena verändern, indem seine Macht sich erweitert, oder auch seine Position auf dem Markt, indem der Preis seiner Erzeugnisse oder Dienste steigt; der wirtschaftliche Erfolg erhöht die Macht und fördert das Prestige; auch ein Sieg im Kampf um die Macht wird zur Quelle von Prestige; die Arena erfüllt fast immer auch die Funktionen der Estrade. Um die Interdependenz von Markt, Arena und Estrade zu illustrieren, genügt es, auf die *Menschliche Komödie* von Balzac zu verweisen; man kann sie jedoch ebensogut im *Potlach* der kanadischen Indianer finden. Jedes individuelle Handeln ist in allen Prozessen des Marktes, der Arena und der Estrade eine Antwort auf bestimmte Handlungen der Mitwettbewerber oder ein Versuch, ihnen Entscheidungen aufzuzwingen bzw. ihre Pläne zu durchkreuzen.

3.) Die dritte Art von Beziehungen zwischen selbständigen Individuen ist die *Kooperation*. Da es in der kooperierenden Gruppe kein gemeinsames Entscheidungszentrum gibt, stellen die Handlungen ihrer einzelnen Mitglieder – ähnlich wie in der Gruppe von Konkurrenten – eine Antwort auf die Akte anderer Teilnehmer dar, oder sie sollen bei ihnen entsprechende Reaktionen hervorrufen, mit dem Unterschied, daß es den Teilnehmern hier darum geht, durch ihr Verhalten eine zutreffende Interpretation ihrer Intentionen hervorzurufen, und daß jede Antwort die Effektivität von Handlungen anderer Individuen so weit wie möglich erhöhen soll oder sogar zur unerläßlichen Bedingung dieser Effektivität wird. Das ist beispielsweise der Fall bei einer Gruppe unorganisierter Freiwilliger, die ohne Führung bei der Löschung eines Brandes zusammenwirken. Eine ständige Kooperation erzeugt aber gewöhnlich gemeinsame Muster und Gewohnheiten des Handelns oder bringt ein gemeinsames Entscheidungszentrum hervor. Im ersten Fall nähert sie sich dem ersten Typus kollektiven Verhaltens an (durch gemeinsame Muster gekennzeichnetes Verhalten), im zweiten Fall dem dritten Typus (monozentrisches System), im letzteren Falle jedoch sind, auch wenn das kollektive Handeln durch ein gemeinsames Entscheidungszentrum geleitet wird, die Entscheidungen selbst ein Ergebnis der Interferenz von Auffassungen, sofern das Zentrum nicht an den Hobbesschen Souverän erinnert, der »durch allgemeinen Willen« mit absoluter Macht ausgestattet ist. Die Interferenz der Gedanken und Strebungen der einzelnen Mitglieder des Kollektivs im Prozeß der Entstehung der Entscheidungen und Pläne des Zentrums beeinflußt auch die Art der Realisierung der

Pläne und die Einstellungen der kooperierenden Teilnehmer. Angesichts der am Anfang des Kapitels entwickelten Klassifikation haben wir es bei einem auf diese Weise geplanten sozialen Handeln mit einem Mischtypus kollektiven Verhaltens zu tun.

Der Wettbewerb schließt ein gleichzeitiges Zusammenwirken in besonderen Angelegenheiten nicht aus. Das gilt in all den Fällen, wo die Konkurrenten unter Einhaltung akzeptierter Spielregeln kooperieren – etwa als Schach- oder Tennispartner, als sich duellierende Gentlemen im Bois de Boulogne oder als Partner in ökonomischen Auseinandersetzungen auf dem freien Markt. Selbst der Krieg ist ein Beispiel eines unerbittlichen, mit bestimmten Formen der Kooperation verbundenen Kampfes, solange die feindlichen Armeen gemeinsamen Spielregeln folgen – seien es die Haager Konventionen, seien es traditionelle schriftliche oder ungeschriebene Vereinbarungen. Der moderne totale Krieg, insbesondere der, den Hitler in Osteuropa führte, gehört unter diesem Gesichtspunkt zu einer anderen Kategorie kollektiven Handelns als beispielsweise der russisch-japanische Krieg von 1905 oder die mehr oder weniger »zivilisierten« Kriege des 19. Jahrhunderts. Ein Beispiel anderer Art für Kooperation in der Konkurrenz ist die gemeinsame Aktion konkurrierender, einander bekämpfender Industriefirmen gegen die Gewerkschaften. Ein wieder anderes Beispiel ist der *Wettbewerb in der Kooperation,* der ursprünglich das Wesen des sozialistischen Wettbewerbs sein sollte; er stellt jedoch, da er von den zentralen Plänen der sozialistischen Länder miterfaßt war, einen gelenkten Wettbewerb dar, weist also im Kontext unserer Fragestellung einen doppelten Aspekt auf.

Die vierte Kategorie

Als wir oben von der organisierten im Gegensatz zur spontanen Kooperation sprachen, zeigten sich Schwierigkeiten, eine solche Form des kollektiven Handelns in unserem Klassifikationsschema unterzubringen. Kehren wir also zurück zur Typologie, die den Ausgangspunkt unserer Überlegungen bildete.

Wir hatten unterschieden zwischen drei Typen kollektiven

Verhaltens im Hinblick auf die Art der Interdependenz, die zwischen den Handlungen der Individuen besteht, aus denen sich jenes Kollektivverhalten zusammensetzt. Wir konnten in den drei hier auftretenden Arten der Interdependenz die Grundlage der drei elementaren Typen sozialer Ordnung erkennen, die wir in der Geschichte des sozialen Denkens beobachten. Bei der Erläuterung dieser dreifachen Unterscheidungen stellte sich heraus, wie schwierig es ist, sie spezifisch zu kennzeichnen: Das menschliche Verhalten im System der »kollektiven Vorstellungen«, das auf der Macht traditioneller Muster beruht, näherte sich in einer Hinsicht den Beziehungen, die ein polyzentrisches System ausmachen, und ließ sich in anderer Hinsicht mit dem Verhalten der Menschen im monozentrischen System unter eine Kategorie fassen. Daran läßt sich erkennen, daß unsere Unterscheidung auf zwei Einteilungsprinzipien beruht. Aus der Kombination von zwei Einteilungsprinzipien ergeben sich jedoch nicht drei, sondern vier Möglichkeiten. Machen wir diese Kombination in einem Schema deutlich, so zeigt sich, daß gerade hier die Ursache der Schwierigkeiten lag, einen Platz für die organisierte Kooperation zu finden (s. Schaubild S. 88).
Die vierte, in unserem Schema deutlich gemachte Kategorie kollektiven Verhaltens ist das Korrelat einer Ordnung, die auf einem *System von Übereinkünften* ruht. Damit hätten wir den vierten Typus sozialer Ordnung: ein System, das sehr viel komplizierter ist als die drei anderen. Zu seiner Tradition in der Geschichte der Sozialtheorie gehören alle Konzeptionen, denen zufolge eine vielfach gegliederte Übereinkunft und die »soziale Bindung« an die Stelle des Zwangs treten sollten, den Massen die Beteiligung an der gesellschaftlichen Planung garantiert und der freie Wettbewerb der Ideen und Werte mit einer rational koordinierten Wirtschaft versöhnt werden sollte. Diese Traditionen wurden nicht nur in den Programmen der Syndikalisten bewahrt; sie fanden ebenfalls Ausdruck in revolutionären Projekten und brachten eine Reihe von Institutionen hervor, die die sozialistische Gesellschaft als ein – wenigstens in gewissen Punkten – polyzentrisches System der menschlichen Beziehungen und ein System vielfach abgestufter Übereinkünfte konstituieren sollten. Dort jedoch, wo sich die neue Ordnung erhalten konnte, verloren jene Institutio-

Klassifikation der Systeme kollektiven Verhaltens

	Kollektives Handeln ohne Interferenz der Entscheidungen	Interferenz vieler Denk- und Entscheidungszentren
Durch kein gemeinsames Entscheidungszentrum koordinierte Handlungen	1. durch traditionelle Muster und bedingte Reflexe bestimmtes Verhalten Koordination durch verinnerlichte soziale Normen ohne Befehle und Entscheidungen.	2. Unkoordinierte Handlungen im System polyzentrischer Beziehungen
Durch ein gemeinsames Entscheidungszentrum koordinierte Handlungen	3. durch Entscheidungen und Anordnungen eines Machtzentrums bestimmtes kollektives Verhalten	4. Organisierte Kooperation: Polyzentrische Interferenz, die zu Handlungen führt, die im Rahmen des Gesamtkollektivs koordiniert werden.

nen meist ihre ursprüngliche Funktion, während die Interpretation der Bezeichnungen und Parolen sich veränderte. Unter diesem Aspekt wären neben den Erfahrungen der spanischen Republik von 1936-1939 gewisse Erfahrungen der Sowjetunion und der Volksdemokratien soziologisch zu analysieren.[12]

Diese vierte Konzeption der sozialen Ordnung, die – entgegen den Versicherungen des Liberalen alten Stils – einen polyzentrischen Charakter des sozialen Lebens mit einem rationalen Planungssystem versöhnen soll, stellt uns heute vor gewichtige Probleme und eröffnet der soziologischen Forschung sowie der soziologischen Phantasie ein weites Feld. Es geht dabei um Methoden einer planmäßigen Kooperation in einer polyzentrischen Gesellschaft; es geht um die Auflösung des Konflikts zwischen der Effektivität einer einheitlichen Leitung und den zentralen Werten des Polyzentrismus.

12 Vgl. die zur Veröffentlichung vorbereitete Arbeit der 1961 verstorbenen Danuta Malewska, *Socjotechnika programu rewolucyjnego.*

III. Gesichtspunkte, Thesen, Direktiven
Reflexionen über Typen von Kontroversen

Der Begriff des Aspekts

Eine einheitliche Analyse der Kontroversen im Bereich der Sozialwissenschaften, eine Analyse der scheinbaren und wirklichen Divergenzen in den Anschauungen über die gesellschaftliche Wirklichkeit und in den Theorien, die ein Ausdruck unterschiedlicher »Standpunkte« sind, wäre schwerlich durchzuführen ohne den Begriff des Aspekts.

Die Frage der doppelten Bedingtheit des Bildes der Realität durch die Merkmale des Objekts und die Dispositionen des Beobachters hat sehr früh die Beachtung der Philosophen gefunden. Entsprechende konkrete Erfahrungen waren unter anderem Ausgangspunkt für die Formulierung von Problemen, die sich in der Geschichte des Denkens einen wichtigen Platz erobert haben, obwohl sie in einer Weise formuliert wurden, der jeder empirische Sinn abgeht. Der kommunikable Inhalt der jahrhundertelangen Kontroversen über die Realität der Welt und die Objektivität unserer Bilder von der Realität läßt sich eher unter Kategorien der Angst, des Gefühls der Isolation und Fremdheit oder der Verbundenheit mit der Welt und den Menschen fassen; eine szientifische Terminologie und Wortspekulationen haben diesen Auseinandersetzungen jedoch einen Platz in wissenschaftlichen Veröffentlichungen, den Hörsälen der Universitäten und auf den philosophischen Kongressen bis in die jüngste Zeit gesichert.

Nun hat das Problem der Aspekte der sozialen Wirklichkeit, mit dem wir uns in diesem Kapitel befassen, nichts mit den ontologischen oder epistemologischen Konflikten zwischen Materialisten und Idealisten gemein. Es geht hier nicht um die »Bedingungen jeglicher Erkenntnis«, nicht um die sekundären Qualitäten Lockes, auch nicht um die Kantischen Kategorien des Denkens und auch nicht um die Durkheimsche Bedingtheit allgemeiner Urteile und apriorischer Begriffe durch soziale Sachverhalte. Es geht vielmehr um empirisch feststellbare Unterschiede in der Wahrnehmung und Charakterisierung der

Wirklichkeit, um Unterschiede, die für Individuen und soziale Milieus charakteristisch sind. In meiner Untersuchung über die Klassenstruktur im sozialen Bewußtsein habe ich mich mit Interpretationen der sozialen Schichtung befaßt, die für die einzelnen Milieus charakteristisch sind. In der Einleitung zur vorliegenden Arbeit sind verschiedene Interpretationen der Beziehungen zwischen den einzelnen Sozialwissenschaften wiedergegeben worden. Gegenstand der Erörterungen des ersten Kapitels waren unter anderem verschiedene Interpretationen von Kollektiven, die als »soziale Gruppe« bezeichnet werden. Die Interpretation ist eine bestimmte Art geistiger Tätigkeit; bestimmten Interpretationen entsprechen bestimmte Aspekte der Objekte.

Hier suchen wir nicht nach einer Bestimmung des Aspekts *tout court*. Was wir brauchen, ist lediglich eine Erklärung gewisser Wendungen, in denen dieser Begriff als synkategorematischer Terminus auftritt. Es geht vor allem um Ausdrücke wie »Unterschiede der Aspekte« sowie um Formulierungen, deren Bedeutung durch Adjektive gekennzeichnet ist: »ökonomischer Aspekt«, »künstlerischer Aspekt«, »demographischer Aspekt«.

Individuell erfahrene Objekte und Klassen von Objekten

Unterschiedliche Aspekte lassen sich sowohl in bezug auf individuell erfahrene Objekte als auch dann feststellen, wenn wir Klassen von Objekten vergleichen. Wir können von verschiedenen Aspekten der Gestalt Mickiewiczs oder Dantes sprechen. Der Verfasser der *Göttlichen Komödie* kann uns interessieren als Dichter, als Gibelline, als Toskaner, als politischer Flüchtling oder als Schizothymer. Wir können auch von verschiedenen Aspekten des menschlichen Wesens sprechen: unter einem, dem zoologischen Aspekt ist es ein zweihändiges Säugetier, unter einem anderen ein *homo faber*, ein Werkzeuge produzierendes Wesen, unter einem dritten Aspekt ein gesellschaftliches Wesen *(zoon politikon)* oder eines, das sich der artikulierten Sprache bedient, oder ein Wesen, das eine Verbindung zwischen entfernten Perioden der Geschichte herstellen kann.[1] Man

1 Der Mensch ist ein *time binder* nach der Ausdrucksweise des Philosophen

kann die verschiedenen Aspekte der Großen Französischen Revolution im Werk von Michelet, Kropotkin und Mathiez oder im Roman eines Romantikers und dem eines Zerstörers von Mythen miteinander vergleichen[2]; man kann auch die Aspekte bürgerlicher Revolutionen in den Darstellungen von Historikern oder von Soziologen miteinander vergleichen. Man kann die verschiedenen Aspekte irgendeines Systems menschlicher Beziehungen *hic et nunc*, man kann aber auch verschiedene Konzeptionen der Sozialstruktur allgemein als Aspekte des Systems menschlicher Beziehungen in differenzierten Gesellschaften untersuchen.

Kategorien und Konstellationen

Wir sprechen von Aspekten eines Gegenstandes, wenn wir diese oder jene Ähnlichkeiten oder Zusammenhänge hervorheben wollen. Verschiedene Aspekte ein und desselben Gegenstandes, Ereignisses oder Prozesses sind eine Frage verschiedener begrifflicher Kategorien, unter denen wir den Gegenstand fassen, oder verschiedener Bezugssysteme, in die wir ihn einordnen. Im einen wie im anderen Fall sind die einzelnen Aspekte ein Ergebnis der *Abstraktion.* Wir abstrahieren entweder von Merkmalen oder von Elementen eines untersuchten bzw. charakterisierten Ausschnitts der Realität. Wir abstrahieren von Merkmalen, wenn wir nur bestimmte Eigenschaften der Gegenstände hervorheben; wir abstrahieren von Elementen, wenn wir, bewußt oder unbewußt, eine Auswahl der zu beachtenden Phänomene treffen. Eine besondere Kategorie der Abstraktion ist die Berücksichtigung von Beziehungen zu bestimmten Gegenständen oder von bestimmten Beziehungen – das können räumliche Beziehungen, aber auch kausale Zusammenhänge sein. Die unterschiedlichen Bezugssysteme und die unterschiedlichen Begriffskategorien, denen wir die Gegenstände zuordnen, sind übrigens nicht voneinander unabhängig: Indem wir einen Gegenstand einer anderen Konstellation zuweisen und andere

Alfred Korzybski, von dem sie der amerikanische Anthropologe R. Pearl übernahm (vgl. *Man the Animal*, 1946, Seite 128).

2 Victor Hugo, *Quatre Vingt Treize*. Anatole France, *Les Dieux ont soif*.

kausale Zusammenhänge unterstreichen, fassen wir ihn gewissermaßen auch unter andere Begriffskategorien.

Kehren wir zu den Unterschieden der ersten Art zurück. Ein Gegenstand hat verschiedene Aspekte, wenn man ihn als ein Element verschiedener Begriffskategorien definiert, durch die seine Ähnlichkeit einmal mit diesen, einmal mit jenen Gegenständen betont wird. Kirchenlieder oder Heiligenbilder können uns im Hinblick auf ihren künstlerischen oder ihren religiösen Aspekt interessieren; im ersten Fall gehören Rembrandts *Heiliger Matthäus* oder *St. Anna selbdritt* zur selben Kategorie wie die *Gioconda* und die *Nachtwache*, im zweiten Falle gehören sie zur selben Kategorie wie Skapuliere mit dem Charakter eines Talismans. Indem sie gewisse gemeinsame Merkmale verschiedener Kulturen hervorhob und den Eindruck dieser Gemeinsamkeit durch eine entsprechende Selektion der Phänomene verstärkte, schrieb Ruth Benedict den einen Kulturen einen »apollinischen«, den anderen einen »dionysischen« Aspekt zu. Hätte sie ihre Aufmerksamkeit anderen Ähnlichkeiten zugewandt und anderen Merkmalen eine größere Bedeutung beigemessen, dann wäre es zu einer anderen Klassifikation der Kulturen gekommen, und dieselben Kulturen hätten andere Aspekte hervorgekehrt.

Ein Gegenstand hat aber auch, wie wir gesagt haben, verschiedene Aspekte als Bestandteil verschiedener Beziehungen, als Element verschiedener Bezugssysteme. Ein und dieselbe Gruppe von Himmelskörpern ändert ihren Aspekt, wenn wir sie einer anderen Konstellation zuordnen. Anders sehen sieben allgemein bekannte Sterne des nördlichen Himmels aus, wenn wir in ihnen lediglich einen Wagen mit zerbrochener Deichsel sehen, und wiederum anders, wenn wir sie in Übereinstimmung mit der Bezeichnung dieser Konstellation und den alten Karten des Himmelsgewölbes einer um ein Mehrfaches größeren Menge von leuchtenden Punkten zuordnen, die das Sternbild des Großen Bären symbolisieren. Ähnlich wie mit der Bestimmung der Himmelskonstellationen verhält es sich mit der Periodisierung der Geschichte. Eine Reihe von Generationen hat sich mit einem dreiteiligen Bild der Menschheitsgeschichte vertraut gemacht, in dem die Jahreszahlen 476 und 1492 bzw. 1453 die Grenzpfähle bildeten: Das Altertum endete mit der Eroberung Roms durch Odoaker, und das Mittelalter dauerte bis zur Entdeckung Amerikas bzw. bis zur Eroberung Konstantinopels durch die Türken. Anders erschien den Menschen die Geschichte unter biblischem Aspekt, wo die vorsintflutliche Zeit die erste Epoche bildete, während die zweite mit der Geburt Christi endete, dessen Bedeutung für die Periodisierung durch das System der Datierung deutlich gemacht wurde. Wieder andere Aspekte führte die marxistische Periodisierung ein, welche die Epoche des Feudalismus bis zu den bürgerlichen Revolutionen des 17. und 18. Jahrhunderts verlängert sah, gleichzeitig aber mit Engels die Grenze zwischen Mittelalter und Renaissance betonte. Es ist dies nicht nur eine Frage des Aspekts der Gesamtgeschichte: Ein und dieselben Ereignisse ändern ihren Aspekt je nachdem, welcher Epoche wir sie zuordnen. Typisch ist in dieser Hinsicht der Streit über die Renaissance, dem vor einigen Jahren auch polnische Zeitschriften viel Platz einräumten.[3] Der Streit ging darum, ob die Epoche der Renaissance eine Fortsetzung des Mittelalters oder als Beginn der Epoche der Neuzeit dessen Gegenteil darstellte; einer anderen Version zufolge ging es darum, ob die Epoche der Renaissance in Westeuropa mit dem 14. oder gar 15. Jahrhundert oder – entgegen den Traditionen des 19. Jahrhunderts – mit dem 12. Jahrhundert beginnt.[4] – Auch ein und dieselbe historische Gestalt verändert ihren Aspekt, je nachdem, ob wir sie mit der Vergangenheit oder mit der Zukunft verknüpfen: Die Gestalt Descartes' zeigt einen anderen Aspekt, wenn wir in ihm einen Epigonen des Renaissance-Humanismus erblicken, und einen anderen, wenn er für uns ein Vorläufer des Zeitalters der Aufklärung ist. – Die Phänomene wandeln ihren Aspekt, wenn wir sie divergierenden kausalen Zusammenhängen einfügen. Der Faschismus des 20. Jahrhunderts hat einen anderen Aspekt, wenn man ihn als Reaktion auf revolutionäre Veränderungen in gesellschaftlich unentwickelten Ländern betrachtet, als wenn man seine Entstehung mit militärischen Mißerfolgen oder mit dem Entwicklungsprozeß der kapitalistischen Wirtschaft verknüpft. Die psychoanalytische Interpretation der Entscheidung Hitlers, die Juden zu vernichten, die sich auf Gerüchte über die jüdische uneheliche Herkunft des

3 Vgl. z. B. *Kwartalnik Historyczny* 1953, Nr. 2. Vgl. ebenfalls Anmerkung 10.

4 Vgl. C. H. Haskins, *The Renaissance of the Twelfth Century*, 1927.

Vaters von Hitler beruft, versucht Treblinka und Auschwitz »ins rechte Licht zu rücken«, also die Todeslager unter einem anderen Gesichtspunkt zu zeigen als die Erklärungen des Völkermords durch ökonomische, rassistische oder soziotechnische Motive, in denen moralische Skrupel keine Rolle spielen.

Hierarchien der Wichtigkeit

Ein bewußtes Abstrahieren von gewissen Merkmalen, von gewissen Beziehungen oder Elementen der Realität kann von Kampf- oder Propagandadirektiven geleitet sein, wenn es darauf gründet, daß die Darstellung der Realität einen – bestimmten Zielen angemessenen – Einfluß ausübt. Die Auswahl der Elemente wird dann unmittelbar unter dem Gesichtspunkt der impressiven Nützlichkeit vorgenommen, also im Hinblick auf die beabsichtigte Einwirkung auf das Bewußtsein von Lesern oder Hörern. Bei den Wahlen zum französischen Parlament erhielten im Winter 1956 die Kommunisten 53 Mandate und 415 551 Stimmen mehr, aber 1% weniger Stimmen als bei den vorangegangenen Wahlen.[5] Die Anhänger der Kommunistischen Partei bezogen sich, wenn sie über diese Wahlen schrieben, auf die Anzahl der Stimmen und Mandate, was ihnen gestattete, von einer Vergrößerung der Wählerschaft der Partei zu sprechen; die Gegner verwiesen auf den Stimmenanteil und beschrieben einen verringerten Einfluß der Kommunisten in der französischen Gesellschaft.

Die Auswahl der Fakten ist aber in der Regel auch das Ergebnis einer Hierarchisierung der Elemente unter dem Gesichtspunkt immanenter Kriterien der Wichtigkeit: Die Elemente der Realität werden aufgrund ihrer Bedeutung für den Verlauf der Ereignisse in wichtige und unwichtige eingeteilt, und nicht berücksichtigt werden jene, die man als Ausnahmen betrachtet, als »zufällige«, »nichtrepräsentative« Phänomene oder solche ohne ernste Konsequenzen.

Nicht nur durch das Abstrahieren von Elementen, die als weni-

5 Bezüglich der Zahl der Mandate war die KPF bei den vorhergegangenen Wahlen durch die Wahlordnung benachteiligt. Das Verhältnis zwischen den beiden letzten Zahlen ist das Ergebnis einer bedeutend erhöhten Wahlbeteiligung in Frankreich im Jahre 1956.

ger wichtig erachtet werden, sondern auch auf anderem Wege kann die Hierarchisierung von Elementen zu Aspektunterschieden führen: Sie kann eine andere Verteilung der Akzente unter den in die Darstellung einbezogenen Elementen bewirken. Die einzelnen Aspekte ein und desselben Gegenstandes, insbesondere eines komplexen Gegenstandes oder Prozesses, unterscheiden sich nämlich nicht nur, wenn der Gegenstand durch verschiedene Begriffskategorien oder Bezugssysteme erfaßt wird, sondern auch dann, wenn seinen einzelnen Elementen ein unterschiedlicher Wichtigkeitsgrad zugeschrieben wird, oder wenn die Aufmerksamkeit auf diese oder jene Beziehungen zwischen diesen Elementen gelenkt wird. Das ist die dritte Ursache der Aspektverschiedenheit. Die Theorie des Kopernikus ändert ihren Aspekt je nachdem, welche ihrer Thesen wir für *grundlegende* Elemente halten: den Heliozentrismus oder die Überwindung des Geozentrismus, die Begrenzung der Welt auf die Sphäre der Fixsterne oder die Tatsache, daß die Erde ihren festen Ort verliert. Im ersten Falle können wir in Kopernikus einen Reformator des Ptolemäischen Systems sehen, im zweiten Falle – dessen Zerstörer.

In dem soeben erwähnten Streit über den Charakter der Renaissance und ihr Verhältnis zum Mittelalter stützten sich die gegnerischen Standpunkte sowohl auf eine unterschiedliche Auswahl der Phänomene, Werke, Autoren und führenden Köpfe als auch auf eine unterschiedliche Beurteilung dessen, was für jede dieser Epochen wichtig, »typisch« und »repräsentativ« sei. Die Briefe von Heloïse an Abaelard, Briefe aus der ersten Häfte des 12. Jahrhunderts, in denen sich die Auflehnung gegen Gott und gegen die Vorurteile der Menschen äußert, bestürzen den Leser heute durch die Subtilität ihrer Empfindungen, ihre literarische Kultur und die Unabhängigkeit des Denkens. Derartige Dokumente waren nach Ansicht der einen Partei außergewöhnliche Phänomene, die für die Kennzeichnung des Mittelalters nicht in Betracht kommen, während sie nach Auffassung der anderen ein wichtiges Produkt jener Epoche sind, die unter anderem die Bewegung der Brüder und Schwestern des Freien Geistes und die provençalische Dichtung hervorbrachte. Einen ganz und gar anderen Aspekt hat die Evolution der Tiere bei Kropotkin als bei Darwin, und im einen wie im anderen Falle sollen uns verschiedene

Phänomene den Entwicklungsprozeß erklären.[6] Der englische Erforscher der Entwicklung der Arten kannte nicht weniger gut als Kropotkin die Erscheinungen gegenseitiger Hilfe unter den Tieren, und der russische Anarchist hatte das gesamte Repertoire von Beispielen des »Kampfs ums Dasein« zur Verfügung, dessen sich Darwin bei seiner großen Synthese bediente. Aber die Auswahl der Fakten, die Art ihrer Bestimmung und die Bedeutungsakzente waren bei beiden Autoren so sehr verschieden, daß man aus ihren Arbeiten entgegengesetzte Auffassungen der Evolution, entgegengesetzte Erklärungsmodelle ableiten konnte: Was in einer dieser Auffassungen für die Beziehungen zwischen den tierischen Lebewesen typisch ist, wird in der anderen zu einer Kategorie, die für die Charakterisierung des Zusammenlebens der Tiere und des Evolutionsprozesses nahezu bedeutungslos ist.

Ähnlich stellt sich der Gegensatz der Standpunkte zwischen der Marxschen und der Kropotkinschen Konzeption der Entwicklung der sozialen Beziehungen der Menschen dar: Ist für Marx der Klassenkampf der Motor der Geschichte, so werden bei Kropotkin unter den historischen Momenten vor allem die der Kooperation und gegenseitigen Hilfe hervorgehoben. Ist für Marx die Klassensolidarität vor allem unter dem Gesichtspunkt des Klassenkampfes interessant, so ist sie für Kropotkin ein Sonderfall einer – in seiner Sicht – umfassenderen Kategorie von Erscheinungen.

Divergierende Fragestellungen und entgegengesetzte Charakterisierungen

Wir gebrauchen den Begriff des Aspekts in zweifacher Weise. In bestimmten Fällen legt der Aspekt einen Problembereich fest; die verschiedenen »Aspekte« sind dann Äquivalente unterschiedlicher »Gesichtspunkte«. Wenn wir sagen, daß wir uns auf diesen oder jenen Aspekt beschränken, daß dieser oder jener Aspekt der Wirklichkeit Gegenstand unserer Erörterungen ist, dann weisen wir darauf hin, unter welchem Gesichtspunkt *uns* gewisse Erscheinungen *interessieren*, mit welchem

6 Charles Darwin, *The Origin of Species*, 1859. Piotr Kropotkin, *Mutual Aid, a Factor of Evolution*, London 1902.

Problembereich oder Ausschnitt der Realität wir uns befassen oder befassen wollen. Die Verschiedenheit der Aspekte bezeichnet hier die Verschiedenheit der Fragestellung. Jemand untersucht den anthropologischen Aspekt einer bestimmten Gesellschaft, ein anderer studiert ihren Klassenaspekt. Man kann sich mit dem politischen Aspekt eines Kunstwerks befassen, ohne sich für dessen ästhetischen Aspekt zu interessieren, und umgekehrt.

Mit einer anderen Art, den Begriff des Aspekts zu verwenden, haben wir es zu tun, wenn wir von unterschiedlichen Aspekten reden und dabei nicht an einen Problembereich, sondern an unterschiedliche Charakterisierungen eines Gegenstandes denken. Wir sagen dann gewöhnlich nicht, daß diese Charakterisierungen unter verschiedenen Gesichtspunkten vorgenommen wurden, sondern daß sie ein Ausdruck unterschiedlicher Standpunkte sind oder daß sich in ihnen divergente Vorurteile äußern. In der englischen Sprache gibt es dafür einen passenden Ausdruck: *bias*. Einen in diesem Sinne unterschiedlichen Aspekt der Großen Französischen Revolution vermitteln uns Victor Hugo und andererseits Anatole France, so wie die Oktoberrevolution bei Wyspiański anders aussieht als in dem Roman *Kordian i cham* von Kruczkowski. Józef Chałasiński hat einmal zwei Auffassungen der Gestalt Lelewels analysiert: Die eine stammt von Ignacy Chrzanowski, die andere von Żanna Kormanowa. In der Charakterisierung der Persönlichkeit des großen Historikers hat Chrzanowski den Zeitraum von 1831 bis 1848 gering eingeschätzt, in dem Lelewel zum radikalsten Lager der Emigration gehörte und sich mit den revolutionären Bewegungen Europas verband. »Chrzanowski ließ diese Periode aus«, schreibt Chałasiński, »da sie nicht dem Muster eines katholisch-nationalen Heiligen entsprach.« Kormanowa stützt sich dagegen in ihrer Charakterisierung vor allem auf diese Jahre und betrachtet die folgende Periode (1848-1861) als für die Arbeit Lelewels unwesentlich – als Periode des Nachlassens seiner Kräfte; für Chrzanowski zeigte sich die Bedeutung Lelewels gerade in diesem letzten Zeitabschnitt.[7] Das heißt, daß die Beurteilung der Wichtigkeit der einzelnen Lebensabschnitte Lelewels und, im Zusammenhang damit, die Auswahl der

7 J. Chałasiński, *Tworzenie legendy i naukowe zadania historii*, in: *Myśl Wspólczesna* 1946, Seite 138.

Merkmale in dem synthetischen Porträt in beiden Fällen durch die Axiomatik seiner Biographen bestimmt war – selbst wenn alle von ihnen angeführten Tatsachen der Wahrheit entsprechen. Otto Neurath, ein wichtiges Mitglied des Wiener Kreises, benutzte aus diesem Grunde den Terminus *Pluri-Cromwell*, um das Designat der vielfältigen Charakterisierungen und die vielfältigen Aspekte des Generals der Revolution und Lord-Protectors zu umschreiben. Ein anderes Beispiel: Das Bild des polnischen Sozialismus sieht in den Augen des Sozialisten Feliks Perl[8] völlig anders aus als in der Sicht Poplawskis, eines der Begründer der Nationaldemokratie[9], obgleich beide Autoren sich für dieselben Sachverhalte interessieren. Die Differenzen gehen – außer auf konkrete Nuancen in der Kenntnis der Fakten – auf unterschiedliche Mythen und Fiktionen, auf unterschiedliche Hierarchien der Wichtigkeit und Ansichten über die Wahrscheinlichkeit künftiger Ereignisse zurück. Die in marxistischen Arbeiten der Nachkriegszeit, insbesondere der Jahre 1949-1955, veröffentlichten Analysen der sozialistischen Bewegung in Polen liefern wiederum andere Aspekte des polnischen Sozialismus; sie lassen sich von einem anderen *bias* leiten. Die Negerfrage in den Vereinigten Staaten stellt sich für die Vertreter des Südens völlig anders dar als für Ausländer oder amerikanische Soziologen, die für die geforderte Desegregation kämpfen. Bei den polnischen Historikern und Soziographen einerseits und den deutschen andererseits werden die sozialen und wirtschaftlichen Verhältnisse in Schlesien und Pommern im allgemeinen unterschiedlich dargestellt, selbst wenn die hier wie dort zitierten Fakten stimmen. Das heißt: Unterschiede in den Aspekten lassen sich in all diesen Fällen nicht auf Unterschiede in der Fragestellung zurückführen, ebensowenig die kontroversen Darstellungen der Renaissance bei Burckhardt, Santayana oder Huizinga.[10]

8 *Dzieje ruchu socjalistycznego w zaborze rosyjskim*, Warszawa 1910.

9 J. L. Poplawski, *Pisma polityczne*, Kraków 1910, Band I.

10 »Das gemeinsame Merkmal der verschiedenen Äußerungen jener Epoche«, schreibt Huizinga über das 14. und 15. Jahrhundert, »kam mehr in dem zum Ausdruck, was sie mit der Vergangenheit verband, als in den Keimen des Zukünftigen, die sie enthielt. Die Bedeutung nicht nur der Künstler, sondern auch der Theologen, Poeten, Geschichtsschreiber, Fürsten und Staatsmänner läßt sich am besten einschätzen, wenn man sie nicht als Vorboten einer heraufziehenden Kultur, sondern als die Vollender der alten

In seiner Charakterisierung des Wirtschaftssystems der einzelnen Perioden des antiken Hellas schreibt Tadeusz Walek-Czernecki: »Wenn eine Phase des Frühkapitalismus in den Ausgang des griechischen Mittelalters fällt, so ist die klassische Epoche[11] durch eine Phase gekennzeichnet, welche die Deutschen als Hochkapitalismus bezeichnen. Der fundamentale Unterschied in der Wirtschaftsentwicklung des Altertums und der Neuzeit besteht darin, daß der moderne Kapitalismus sich die unerhörte Erweiterung der Produktionsmöglichkeiten infolge der technischen Revolution zunutze machte, die vom 18. Jahrhundert bis in die Gegenwart andauert, während in der Antike der ›Maschinismus‹ als ein Element kapitalistischer Wirtschaft nicht in Betracht kam. Das Fehlen der Maschinerie war die Hauptursache, warum der Kapitalismus sich in der Antike in viel geringerem Maße als in der Neuzeit äußert. Das ist jedoch nur ein quantitativer und kein wesentlicher Unterschied.«[12] Für die Schüler von Engels und Marx gehört die unaufhaltsame Dynamik des modernen Kapitalismus, die ein Resultat der stetigen technischen Entwicklung ist, zu den wesentlichen und typischen Merkmalen dieser Gesellschaftsformation. Deshalb wenden sie sich häufig gegen die Anwendung des Ausdrucks »Kapitalismus« auf das antike Athen, Syrakus oder Korinth, auch wenn sie mit der Feststellung übereinstimmen, daß es in den großen städtischen Zentren der antiken Welt in einzelnen Perioden Kapitalakkumulation und Kapitalinvestition im Bergbau und in der Produktion gab sowie eine »kapitalistische Mentalität« sich ausbreitete.

Fassen wir zusammen. Es können im Rahmen einer Problemstellung unterschiedliche Aspekte einander gegenübertreten, welche die Wirklichkeit in dieser oder jener Weise charakteri-

betrachtet.« J. Huizinga, *The Wane of the Middle Ages*, New York 1956, S. 5 f. (Die erste Ausgabe erschien 1924.) (Dt.: *Herbst des Mittelalters*, Stuttgart (Kröners TA 204)). Bei Untersuchung der Relativität der Aspekte von Epochen lohnt es sich, den Standpunkt Huizingas z. B. mit den Ansichten von W. N. Lazariewa zu vergleichen: *Przeciwko fałszowaniu kultury Odrodzenia*, in: *Materiały do Studiów i Dyskusji z Zakresu Teorii i Historii Sztuki, Krytyki Artystycznej oraz Badań nad Sztuka* 1951, Heft 7–8.

11 5. und 6. Jahrhundert vor Christus.

12 Tadeusz Walek-Czernecki, *Historia gospodarcza świata starożytnego*, Warszawa 1948, Band II, Seite 62.

sieren; auch wenn sie uns unterschiedliche Bilder von einem Ausschnitt der Realität vermitteln, so sollen sie ihn doch unter demselben Gesichtspunkt charakterisieren. Es läßt sich übrigens nicht immer ohne weiteres entscheiden, ob man es mit unterschiedlichen *Aspekten der Fragestellung* oder mit unterschiedlichen *Aspekten der Charakterisierung* zu tun hat.

Divergente Charakterisierungen und widersprüchliche Urteile

Wegen ungenauer Terminologie nehmen einander ergänzende Charakterisierungen manchmal die Gestalt widersprüchlicher Urteile an. Wenn es z. B. um eine Kontroverse zwischen den Auffassungen geht, ob ein Land vornehmlich ein industriell-agrarisches (also vornehmlich ein industrielles) Land oder ein agrarisch-industrielles (d. h. vornehmlich ein agrarisches) Land ist, so können wir ohne nähere Erläuterungen nicht wissen, ob sich hier widersprüchliche Urteile oder divergierende Gesichtspunkte gegenüberstehen. Nehmen wir an, daß »industriell-agrarisch« und »agrarisch-industriell« einander ausschließende Kategorien sind, dann haben wir es mit widersprüchlichen Urteilen zu tun. Nehmen wir an, daß ein Land in einer Hinsicht vornehmlich industriell, in anderer aber vornehmlich agrarisch sein kann, so erweist sich der Streit als eine Scheinkontroverse; statt mit widersprüchlichen Urteilen haben wir es mit Antworten auf verschiedene Fragen zu tun: Das Land kann beispielsweise unter dem Gesichtspunkt der Produktion vornehmlich industriell und unter dem der demographischen Zusammensetzung vornehmlich agrarisch sein.

Aber auch wo derartige terminologische Mißverständnisse nicht auftreten, können gegensätzliche Charakterisierungen das unmittelbare Ergebnis widersprüchlicher Urteile über gewisse Tatsachen sein. Das wäre beispielsweise der Fall, wenn wir zwei Charakterisierungen miteinander vergleichen, von denen die eine behauptet, ein bestimmtes Land sei in einem gegebenen Augenblick ein Land mit Frauenüberschuß, während die zweite behauptet, eben dieses Land sei in diesem Augenblick ein Land mit Männerüberschuß. In solchen Fällen, wo ein Gegenstand unter demselben Gesichtspunkt zwei einander ausschließenden Kategorien zugerechnet wird, handelt es sich nicht um kontroverse *Aspekte*, sondern um kontroverse *deskriptive Urteile*. Daß der Gegenstand hier konträren Kategorien subsumiert wird, ist weder ein Ergebnis von Unterschieden in der Abstraktion noch von Unterschieden in der Auswahl der Elemente, die in Betracht gezogen wurden, sondern von divergierenden Gesichtspunkten oder Standpunkten.

Wenn wir also das Verhältnis zwischen gegensätzlichen Standpunkten hinsichtlich derselben Phänomene, derselben Ausschnitte der Wirklichkeit erörtern, so haben wir *zwei Kategorien von Situationen*, die keine logischen Zweifel aufwerfen. Zu der einen Kategorie gehören Unterschiede, die auf verschiedenen Aspekten der Fragestellung beruhen, auf Unterschieden, die nicht kontrovers sind. Zur zweiten Kategorie gehört der Gegensatz widersprüchlicher Urteile; hier haben wir es zwar mit einer Kontroverse, aber nicht mit einer Kontroverse der Aspekte zu tun.

Kompliziert wird die Angelegenheit durch einen *dritten Situationstypus* mit divergierenden Aspekten der Charakterisierung. Diskussionen über solche Divergenzen, Streitigkeiten über die Frage, in welchen Kategorien die Erscheinungen und Gegenstände zu fassen, in welche Konstellationen sie einzuordnen sind, schlagen häufig um in Auseinandersetzungen über den »Charakter« der Erscheinungen, über ihr »Wesen«, ihre »wahren« Ursachen, ihre Ursachen »in letzter Instanz«. Worauf beruhen derartige Konflikte? Sind Streitigkeiten über die Aspekte von Phänomenen gegenstandslose Auseinandersetzungen oder solche, deren Gegenstand anderswo liegt? Eine Analyse der Auseinandersetzungen über die soziale Realität verlangt, daß diese Fragen geklärt werden.

Auswahl des Aspekts bei vergleichender Charakterisierung

Wird der Aspekt der Fragestellung auch als Aspekt der Charakterisierung verstanden, so muß das in manchen Situationen nicht heißen, daß irgendein Gesichtspunkt bezüglich eines bestimmten Ausschnitts der Realität oder einer bestimmten Kategorie von Erscheinungen ein unbedingtes Primat hat, und es kann empirisch sinnvoll sein. Das ist der Fall bei einer vergleichenden Charakterisierung: z. B. wenn wir bei einem Vergleich der Gegenstände P und M hinsichtlich des einen den Aspekt α, hinsichtlich des anderen den Aspekt β hervorheben, um die Verschiedenheit beider Gegenstände zu bezeichnen; oder indem wir feststellen, daß wir den Gegenstand M eher unter dem Aspekt α betrachten, wenn wir ihn mit dem Gegenstand N vergleichen, jedoch unter dem Aspekt β, wenn er mit dem Gegenstand P verglichen wird.

So besitzt beispielsweise das Kapital – aufgefaßt als ein Vorrat von Gütern, die nicht zum unmittelbaren Verbrauch bestimmt sind – drei verschiedene Funktionen: 1. stellt es Kaufkraft dar, 2. ist es eine potentielle Einkommensquelle, da es einen Rentenanspruch begründet, 3. bezeichnet es einen Vorrat an Produktionsmitteln. Da in der Warengesellschaft die einzelnen Güterarten austauschbar sind, können wir jede Form des Kapitals unter diesen drei Aspekten untersuchen; ein Kapital in Gestalt von Landmaschinen wird im Vergleich mit anderen Formen des Kapitals den Primat des dritten Aspekts signalisieren, eine Bankeinlage oder zu niedrigem Zinssatz und rascher Verfügbarkeit eingezahltes Geld den Primat des ersten Aspekts, während die eigentliche Form des Kapitals, das zu hohem Zinssatz, aber für längere Zeit festgelegt ist, am klarsten hervortritt, wenn wir es unter dem zweiten Aspekt betrachten.[13]

Stellen wir die Bilder von Chagall oder Matisse den Bildern der abstrakten Maler gegenüber, dann rücken wir sie in die Kategorie der gegenständlichen Kunst; stellen wir sie den Werken der Naturalisten oder des sozialistischen Realismus gegenüber, dann heben wir einen anderen Aspekt an ihnen hervor: die Tendenz zur Deformation der Wirklichkeit oder die Komposition von Farben.

Verabsolutierung von Urteilen über die Wichtigkeit

Streitigkeiten über den Charakter von Erscheinungen, die sich aus Divergenzen in den Aspekten der Darstellung ergeben, betreffen nicht Situationen, in denen wir den Aspekt des Ge-

13 Vgl. L. M. Frazer, *Economic Thought and Language*, London 1947, S. 244-249.

genstandes bewußt davon abhängig machen, mit welchen Gegenständen wir ihn vergleichen. Es scheint, daß den *kontroversen* Aspekten, die im Bereich gesellschaftlicher Probleme das Thema unentscheidbarer Auseinandersetzungen sind, stets entweder eine *Verabsolutierung von Urteilen über die Wichtigkeit* oder ein »intuitiver« *Vergleich von Merkmalen* zugrunde liegt, die *keinen gemeinsamen Vergleichsmaßstab besitzen.*

Wir haben gesehen, daß bei komplizierten historischen Prozessen oder in Teilbereichen des sozialen Lebens unterschiedliche Aspekte daraus resultieren können, daß unterschiedliche Kriterien der Auswahl der zu beachtenden Elemente, unterschiedliche Kriterien dessen, was wichtig, wesentlich und repräsentativ ist, angewandt wurden. Werden diese Kriterien nicht als relevant im Hinblick auf diese oder jene Fragestellung, sondern als relevant an sich genommen, so kommt man zu einer Darstellung, die den bei Anwendung anderer Auswahlkriterien erreichten Darstellungen nicht als ebenbürtig gelten. Unterschiedliche Aspekte werden so zu gegensätzlichen Aspekten, wie wir am Beispiel der Auseinandersetzungen über das Verhältnis von Renaissance und Mittelalter nachgewiesen haben. Die Überzeugung von der absoluten Wichtigkeit eines Gesichtspunktes im Hinblick auf einen Ausschnitt der Realität verwandelt einen *Aspekt der Problemstellung in einen Aspekt der Charakterisierung,* der mit einem anderen Problem-Aspekt, welcher aufgrund der Überzeugung von der größeren Bedeutung eines anderen Gesichtspunktes in einen Aspekt der Charakterisierung verwandelt wurde, in Konflikt geraten kann. In solchen Fällen treten kontroverse Aspekte deshalb auf, weil die Kontrahenten ihren Begriff der Wichtigkeit nicht relativieren, weil sie nicht fragen: Wichtig im Hinblick worauf? – weil sie die Wichtigkeit als absolutes Merkmal behandeln. Wenn wir bei Engels lesen, alle Religionskämpfe seien Klassenkämpfe, so haben wir es mit mehr als nur der Absichtserklärung zu tun, er werde die Religionskämpfe unter dem Gesichtspunkt der Klassenverhältnisse charakterisieren, nämlich mit der These, daß bei allen sozialen Kämpfen, ja bei allen sozialen Phänomenen der Klassenaspekt wichtiger sei als der religiöse.

Nach den soeben angestellten Überlegungen sind wir uns darüber im klaren, daß als formal widersprüchliche Urteile ge-

äußerte Ansichten häufig im Grunde unterschiedliche Fragestellungen betreffen. Eine Gesellschaft kann in gewisser Hinsicht ein System sozialer Klassen darstellen, in anderer Hinsicht ein klassenloses *Kontinuum* sozialer Positionen. Aber selbst dann, wenn man das den gegnerischen Parteien bewußtmacht, die z. B. darüber diskutieren, ob die amerikanische Gesellschaft eine Klassengesellschaft sei, kann die Kontroverse weitergehen, sofern jeder von ihnen unterstellt, sein Gesichtspunkt sei objektiv der wichtigste.
Die Geschichte der Kunst läßt sich unter verschiedenen Aspekten der Fragestellung untersuchen: Man kann sie beschreiben unter dem Gesichtspunkt der Technik, unter dem Gesichtspunkt von Form und Inhalt, unter dem Gesichtspunkt der Psychologie des Autors oder der Psychologie des Rezipienten, unter dem Gesichtspunkt thematischer Veränderungen und kontinuierlicher Bezüge, unter dem Gesichtspunkt von Klasseninteressen. Als Upton Sinclair sich jedoch in seinem Buch *Mammonart* bemühte, die These zu verifizieren, alle Kunst sei Propaganda von Klasseninteressen, und dem Leser die Geschichte der Kunst in einer entsprechenden Interpretation vorführte, war das nicht nur eine Sache des Aspekts der Problemstellung; er setzte vielmehr seinen Aspekt der Kunstgeschichte anderen Problem-Aspekten entgegen als den einzigen Aspekt, der ein richtiges Bild vermittelt, das verdeutlicht, was in der Kunstgeschichte wesentlich ist. Er charakterisierte in gewisser Weise bereits durch die Auswahl seines Aspekts den gesamten Bereich der Kunst.

Vergleich inkommensurabler Merkmale

Wenn wir sagen, daß ein Gebäude, das bestimmte Merkmale der Gotik und bestimmte Merkmale der Renaissance aufweist, mehr der Renaissance als der Gotik zuzurechnen ist; oder wenn wir sagen, daß jemand mehr Philosoph als Künstler sei; wenn darüber diskutiert wird, ob das Polen Piłsudskis ein parlamentarischer Staat war, in dem die Regierung die Macht mißbrauchte, oder ein faschistischer Staat, in dem bestimmte Institutionen und bestimmte Freiheiten des parlamentarischen Systems erhalten blieben; oder allgemeiner: wenn der Abstand gemessen wird, der einen Gegenstand von zwei verschiedenen Idealtypen trennt, indem gleichzeitig mehrere Kriterien angewandt werden, dann ist die Gegensätzlichkeit der Aspekte das Ergebnis eines Vergleichs von Merkmalen, die keinen gemeinsamen Vergleichsmaßstab besitzen. Ein solcher Vergleich wird jedoch gerade dann vorgenommen, wenn die Gradation der sozialen Klassen »objektiv« dadurch festgestellt wird, daß nicht nur die Einkommenshöhe, sondern auch der Beruf, die Bildung und die Herkunft berücksichtigt werden.[14] Gibt es keinen gemeinsamen Maßstab, dann entscheidet über die Gleichartigkeit oder Höherwertigkeit der verschiedenen Merkmale die Intuition; die Intuitionen verschiedener Individuen und verschiedener Milieus sind aber unterschiedlich bedingt.

Auch hier haben wir es also mit einer Verabsolutierung von Urteilen zu tun, die nur als relative Urteile einen logischen Sinn haben können. Man kann nämlich inkommensurable Qualitäten miteinander vergleichen, indem man eine konventionelle Zuordnung zweier Skalen einführt, mit deren Hilfe man die eine und die andere Qualität mißt: Aufgrund der Anzahl der Vorträge und der veröffentlichten Arbeiten einerseits und der Anzahl der ausgestellten Bilder andererseits oder auch aufgrund der Anzahl positiver Beurteilungen in den Fachzeitschriften kann man sagen, jemand sei mehr Philosoph als Künstler; man kann auch sagen, die englische Sprache sei mehr germanisch als romanisch aufgrund der Dominanz von Wörtern mit germanischen Stämmen im *Oxford Dictionary;* man kann sogar sagen, jemand sei mehr intelligent als musikalisch aufgrund der numerischen Positionen, die er bei Untersuchungen mittels eines bestimmten Intelligenz- und Musikalitätstests erlangt hat. Um derartige Konventionen der Metrik kümmert sich jedoch gewöhnlich niemand bei Streitigkeiten um das Übergewicht eines bestimmten, den Gegenstand charakterisierenden Merkmals gegenüber einem anderen oder um die Distanz, die ein Phänomen von zwei Idealtypen trennt, weil es bei dem Streit inhaltlich um sehr viel mehr geht.

Wir sprachen vom intuitiven Vergleich inkomensurabler Merkmale. Dazu ist anzumerken, daß alles dies auch für intuitive Urteile gilt, in denen wir den Intensitätsgrad eines Merkmals,

14 Vgl. St. Ossowski, *Klassenstruktur im sozialen Bewußtsein,* Neuwied/Berlin 1962, S. 62-67 (Synthetische Gradation).

das keinen metrischen Maßstab besitzt, vergleichen: Auseinandersetzungen darüber, welches System den Individuen die größere Freiheit gewährleistet oder wo die soziale Bindung stärker ist, lassen sich häufig nicht anders als durch eine Relativierung der Beurteilungen lösen. Wie bei dem intuitiven Vergleich des Intelligenzgrades geht es bei dem intuitiven Vergleich des Freiheitsgrades, der sozialen Bindung, der Religiosität oder der Freundschaft immer um eine Interferenz mehrerer Kriterien, also um einen Vergleich mehrerer inkommensurabler Merkmale.

Eine solche Abstufung der Intensität von psychischen Einstellungen und Dispositionen erhält in der wissenschaftlichen Literatur einen empirischen Sinn durch konventionelle Skalen quantitativer Indizes, von denen ich oben gesprochen habe. Le Bras ordnet in seinen Untersuchungen über den Grad der Religiosität der Einwohner Frankreichs den drei von ihm angenommenen Stufen drei bestimmte konkrete Verhaltensweisen zu.[15] Die Auseinandersetzung über die Richtigkeit der Schlußfolgerungen Le Bras' kann sich dank dieser Konventionen auf der Ebene von Urteilen über den tatsächlichen Zustand abspielen und braucht nicht in Kontroversen über Aspekte steckenzubleiben.

Soziologische Relativierung

Es gibt noch einen anderen Weg, Urteile über inkommensurable Skalen, über den Grad der Wichtigkeit oder über die Distanz von zwei Idealtypen zu relativieren: eine Relativierung,

15 »Die überwiegende Mehrheit der Christen verteilt sich auf drei Kategorien, je nachdem, ob sie die feierlichen, die regelmäßigen oder die außergewöhnlichen Handlungen akzeptieren: Sie sind entsprechend Saison-Konformisten, praktizierende oder fromme Christen.« (Feierliche Handlungen sind jene, deren Versäumnis einen Ausschluß aus der Gruppe nach sich zieht: die Taufe, die erste Kommunion, die kirchliche Heirat und das kirchliche Begräbnis. Regelmäßige Handlungen sind die Sonntagsmesse und die Osterbeichte, die eine Unterordnung unter die kirchlichen Gebote ausdrükken. Außergewöhnliche Handlungen – Pilgerfahrten, Meditationen, Kasteiungen, die tägliche Messe oder die Kommunion – sind religiöse Verhaltensweisen, die über die Forderungen der Kirche hinausgehen). Gabriel Le Bras, *Secteurs et aspects nouveaux de la sociologie religieuse*, in: *Cahiers Internationaux de Sociologie* 1946, Bd. I, S. 43.

die nicht in der Einführung beliebiger metrischer Konventionen besteht, sondern die sich auf die Reaktion eines sozialen Milieus beruft. Man kann sie im Unterschied zur »gegenständlichen« Relativierung als »soziologische« Relativierung bezeichnen. Wir sagen dann, ein Schloß habe mehr Renaissance- als gotischen Charakter, aufgrund der Reichhaltigkeit, der Intensität und der Richtung der Assoziationen, die es bei bestimmten Leuten weckt; wir sagen auch, eine Skulptur sei mehr eine sakrale Schöpfung als ein Kunstwerk, aufgrund von emotionalen Reaktionen eines Milieus. In der gleichen Weise können wir das Urteil, Kopernikus sei ein Zerstörer und nicht ein Reformer des Ptolemäischen Systems gewesen, relativieren. Die Verfassung eines Landes ist stärker faschistisch als parlamentarisch vom Standpunkt eines bestimmten Milieus und stärker parlamentarisch als faschistisch vom Standpunkt einer anderen Gruppe. Genauso verhält es sich mit dem Landwirt mit 15 ha Grundbesitz, der bei einer derartigen Relativierung – je nachdem, mit wessen Augen wir ihn betrachten – ein Vertreter der Klasse der Kulaken oder ein Repräsentant der kleinbäuerlichen Gemeinschaft sein kann. Auch die Aussagen über die Reaktionen des Milieus lassen sich wieder relativieren, aber nun in einer anderen Weise. Wir können sie z. B. als Reaktionen eines Milieus betrachten aufgrund des Ergebnisses einer Untersuchung der öffentlichen Meinung, die nach bestimmten Methoden erfolgt ist.

Wenn wir widersprüchliche Aussagen dadurch relativieren, daß wir sie verschiedenen Milieus zuordnen, sind sie nicht mehr inkompatibel. Der Gegenstand der Auseinandersetzung entfällt aber nur dann, wenn beide Seiten den relativen Charakter der geäußerten Sätze anerkennen. Um das zu vermeiden, versuchen die Gegner, an etwas zu appellieren, das man bei uns als »gesunden Menschenverstand« bezeichnet und was die Engländer besser *common sense* nennen, da der »gesunde Menschenverstand« ein konformistischer Verstand ist. Dieser Appell an den »gesunden Menschenverstand«, das heißt an Kriterien der Wichtigkeit, die in dem sozialen Milieu, mit dem man es zu tun hat, allgemein gelten, nützt freilich nichts, wenn der gesunde Menschenverstand des einen wie des anderen Milieus nicht einen in diesem Punkt gemeinsamen Maßstab der Wichtigkeit hat.

Der alternative Charakter von Gesichtspunkten

Es war die Rede von der Verabsolutierung von Wichtigkeitsbeurteilungen, die dazu führt, daß gegenüber gewissen Erscheinungen ein Gesichtspunkt einen absoluten Primat erhält. Die erbitterten Diskussionen zwischen den Nativisten und den Anhängern der Milieu-Theorie verwandelten sich häufig, wenn sie über den Kreis derjenigen hinausgingen, die im logischen Denken geschult waren und praktische Erfahrung mit empirischen Untersuchungen besaßen, in einen Streit über die Frage: »Was ist wichtiger – die Vererbung oder das Milieu?« und nicht darüber: »Was ist in einer bestimmten Situation im Hinblick auf diese und jene Dinge wichtiger?«, sondern ganz einfach: »Was ist wichtiger?« Im allgemeinen definiert man als Nativisten jene, die der Ansicht sind, die Vererbung sei wichtiger, und als Anhänger der Milieu-Theorie jene, die die entgegengesetzte These vertraten. Natürlich kann jede der beiden Parteien eine unbegrenzte Anzahl von Argumenten zusammentragen, welche die Relevanz der einen oder der anderen dieser beiden Variablen, um die der Streit ging, illustrieren. Bei Auseinandersetzungen im Bereich gesellschaftlicher Probleme treten häufig – insbesondere dann, wenn Leute die Stimme erheben, die an politische Diskussionen und politische Propaganda gewöhnt sind, oder solche, die zwar philosophische Neigungen, aber keine philosophische Bildung haben – die unterschiedlichen Gesichtspunkte einander in noch radikaleren Formulierungen gegenüber: Die Aspekte konkurrieren dann nicht nur um den Primat; es scheint dann, als ginge man davon aus, daß die einzelnen Gesichtspunkte einen alternativen Charakter haben, und als würde man die Möglichkeit ausschließen, daß ein Gegenstand in der einen Hinsicht zu einer Kategorie, in der anderen Hinsicht zu einer anderen Kategorie gehören kann. Die im Jahre 1953 in Krakau veranstaltete Gedächtnisausstellung für Kopernikus schmückte ein großes Transparent, das gegen die modernen Mathematiker und Physiker gerichtet war: »Die moderne bürgerliche Wissenschaft behauptet, die kopernikanische Theorie könne nicht als eine wahre Erkenntnis der Realität gelten, sondern lediglich als ein gegenüber der ptolemäischen Beschreibung der astronomischen Phänomene vereinfachtes und ökonomischeres Verfahren. Die große Entdeckung des genialen Astronomen zu leugnen bedeutet, den Fortschritt der Menschheit zu leugnen.« Wie man weiß, ist es vom mathematischen Standpunkt aus gleichgültig, ob das Koordinatensystem, mit dessen Hilfe Veränderungen der relativen Stellung von Sonne und Erde beschrieben werden, der Erde oder der Sonne zugeordnet wird; die Verfasser der zitierten Aufschrift wollten jedoch nicht gelten lassen, daß eine Theorie, die in einem Punkt eine Entdeckung und ein großer Umbruch war, in einem anderen Punkt keinen besonderen Erkenntnisfortschritt enthielte.

Am deutlichsten tritt dies bei Diskussionen hervor, in denen es um die Ursachen von Erscheinungen geht und die Gegner versuchen, ohne Rücksicht auf deren Relativierung eine monistische Kausalerklärung zu geben. Einen Faktor, dem man aus irgendwelchen Gründen besondere Beachtung schenkt, pflegt man dann so zu interpretieren, als sei er der einzige Faktor. Daher rührt der verbreitete »Psychologismus« und »Soziologismus« bei der Erklärung kultureller Phänomene, der in einer Weise formuliert wird, als müsse man sich entscheiden, ob beispielsweise die künstlerische Produktion oder die ästhetischen Erfahrungen entweder durch subjektive Dispositionen oder durch gesellschaftliche Bedingungen und die Kultur des jeweiligen Milieus determiniert seien. Deshalb auch waren die historischen Auseinandersetzungen darüber möglich, ob religiöser Fanatismus oder die Erschließung zusätzlicher Absatzmärkte das auslösende Moment der Kreuzzüge war. Auf einen solchen Gegensatz stößt man sogar dort, wo beide Kontrahenten einen zweiten Faktor in der Situationsbeschreibung berücksichtigen und sich einigen könnten auf der Grundlage der Äquivalenz solcher Sätze wie: a) »In den Gesellschaften, die ein Bedürfnis nach neuen Absatzmärkten hatten, führte religiöser Fanatismus zu den Kreuzzügen«; b) »In den Gesellschaften, die zum religiösen Fanatismus neigten, führte das Bedürfnis, neue Absatzmärkte zu erobern, zu den Feldzügen der Kreuzritter«. In der Polemik, die bis vor kurzem einige Leute betrieben, die sich für »Marxisten« ausgaben, stieß man besonders häufig auf Vorwürfe, die auf der Unterstellung beruhen, daß jemand, der einen Zusammenhang formuliert, damit andere Zusammenhänge leugne. Die Kritik an den psychoanalytischen Theorien wurde so gefaßt, als bestünde ein Widerspruch zwischen dem prägenden Einfluß der Familiensituation und der frühen Kindheit auf die Entwicklung des Individuums und seine Stellung im Klassensystem. Genauso erging es der Znanieckischen Theorie. Weil er seine Typologie der »Menschen der Gegenwart« aus dem Charakter der kleinen, auf persönlichen Beziehungen beruhenden sozialen Gruppen erklärte, in denen das Individuum seine Kindheit und Jugend verbringt und – je nach dem Typ der Gruppe – diese oder jene soziale Rolle spielt[16], warf man ihm vor, er verkenne die klassenmäßige Struktur der Typen – als ob die sozialen Gruppen, mit denen Znaniecki sich befaßte, nicht schon klassenmäßig strukturiert wären.

Der Tendenz zu monokausalen Erklärungen wurde die Ehre eines methodologischen Prinzips zuteil. »Ein Irrtum, den man in den humanistischen Wissenschaften häufig antrifft, ist die Überzeugung, daß derjenige, der bei bestimmten Gelegenheiten von der Wichtigkeit eines Faktors A spricht, damit schon die Wichtigkeit der Faktoren B, C ... verwirft.«[17]

Tendenz zu monokausalen Erklärungen und Definitionsstreitigkeiten

Die Tendenz zu monokausalen Erklärungen in den Sozialwissenschaften steht im Zusammenhang mit einem Typus von Definitionsstreitigkeiten, bei denen es den Gegnern im Grund nicht um semantische Konventionen, sondern um Aspekte der Gegenstände geht – d. h. darum, unter welche Kategorien die Designate subsumiert werden sollen, welche Eigenschaften der Designate die wichtigsten, die »wesentlichen« sind.[18] In diesen Kontroversen tritt neben dem Mißverständnis, ein Aspekt eines Gegenstandes schließe andere seiner Aspekte aus, ein anderes Mißverständnis auf, das den konventionellen Charakter von Feststellungsdefinitionen betrifft, wenn Sätze über die Be-

16 Die Rolle des Zöglings (Familie, Schule), die Rolle des jugendlichen Mitarbeiters (bäuerliche Wirtschaft, Werkstatt, Fabrik), die Rolle des Genossen unter Gleichaltrigen. Vgl. *Ludzi teraźniejsi a cywilizacja przyszłości*, S. 136.

17 N. Leites, *Psycho-Cultural Hypotheses about Political Acts*, 1948 (in dem Sammelwerk: *The Language of Social Research*, S. 557).

18 Vgl. St. Ossowski, *Klassenstruktur im sozialen Bewußtsein*, Kapitel XI.

zeichnung mit Sätzen über die Designate vermengt werden. Feststellungsdefinitionen, d. h. Konventionen, welche die Bedeutung von Wörtern als von Mitteln der Verständigung festlegen, müssen alternativ behandelt werden. Wir können nicht gleichzeitig zwei nichtäquivalente Definitionen desselben Terminus anerkennen, und zwar nicht aus Rücksicht auf die Eigenschaften der Designate, sondern wegen der Verwendungsfähigkeit der Wörter. Werden Sätze über Bezeichnungen mit Sätzen über Designate verquickt, so begünstigt der alternative Charakter der Definition den Eindruck, man müsse entscheiden, welche der Merkmale von Designaten »wesentliche« Merkmale seien, welcher Aspekt eines definierten Gegenstandes »der eigentliche« Aspekt sei.

Logische Gehalte und kommunikative Funktionen

Der kommunikative Gehalt einer Aussage beschränkt sich nicht auf die Informationen, die unmittelbar durch die Bedeutung der Wörter ausgedrückt werden. Die alternative Verwendung von Aspekten der Wirklichkeit, die alternative Verwendung von Abhängigkeiten und die mit dem Nichtwahrnehmen des elliptischen Charakters derartiger Aussagen verbundene Verabsolutierung von relativen Urteilen nimmt allen diesen Sätzen den logischen Gehalt. Sätze, die keinen logischen Gehalt haben, werden dadurch jedoch nicht schon ihrer kommunikativen Gehalte beraubt, die den Diskutierenden die Nichtübereinstimmung ihrer Standpunkte klarmachen können. Ein Satz, der ohne Ergänzungen unter dem Gesichtspunkt logischer Kriterien nichts bedeutet – beispielsweise die These, die hauptsächliche Antriebskraft der Geschichte seien Kriege und nicht Veränderungen der Produktionstechnik –, kann aufgrund der *expressiven* Funktion einen Standpunkt gegenüber der Realität deutlich machen, also aufgrund der Einschätzungen, Wünsche und Urteile über die Realität, die wir mit Hilfe des Satzes erahnen können, auch wenn sie nicht unmittelbar durch die Bedeutung der Wörter mitgeteilt werden. Widerspruch kann ein solcher Satz ebenfalls aufgrund seiner *impressiven* Funktion hervorrufen, d. h. aufgrund seiner Auswirkungen, insbesondere jener, welche er in den Einstellungen und Verhaltensweisen der Menschen hervorrufen kann, auch wenn er keine Imperative, Empfehlungen oder Normen enthält. Die Gegensätzlichkeit von Standpunkten tritt besonders scharf dann hervor, wenn die diskutierenden Personen annehmen, jeder von ihnen bediene sich bewußt der impressiven Funktion seiner Worte, er wolle mit ihnen bestimmte Wirkungen erzielen. Dann erweitert die *impressive* Funktion den *Ausdruck* der Wörter und informiert über die Intentionen der Aussage.

Wenn jemand Argumente zugunsten der These sammelt, die Kriege seien als Faktor gesellschaftlicher Wandlungen wichtiger als die Veränderungen in der Produktionstechnik, wenn jemand von den sozialen, politischen und wirtschaftlichen Auswirkungen des Ersten und des Zweiten Weltkrieges spricht, von dem technischen Fortschritt, der in den großen, mit Krieg und Aufrüstung verbundenen Erfindungen seine Ursache hat, so können diese Argumente freilich nicht die These des Gegners umstürzen, Veränderungen der Produktionstechnik seien als Faktor der gesellschaftlichen Entwicklung wichtiger als die Kriege; aber sie zielen auf seinen Standpunkt, auf die Sphäre der Assoziationen, Emotionen und Einschätzungen, bedrohen eine These, die in nichtrelativierter Form keinen empirischen Sinn ergibt und sich deswegen durch logische Folgerungen nicht verwerfen läßt, mit praktischen Konsequenzen. Genauso verhält es sich, wenn jemand »an den Fakten aufweist«, daß ein Bauer mit 15 ha Land »mehr« ein Mitglied der bäuerlichen Schicht als ein Mitglied der Klasse der »Kulaken« ist, oder wenn jemand die entgegengesetzte Anschauung »anhand der Fakten verteidigt« und keinen Maßstab angibt, mit dem er den Grad der Zugehörigkeit zu einer sozialen Gruppe mißt.

Auswahl der Aspekte und praktische Direktiven

Für den Politiker, den hauptsächlich die impressive Funktion der Wörter interessiert, ist die Frage nicht unbegründet, warum jemand diese und nicht jene Kategorie von Zusammenhängen als Untersuchungsgegenstand gewählt hat, warum er beispielsweise die Aufmerksamkeit auf den Einfluß kultureller Muster lenkt. Will er damit nicht, vielleicht wegen der prak-

tischen Konsequenzen, andere Zusammenhänge – z. B. die klassenmäßige Bedingtheit sozialer Phänomene – verschleiern?
Die praktischen Folgen der Begriffswahl, der Einfluß des begrifflichen Apparats auf die Einstellungen zur Realität, welche jene Begriffe betreffen, die Auswirkung auf die Beurteilung der Wichtigkeit von Merkmalen und Phänomenen – das sind längst bekannte Dinge; Russell machte vor einigen Jahrzehnten in dem Werk *Principia Mathematica* darauf aufmerksam. Freilich ging es ihm um die Einschätzung der Bedeutung begrifflicher Kategorien für die Entwicklung der Theorie. Sehr viel umfassender erörtert Ch. L. Stevenson diese Sachverhalte in dem Buch *Ethics and Language*, das zuerst im Jahre 1944 erschien. Definitionen, die darauf abzielen, das Urteil des Lesers über die Bedeutung von Phänomenen zu verändern, bezeichnet der Verfasser als *re-emphatic definitions*. Zu den Definitionen dieser Art würden wir die Durkheimsche Definition der Religion zählen, deren soziale Funktionen ich in *Klassenstruktur im sozialen Bewußtsein* (Kapitel XI) abgehandelt habe. So läßt sich denn auch die Annahme, die Wahl bestimmter Begriffe in den Gesellschaftstheorien könne bestimmte politische Auswirkungen haben, in vielen Fällen empirisch belegen. Andererseits interessieren sich Leute, die politisch engagiert sind, oft nicht für die anderen Aufgaben des Begriffsapparates; sie kommen mit der theoretischen Begründung der Auswahl von Begriffen und der Definitionsverfahren nicht zurecht.
Die bei den Kontroversen über Aspekte auftretenden »monistischen« Kausalerklärungen, die Thesen, die von der »wahren« oder ganz einfach von *der* Ursache eines Phänomens oder von den »in letzter Instanz entscheidenden« Faktoren sprechen, entbehren des logischen Gehalts, wenn sie so uneingeschränkt formuliert sind und man nicht davon ausgeht, daß es sich hierbei um eine Verkürzung handelt. Der Satz, die wahre Ursache des Todes eines Kranken sei eine zu große Dosis der Arznei gewesen, ist genausoviel wert wie der Satz, die wahre Ursache des Todes dieses Kranken sei der Zustand seines Herzens in dem Augenblick gewesen, als er die Arznei einnahm, oder das Fehlen bestimmter Magensäfte, die die Wirkung der Medizin verringert hätten, oder eine psychische Depression und mangelnde Resistenz des Organismus, oder chemische Eigenschaften des Blutes oder der Verdauungssäfte. Es ist

wahrscheinlich, auch wenn es sich nicht verifizieren läßt, daß dies notwendige Bedingungen waren, damit in diesem Falle der Tod eintrat. Doch kann die Behauptung, die wahre Ursache für den Tod des Kranken sei eine allzu große Dosis der Arznei gewesen, aufgrund ihrer impressiven Funktion das Verhalten der Ärzte beeinflussen, größere Vorsicht bei der Dosierung von Medikamenten erzwingen und künftigen Katastrophen vorbeugen.

Aussagen über die »eigentliche Ursache« oder über die »in letzter Instanz entscheidenden Faktoren« bekommen erst dann einen Sinn, wenn wir erläutern, daß wir die »Eigentlichkeit« der Ursache und die »letzte Instanz« im Hinblick auf praktische Direktiven beurteilen; daß es hier um die Wirksamkeit der Mittel geht, mit denen wir im Rahmen der Möglichkeiten, über die wir unter konkreten Bedingungen verfügen, etwas bewirken oder verhindern können; daß wir unter der Ursache *tout court* eine solche Ursache verstehen, die uns im Rahmen der Möglichkeit wirkungsvollen Handelns besonders interessieren muß. In einer solchen Interpretation bedeutet die These, für Veränderungen der Kultur seien »in letzter Instanz« wirtschaftliche Faktoren entscheidend, daß man angesichts der gegebenen Möglichkeiten kulturelle Veränderungen schneller, einfacher oder wirksamer durch wirtschaftliche Reformen als beispielsweise durch erzieherische Maßnahmen hervorrufen kann. Die uneingeschränkte Formulierung kausaler Abhängigkeiten unterstellt bei einer solchen Interpretation einen praxeologischen Standpunkt.[19]

Es war oben die Rede von den divergierenden Auffassungen Darwins und Kropotkins in der Frage der biologischen Evolution und der gesellschaftlichen Entwicklung. Diese Divergenzen betreffen übrigens in größerem Maße einige Anhänger Darwins als den Urheber der Theorie von der Entstehung der Arten selbst. Aus der Theorie, daß der Kampf ums Dasein der wichtigste Faktor der Entwicklung sei, leiteten ihre Anhänger bekanntlich praktische Direktiven ab, die jenen entgegengesetzt sind, welche Kropotkin aus seinen Anschauungen über die gegenseitige Hilfe in der Geschichte entfaltete. Die Nichtübereinstimmung zwischen den Verallgemeinerungen Darwins

19 Vgl. die *manipulative causality* bei A. Rapaport, *Operational Philosophy*, New York 1953, S. 58-61.

bzw. seiner Schüler im Bereich der Soziologie und der Ethik und den Ableitungen Kropotkins kann man als eine Nichtübereinstimmung von induktiven Schlüssen bezeichnen, die auf einer unterschiedlichen Materialauswahl beruhen. Zumindest einige dieser divergierenden Verallgemeinerungen lassen sich aber auch als Aussagen verstehen, die auf unterschiedliche Aspekte des tierischen und des menschlichen Lebens verweisen und deren lediglich scheinbare Widersprüchlichkeit aus elliptischen Formulierungen ohne entsprechende Relativierung hervorgeht. Im einen wie im anderen Falle ist jedoch an der Gegensätzlichkeit der Standpunkte der Darwin- und Kropotkinanhänger nicht zu zweifeln, wenn wir eine praxeologische Interpretation anwenden und nach den praktischen Konsequenzen im Bereich der gesellschaftlichen Programme oder der methodologischen Direktiven fragen.

Der Streit zwischen den Befürwortern der These, die Vererbung spiele in der Entwicklung der Persönlichkeit die zentrale Rolle, und jenen, welche die entgegengesetzte These vertreten, ist bei derartigen absoluten oder elliptischen Formulierungen sinnlos, da wir weder über einen gemeinsamen Maßstab für Unterschiede der Vererbung und Unterschiede des Milieus noch über eine eindimensionale Skala zur Messung von Persönlichkeitsunterschieden verfügen. Wie kann man einen sinnvollen allgemeinen Satz über den Primat der Chromosomen oder über den Primat des Milieus formulieren, wenn dieser Satz sowohl für Unterschiede zwischen einem Zwillingspaar aus einem polnischen Dorf, für die Unterschiede zwischen einem Europäer und einem Buschmann aus der südafrikanischen Wüste als auch für die Unterschiede zwischen einem sogenannten normalen Menschen und dem Patienten einer psychiatrischen Anstalt gelten soll? Allerdings haben auch diese logisch gehaltlosen Thesen kommunikativen Wert. Wir können sie als Ausdruck unterschiedlicher Direktiven an die Erzieher interpretieren: Die »Nativisten« werden sich in der Propaganda für die Eugenik engagieren, die »Milieutheoretiker« in der Gestaltung erzieherischer Milieus. Eine rationale Interpretation der These, die sozialen Phänomene seien in »letzter Instanz« kausal durch ökonomische Faktoren bestimmt, kann eine methodologische Direktive sein. Demnach würde man sagen, daß bei der Erklärung sozialer Phänomene die Untersuchung ökonomischer Ursachen deshalb besonders fruchtbar ist, weil dort am häufigsten »verborgene Funktionen« auftreten, die sich nicht so leicht feststellen lassen, oder weil bei der Analyse ökonomischer Ursachen die gesellschaftlichen Antagonismen klar zutage treten, oder weil dieser Gesichtspunkt von den Historikern und Soziologen vernachlässigt wurde. Gerade damit rechtfertigte Engels in einer späteren Periode seine kausalen Erklärungen.[20] Die gleiche Begründung könnte unter anderen Bedingungen natürlich auch der Rechtfertigung anderer Theorien dienen, die ihre kausalen Erklärungen in genauso einseitiger und nicht relativierter Weise formulieren.

Nun zum Beispiel einer praktischen Direktive, welche die Selektion von Merkmalen und kausalen Zusammenhängen im Namen eines völlig anderen Prinzips betrifft. Eine eigentümliche impressive Funktion leitete die Verfahren der Darstellung der Wirklichkeit, die uns in den vergangenen Jahren wohlbekannt waren und welche Jan Lutyński in dem Aufsatz *O wartościowaniu i manichejskiej postawie w naukach społecznych* analysiert hat.[21] Gegenstand der Analyse sind dort solche Beschreibungen der Realität, für die eine rücksichtslose Dichotomisierung bindend ist. Es werden keine begrifflichen Kategorien benutzt, deren Elemente sowohl positiv als auch negativ bewertete Gegenstände sein könnten; es wird keine Situation anerkannt, in der eine Sache in einer Hinsicht fortschrittlich, in anderer Hinsicht reaktionär sein könnte; es werden keine kausalen Erklärungen zugelassen, bei denen positiv bewertete Erscheinungen kausal durch negativ bewertete Erscheinungen bedingt sein oder positive Erscheinungen negative Auswirkungen haben könnten. Man braucht kein Soziologe zu sein, um in solchen Darstellungen eine spezifische Technik des politischen Kampfes zu erkennen.

20 »Daß von den Jüngeren zuweilen mehr Gewicht auf die ökonomische Seite gelegt wird, als ihr zukommt, haben Marx und ich teilweise selbst verschulden müssen. Wir hatten den Gegnern gegenüber das von diesen geleugnete Hauptprinzip zu betonen, und da war nicht immer Zeit, Ort und Gelegenheit, die übrigen an der Wechselwirkung beteiligten Momente zu ihrem Recht kommen zu lassen.« Brief an Josef Bloch vom 21. 9. 1890, zitiert nach: Marx-Engels, *Über Religion*, Berlin 1958, S. 223.

21 *Kultura i Społeczeństwo* 1958, Nr. 4.

Elliptische Thesen und der Gegenstand der Auseinandersetzung

Wir haben versucht, Formen von »unentscheidbaren Auseinandersetzungen« im Bereich der sozialen Phänomene zu erörtern: Auseinandersetzungen über Aspekte der Problemstellung, die als Aspekte der Charakterisierung behandelt werden und denen ein absoluter Primat bzw. eine Ausschließlichkeit zukommen soll; Auseinandersetzungen über die Wahl der Begriffe und die Auswahl der Ursachen bei der Erklärung von Erscheinungen; Auseinandersetzungen über intuitive Wertungen, die von mehreren inkommensurablen Kriterien abhängen. Wir wissen, daß derartige Auseinandersetzungen keine Lösung finden, wenn die Kontrahenten nicht erkennen oder nicht erkennen wollen, daß sie elliptische Urteile formulieren; daß ihre Thesen eine Relativierung erfordern; daß abweichende Fragestellungen nicht gleichbedeutend sind mit Nichtübereinstimmung in den Urteilen über die Realität; und daß, wenn die Auswahl des Aspekts eine kennzeichnende Funktion erfüllen soll, das nur bei vergleichenden Charakterisierungen möglich ist.[22] Wir konnten uns jedoch davon überzeugen, daß über nur scheinbar widersprüchliche elliptische Thesen nicht nur deshalb erbittert diskutiert wird, weil die Gegner sich nicht darüber im klaren sind, daß ihre Sätze Wendungen enthalten, die ohne eine Relativierung nichts bedeuten. Es taucht also wieder die Frage auf, ob man derlei Kontroversen als gegenstandslos betrachten kann. Die Antwort hängt davon ab, was wir unter einer »gegenstandslosen Auseinandersetzung« verstehen. Wenn ein gegenstandsloser Streit ein solcher ist, bei dem die einander gegenübergestellten Thesen der Gegner nicht widersprüchlich sind, da sie entweder unterschiedlichen Problemen gelten oder Ausdrücke ohne logischen Gehalt sind, dann sind die unentscheidbaren Auseinandersetzungen, mit denen wir es zu tun hatten, gegenstandslos. Verstehen wir dagegen unter einer »gegenstandslosen Auseinandersetzung« einen Zusammenstoß, bei dem die Gegner keinen rationalen Grund haben, einander ihre Intentionen entgegenzustellen, bei dem durch eine Präzisierung der Thesen (z. B. eine geeignete Relativierung) die diskussions-

22 Vgl. S. 101 f.

bestimmenden Motive beseitigt würden, dann fällt die Antwort anders aus.

Auseinandersetzungen über die Aspekte von Erscheinungen, über die Kategorien und Konstellationen, in welche sie einzuordnen sind; Auseinandersetzungen über »eigentliche« Ursachen, über Ursachen »in letzter Instanz«; Auseinandersetzungen, die unter dem Gesichtspunkt, was die Thesen der beiden Parteien bedeuten, gegenstandslos sind, sind gewöhnlich nicht gegenstandslos unter dem Gesichtspunkt der expressiven Funktion der Sätze: unter dem Gesichtspunkt der Zielsetzungen der Gegner und gewisser Urteile über die Wirklichkeit, die durch die Bedeutung der Wörter nicht unmittelbar ausgedrückt werden. Die Beseitigung von Mißverständnissen muß zum Ende der unfruchtbaren Diskussion führen, sie muß jedoch nicht die Auseinandersetzung beenden, wie auch die Tatsache, daß beide Seiten sich bewußtmachen, daß begriffliche Divergenzen aus nichtübereinstimmenden und beliebigen Konventionen herrühren, nicht das Ende begrifflicher Divergenzen bedeuten muß. Eine geeignete Relativierung – die Anwendung von Formeln wie: »in dieser und jener Hinsicht«, »im Hinblick auf diese und jene Tatsachen« oder »im Hinblick auf diesen und jenen Maßstab« – kann deutlich machen, daß die Gegner sich über die Bedeutung der eigenen Worte nicht im klaren waren, daß jeder von ihnen über etwas anderes sprach; sie kann in einer Kontroverse über die Aspekte aber auch eine tatsächliche Divergenz in den Urteilen über die Wirklichkeit hervortreiben, die aus einer nicht einheitlichen Erkenntnis entspringt. Sie kann aber auch zeigen, daß aufgrund von nicht übereinstimmenden Wünschen die Kriterien der Wichtigkeit auseinanderklaffen: Für jemanden, der die Revolution anstrebt, ist der dichotomische Aspekt der Gesellschaft wichtiger als der Gradationsaspekt, der Klassenaspekt wichtiger als der Berufsaspekt oder der ethnische Aspekt. An deskriptiven Termini und Thesen, die in logischer Hinsicht nur scheinbar widersprüchlich sind, zeigt sich ein Konflikt entgegengesetzter Programme des Handelns.

Statt Verallgemeinerung eine erkenntnistheoretische These

Daß Konflikte zwischen gesellschaftlichen Bestrebungen und Handlungsprogrammen die Form einer theoretischen Auseinandersetzung annehmen, hat Konsequenzen für das Verhältnis von soziologischen Verallgemeinerungen und erkenntnistheoretischen Thesen. In Diskussionen über gesellschaftliche Probleme führen die Gegner gewöhnlich nicht eine Analyse durch, die zwischen Divergenzen in den Urteilen, die sich durch empirische Verifikation beseitigen lassen, und Divergenzen in der Fragestellung unterscheiden und verdeutlichen würde, wo unterschiedliche Kriterien der Wichtigkeit und nicht übereinstimmende Maximen ins Spiel kommen. Gegner, die politisch engagiert sind, verzichten auf eine solche Analyse nicht deshalb, weil dies intellektuelle Anstrengung und wissenschaftliche Qualifikation erfordert, sondern weil ihnen – wie ich an anderer Stelle geschrieben habe – in aller Regel nichts an der Beseitigung von Mißverständnissen liegt. In einer Zeit, in der die Autorität der Offenbarung längst der Autorität der Wissenschaft gewichen ist, möchten sie ihren Streit über das Programm des Handelns zu einem Streit über theoretische Annahmen machen, wünschen sie, daß ihr Handlungsprogramm wissenschaftlich begründet wird, hoffen sie, nicht nur die gesellschaftlichen Zielvorstellungen des Gegners, sondern auch seinen theoretischen Standpunkt zu treffen. Divergenzen in der Fragestellung und semantische Divergenzen werden unter solchen Bedingungen als Kriterien theoretischer Gegnerschaft und gleichzeitig als ein Kennzeichen dafür aufgefaßt, daß die diese Divergenzen vertretenden Menschen konträren gesellschaftlichen Lagern angehören. Dann aber wird es durch den Irrtum, der unauflösliche Streit sei theoretischer Natur, möglich, daß an die Stelle von empirischen Verallgemeinerungen aus dem Bereich der Soziologie des Wissens eine erkenntnistheoretische These tritt, die, wie wir erfahren konnten, einen lähmenden Einfluß auf die Entwicklung bestimmter Wissenschaftsbereiche hat. Aufgrund der irrigen Vorstellung, bei der unentscheidbaren Auseinandersetzung handle es sich um einen theoretischen Streit, wurde nämlich die soziologische Beobachtung des Einflusses der gesellschaftlichen Bedingungen und der Ideologie des Forschers auf seine wissenschaftliche Tätigkeit verdrängt.

IV. Standpunkte und Schulen

Die Kontinuität in der Wissenschaft und das Verhältnis zu den Vorgängern

Kritische Beurteilungen des aktuellen Zustandes der Sozialwissenschaften, insbesondere der Soziologie im traditionellen Sinne, beziehen sich auf zwei Gruppen von Tatsachen. Das sind zum einen die Errungenschaften der Soziologie; sie werden im nächsten Kapitel behandelt. Das sind zum anderen gewisse Formen der Entwicklung der Sozialwissenschaften, die eher für vorwissenschaftliche Stufen der Erkenntnis kennzeichnend sind.

Hier geht es wiederum um zwei verschiedene Dinge: einerseits um das Verhältnis der zeitlichen Nachfolge, das Verhältnis der Forscher und Theoretiker zu ihren Vorgängern; andererseits um die Gruppierung von Gelehrten, die zueinander im Verhältnis von Zeitgenossen stehen, zu besonderen Schulen. Wir wollen uns im folgenden hauptsächlich dem letzteren Sachverhalt widmen, aber im Gang der Überlegungen werden wir uns auch mit einem Problem befassen, das über den Bereich der Sozialwissenschaften hinausreicht – mit dem Begriff der Schulen innerhalb der Wissenschaft und den Typen von Differenzen zwischen den Standpunkten, die durch die einzelnen Schulen repräsentiert werden. Damit knüpfen wir an die Ergebnisse des vorigen Kapitels über die Typen von Streitigkeiten innerhalb der Sozialwissenschaften an.

Eines der Merkmale einer entfalteten Wissenschaft ist ihre Kontinuität. Jede neue Entdeckung, jede Verbesserung des begrifflichen oder des technischen Instrumentariums fußt – von Ausnahmesituationen abgesehen – auf dem aktuellen Stand des Wissens. Die Entwicklung der modernen Wissenschaft ist nicht eine Anhäufung unverbundener einzelner Resultate, sondern ein Prozeß, in dem jedes neue Glied von den ihm vorangehenden Gliedern abhängig ist. Früheren Stadien kommt, auch wenn sie Entdeckungen von dauerndem Wert enthalten mögen, lediglich historische Bedeutung zu. Bei der Begründung von astronomischen Hypothesen wird sich heute niemand auf die Arbeiten von Kopernikus berufen, des selben Kopernikus, der an die Existenz einer Sphäre von Fixsternen glaubte, der bestimmten Zahlen einen besonderen Wert zuerkannte und den Planeten kreisförmige Umlaufbahnen zuschrieb, aber nicht Newtons Gesetz der Gravitation der Himmelskörper kannte. Andererseits werden die Arbeiten Newtons in der Mitte des zwanzigsten Jahrhunderts nicht dort mit den Arbeiten Einsteins rivalisieren, wo zwischen ihnen keine Übereinstimmung besteht. Doch all das mindert nicht im geringsten die Bewunderung für die Rolle, welche Kopernikus und Newton in der Entwicklung der modernen Astronomie und Physik gespielt haben. Der moderne Physiologe, der den Einfluß der innersekretorischen Drüsen auf das Funktionieren des Nervensystems erforscht, mag mit der größten Hochachtung von Hippokrates als seinem Vorläufer sprechen, doch wird er sich nicht auf dessen Ideen, sondern auf die Forschungsergebnisse seiner unmittelbaren Vorgänger stützen. Wenn er sich für die Geschichte seines Faches interessiert, wird er Hippokrates als einen Humanisten, nicht als einen Naturwissenschaftler betrachten.

Nicht zuletzt deshalb ist die Rolle von Hippokrates und Kopernikus, von Newton und Darwin in der Geschichte der Wissenschaft eine andere als die Rolle des Aischylos oder Shakespeares in der Geschichte des Dramas oder in der Geschichte der Literatur. Im Bereich der Kunst oder der Dichtung nimmt das Werk einen anderen Weg. Es ändern sich die Urteile und die Einschätzungen. Manche Werke werden in bestimmten Epochen unverständlich oder geraten sogar in Vergessenheit, um später in um so größerem Glanze wiederaufzutauchen. Für ihren aktuellen Wert ist jedoch die Chronologie nicht entscheidend. Wenn Wagner aufhört, die Zuhörer zu faszinieren, wenn er seine Stellung einbüßt, dann kann er sie ebensogut an Strawinsky oder Schönberg wie an Vivaldi oder Bach verlieren. Musset kann ebensogut Verlaine oder Eluard wie auch Ronsard oder Villon in den Hintergrund drängen. Auch die Wissenschaft war einmal ein »Schatz der Weisheit« der Alten, zu dem die neuen Generationen neue Errungenschaften beitrugen, wobei sie allerdings den Vorzug der zeitlichen Nachfolge nicht entschieden nutzten. In einem bestimmten Augenblick aber verwandelt sich der »Schatz der Weisheit« in einen gleichförmigen, nicht mehr umkehrbaren Strom. Dieser Wandlung, die dem gemeinsamen Schaffen von Generationen eine dynamische Kontinuität verlieh, verdanken die moderne Wissenschaft und moderne Technik ihren unaufhaltsamen Fortschritt, der für die Menschen vor dem Ersten Weltkrieg so augenfällig war, daß sie auch in der Moral, Religion, Kunst und der Kultur des gesellschaftlichen Zusammenlebens eine analoge Entwicklung suchten oder erwarteten.

Heute ist uns klar, daß die kontinuierliche Erweiterung der Errungenschaften die moderne Wissenschaft und Technik von anderen Bereichen der Kultur unterscheidet. Die Philosophie stellt in dieser Hinsicht eine gewisse Mischung dar.

Was die Sozialwissenschaften betrifft, so ist die Lage verwikkelt. In diesen Disziplinen ist die Distanz zwischen den Autoren vergangener Jahrhunderte und vielen zeitgenössischen Autoren unvergleichlich geringer als in den Naturwissenschaften. Unsere Bewunderung für die scharfsinnigen Beobachtungen und Reflexionen der frühen Autoren im Bereich des gesellschaftlichen Wissens verbindet sich zwar häufig mit Nachsicht gegenüber ihrer »Naivität«, der mangelnden Unterscheidung zwischen Illustration und Beweis und der mangelnden Sorge um die Verifizierung von Behauptungen, doch sind derartige »Sünden« auch vielen Adepten der Soziologie unseres Jahrhunderts nicht fremd. Bisweilen erscheinen die Werke der älteren Autoren – Autoren der »vorsoziologischen« Zeit wie Mandeville, Montesquieu, Hobbes, Bodin oder Machiavelli – instruktiver und eindringlicher als manche soziologische Position unserer Zeit mit einem bekannten Namen.

Beim jungen Marx oder bei Comte kann man Gedanken finden, die moderner formuliert sind als manche Thesen, die ihre Nachfolger siebzig Jahre später vorgetragen haben. Selbstverständlich profitieren die Soziologen von den Errungenschaften der Vergangenheit. Aber die Werke ihrer Vorgänger waren für sie zumindest bis vor kurzem eher eine Quelle der Inspiration, der Einfälle und der wissenschaftlichen Brillanz als Etappen der wissenschaftlichen Entwicklung, durch die man hindurch muß, um weiterzukommen. Und Inspirationen kann man ebensogut bei Durkheim wie bei Ibn Khaldun finden.

In Amerika begann man in den Jahren nach dem Kriege mit der Herausgabe von Übersetzungen der überragenden europäischen Soziologen des 19. und 20. Jahrhunderts, von Übersetzungen der Werke von Marx, Weber, Durkheim und Simmel, und sie wurden zu einem Anstoß für die Theorie. Aber auch in diesem Falle hat die Rezeption der Vergangenheit einen mehr oder weniger zufälligen Charakter. Manche machten Thesen oder Konzeptionen jener Autoren zum Ausgangspunkt weiterer Untersuchungen und bemühten sich, sie zu präzisieren, zu vertiefen, zu entwickeln, zu verifizieren oder ihnen eine operationale Form zu geben. Diese Position nehmen beispielsweise Merton mit *Social Theory and Social Structure* oder Lasswell und Kaplan mit *Power and Society* ein. Manche Nachkriegswerke wie z. B. *The American Soldier* oder *The Authoritarian Personality* bildeten das Fundament für weitere systematische kollektive Forschungen.[1]

In der Zwischenkriegszeit versuchte Maurice Halbwachs, der an den Vorbereitungsarbeiten für die Neuauflage des Buchs *Le suicide* von Durkheim beteiligt war, die Thesen Durkheims an neuen Materialien zu überprüfen und einige seiner Fragestellungen im Lichte neuer Erkenntnisse zu erweitern. So entstand Halbwachs' Werk *Les causes du suicide* 33 Jahre nach dem Erscheinen jener Arbeit, und im Vorwort zu dem Werk von Halbwachs[2] schrieb Marcel Mauss: »Die Wiederauflage der Arbeit von Durkheim erfolgt zur gleichen Zeit, da dieses Buch erscheint, das an die heutigen Grenzen der Wissenschaft stößt.« Es ließen sich zahlreiche Beispiele für eine weniger systematische Fortführung nennen; darunter fände man einige Arbeiten von Czarnowski, insbesondere jene, in denen er unter gleichzeitiger Rezeption der Einsichten Marx' und Durkheims zu neuen Resultaten gelangt.

Es gibt auch das Gegenbeispiel: den Versuch des Soziologen, gegenüber seinen Vorgängern sich so zu verhalten, als nähme die Wissenschaft mit ihm ihren Anfang: er baut sich einen eigenen Begriffsapparat auf; er analysiert alte Probleme aufs neue; zuweilen macht er Entdeckungen, die vor ihm schon andere gemacht haben oder die bereits in das allgemeine Wissen eingegangen sind, und verleiht ihnen den Schein der Neu-

1 Vgl. *Continuities in Social Research: Studies in the Scope and Method of »The American Soldier«*, hrsg. von R. K. Merton und P. F. Lazarsfeld, Glencoe (Free Press) 1950; *Studies in the Scope and Method of »The Authoritarian Personality«* hrsg. von R. Christie und Marie Jahoda, Glencoe (Free Press) 1950.

2 Paris 1930, Seite 520.

heit, indem er sie in einer neuen Sprache formuliert. Das wird ihm erleichtert durch die in unserem Fach herrschende begriffliche und terminologische Anarchie, die die Soziologie ebenfalls von den Naturwissenschaften unterscheidet. In seiner giftigen, aber manchmal sehr zutreffenden Kritik der modernen amerikanischen Soziologie widmet Sorokin der Erfahrung, daß die Vorläufer ignoriert und Entdeckungen gemacht werden, die längst gemacht worden sind, ein Kapitel mit dem Titel *Amnesie und neue Columbusse.*[3]
In Amerika und in anderen Ländern mit einer fortgeschrittenen Soziologie kann man, wie es scheint, eine doppelte Einstellung gegenüber soziologischen Büchern beobachten. Einige dieser Bücher sind erfolgreich und gelten als kostbare Besitztümer der Vergangenheit, die der Prüfung durch die Zeit standgehalten haben. Die Kategorie umfaßt Übersetzungen und Wiederauflagen von Klassikern der Soziologie, die nicht in jenen Regalen stillgelegt wurden, die als Archive für die Geschichte des sozialen Denkens reserviert sind. *The Theory of the Leisure Class*, von Veblen vor 77 Jahren verfaßt, findet heute in einer Ausgabe zu 50 Cent große Verbreitung; das vierbändige Werk von Znaniecki und Thomas *The Polish Peasant in Europe and America* erlebte nach 40 Jahren eine dritte Auflage. Zugleich entscheidet aber über den Erfolg anderer soziologischer Bücher das Erscheinungsdatum: auch auf diesem Gebiet sind die Leser neugierig auf »das letzte Wort der Wissenschaft« – in der Annahme, der ernstzunehmende Autor eines soeben erschienenen Werkes wisse mehr als jene, die ihre Arbeiten vor 5 oder 10 Jahren verfaßten. Es ist allerdings schwer, sich des Eindruckes zu erwehren, daß die Soziologie sich noch bis in die jüngste Zeit hinein in dem Stadium befand, das der systematischen Sammlung der Erkenntnisse voraufgeht.

Schule und Sekte

Wenn wir zurückkommen auf das, was wir am Anfang gesagt haben, so erschöpft sich das Problem der Kontinuität in der Wissenschaft nicht in dem Verhältnis zu den Vorgängern. Das

3 Pitirim A. Sorokin, *Fads and Foibles in Modern Sociology*, H. Regnery Comp., 1956, I. Kapitel.

Fehlen einer Kontinuität kann seine Ursache haben in der Koexistenz verschiedener Schulen, welche die geschlossene Entwicklung der Wissenschaft in unterschiedliche, voneinander relativ unabhängige Richtungen aufsplittern. Das war auch der Grund für den Vorwurf, den Sozialwissenschaften gelänge es nicht, aus dem vorwissenschaftlichen Stadium herauszukommen, und dies Los teile die Soziologie mit der Philosophie.

Hier muß nun eindeutig festgestellt werden, daß wir, wenn wir von gegensätzlichen Auffassungen einzelner Schulen sprechen, nicht an Streitigkeiten innerhalb der Wissenschaften denken, bei denen es um neu aufgetretene Probleme geht – beispielsweise den Konflikt unvereinbarer Hypothesen, die neue oder neu beobachtete Erscheinungen erklären. Uns geht es um die Prinzipien und Tendenzen, die innerhalb der einzelnen Schulen relativ festgelegt sind und sie in einem bestimmten Zeitabschnitt charakterisieren.

Beginnen wir mit der allgemeinsten Frage: In welchem Sinne und unter welchen Umständen kann man behaupten, daß die Gruppierung von Theoretikern und Forschern zu einer besonderen Schule kennzeichnend ist für ein frühes Entwicklungsstadium einer wissenschaftlichen Disziplin? Uns interessieren in diesem Falle nicht die Eigenarten von lokalen Institutionen, die ihren Grund darin haben, daß sich zwischen Menschen, die in ständigen Kontakten miteinander stehen, mehr oder weniger deutlich gemeinsame Bräuche, gemeinsame Interessen und ein gemeinsamer Stil entwickeln, wodurch sie sich von den Mitgliedern anderer Institutionen abheben. Unsere Frage gilt Schulen einzig in dem Sinne, daß über die Zugehörigkeit zur Gruppe nicht geographische Kriterien, sondern der Standpunkt gegenüber Problemen und Aufgaben der gegebenen Wissenschaft entscheidet, der bewußt dem Standpunkt anderer »Schulen« entgegengesetzt wird. Natürlich können die räumliche Isolierung und der *genius loci* die Entstehung von Schulen in lokalen Institutionen fördern, was sich leicht an der Geschichte der Wissenschaft und vor allem an der Geschichte der Philosophie früherer Epochen nachweisen läßt – aber das ist schon eine andere Frage.

Sicherlich sind mehrere Ursachen dafür verantwortlich, daß die frühen Stadien einer Wissenschaft sich meist durch eine Vielzahl von Schulen auszeichnen, während sich in den entwickelteren Disziplinen eine Tendenz zur Integration zeigt. Dabei spielen ökologische Faktoren eine Rolle – die Entfaltung der Kommunikation und die verminderte Isolierung der einzelnen Zentren. Eine Bedeutung hat auch die Loslösung der Wissenschaft von magischen oder religiösen Wissensformen. Weiterhin macht sich geltend, daß die soziale Rolle des Gelehrten und die Anschauungen über die Entwicklung der Wissenschaft sich ändern.[4]

Die Gruppierung zu Schulen und das Interesse daran, welcher der Gelehrten zu welcher Schule gehört, hatten in ferner Vergangenheit ihren Anlaß in der Annahme, daß die wichtigsten Entdeckungen bereits gemacht worden seien und daß man, um in der Welt des Denkens zu neuen Ergebnissen zu gelangen, den Spuren jener folgen müsse, die einen gewichtigen Erkenntnisbestand hinterlassen haben. Vielleicht waren auch Traditionen des privaten, oft geheimen Wissens eines Weisen oder Zauberers nicht ohne Einfluß. Die Struktur der philosophischen Schule bzw. der Schule in der Wissenschaft gemäß griechischen oder mittelalterlichen Vorbildern leitet sich von dem Begriff der Schule im didaktischen Sinne her (Meister und Schüler) oder gleicht der Struktur religiöser Sekten (Prophet und Gläubige), von Sekten wohlgemerkt, denen man aus Überzeugung beitreten kann, nicht aber von offiziellen Kirchen, denen einer aufgrund seiner Geburt angehört. Die Schule des Pythagoras war eine um den Meister versammelte Gruppe von Schülern, die Mathematik, Musik und Philosophie betrieben, und gleichzeitig so etwas wie eine religiöse Sekte mit einem geheimen Wissen. Durch die persönliche Autorität des Gründers einer Schule oder die Faszination dieser Autorität der Vergangenheit sowie durch das Vorbild religiöser Gruppen, die die gleiche Struktur aufwiesen, verbanden sich mit der Vorstellung der Schule die Begriffe der Treue, der Orthodoxie, der Häresie, der Abweichung und des Revisionismus. Aus Treue zu Aristoteles wollten die italienischen Aristoteliker nicht den Experimenten beiwohnen, die Galilei vom Turm von Pisa aus durchführte, um die mit der Lehre des Aristoteles unvereinbaren Fallgesetze zu erhärten.

4 Vgl. die Gegenüberstellung der Rollen des Gelehrten und des Forschers in der Abhandlung von F. Znaniecki, *Role społeczne uczonych . . .*, in: *Przeglad Socjologiczny* 1937.

Uns interessiert hier freilich nicht die ferne Vergangenheit, sondern die Epoche, in der die Wissenschaft bereits allgemein als ein ständigem Wandel unterworfener Sektor der Kultur anerkannt und die soziale Rolle des Gelehrten schon von denen des Weisen, Propheten und Zauberers unterschieden ist. Es ist also zu überlegen, in welchem Sinne und mit Rücksicht auf welche Umstände man auf dem Boden der modernen Kultur von »Schulen« innerhalb der Wissenschaft reden kann. In welchem Maße handelt es sich um anachronistische Phänomene? Inwiefern repräsentieren die einzelnen Schulen, mit denen wir es heute noch zu tun haben, divergierende Standpunkte, die eine Integration ausschließen? Die Frage hat ihre Aktualität behalten, denn im Programm des V. Soziologischen Weltkongresses 1962 in Washington sind Diskussionen über die gegenwärtige marxistische Soziologie und über die funktionalistische Schule vorgesehen.

Drei Arten von Divergenzen

Wenn in die Betrachtung auch die Philosophie einbezogen wird, dann, so meine ich, ist es möglich, drei Arten von Standpunkten zu unterscheiden, durch die sich die einzelnen Schulen voneinander abheben.

Je nachdem, mit welchem Typ von Schule wir es zu tun haben, wird ihre Einschätzung in der Wissenschaft auf dem Boden der zeitgenössischen Kultur und das Verhältnis des Begriffs der Schule zum Problem der »unentscheidbaren Auseinandersetzungen«, von denen im vorangegangenen Kapitel die Rede war, verschieden ausfallen.

a) Die günstigsten Bedingungen für die Entstehung von Schulen, die sich Integrationstendenzen widersetzen, bestehen dann, wenn die für den Standpunkt der Schule zentralen Annahmen nicht in eine Form überführt sind, die deren Verifikation erlaubt, und wenn ihr kommunikativer Charakter überwiegend auf expressiven und impressiven Funktionen beruht, auf der Vermittlung von Einstellungen, Anregungen, Direktiven. Wie mir scheint, ist das der Fall bei gewissen philosophischen Schulen, z. B. den Phänomenologen, den Neukantianern und den Bergsonisten, aber auch bei der Metapsychologie

Freuds, deren grundlegende Hypothesen nicht durch Tatsachen widerlegt werden können. Wenn die zentralen Annahmen sich durch logische Verfahren weder verifizieren noch falsifizieren lassen, dann ist die Zugehörigkeit zu einer Schule eine Sache der subjektiven Neigung oder Entscheidung.

b) Der zweite Typus ist dann gegeben, wenn wir es mit einem Gegensatz von Behauptungen zu tun haben, die nicht (im Sinne des Wiener Kreises) sinnlos, aber ungeprüft sind: wenn es im Hinblick auf Sachverhalte, die unter dem Gesichtspunkt der Problematik der gegebenen Disziplin wichtig sind, alternative Hypothesen gibt, von denen keine bisher verworfen wurde. Die Argumente, die für die eine oder die andere Hypothese sprechen, werden verschiedene Menschen unterschiedlich affizieren, doch ob sie angenommen werden, kann – wie in den oben angedeuteten Situationen – auch von Motiven nichtintellektueller Natur abhängen.

Alternativen Hypothesen begegnen wir sowohl in den generalisierenden Wissenschaften als auch in der Geschichte, doch können historische Hypothesen nur dann die Grundlage für die Bildung einer »Schule« sein, wenn es entweder um einen ganzen Komplex von Hypothesen geht, die übereinstimmend von allgemeinen Annahmen ausgehen – das gilt für die Annahmen des historischen Materialismus oder für die Annahme, daß Staaten in der Mehrzahl der Fälle durch Eroberung begründet werden –, oder wenn eine Hypothese sich auf Ereignisse bezieht, die bedeutsame gesellschaftliche Konsequenzen haben oder den Geschichtsverlauf in einem bestimmten Gebiet erhellen – das sind z. B. Hypothesen über die Genealogie der Mittelmeervölker, über die Besiedlung Europas in vorgeschichtlicher Zeit, über die Besiedlung Polynesiens oder die linguistischen Hypothesen der Schule von Marr oder Hypothesen über die Herkunft der Indianersprachen, über einen gemeinsamen Ursprungsort der Megalithkultur, über Verbindungen zwischen den paläolithischen Malereien und Zeichnungen in den katalonischen Höhlen und den Felszeichnungen der Negerstämme, oder schließlich die monogenetischen und polygenetischen Konzeptionen von der Herkunft des Menschen sowie die großen geologischen bzw. kosmologischen Hypothesen. Es gibt eine Reihe unterschiedlicher Hypothesen über den Fall Boleslaws des Tapferen, doch könnte man über ihre Repräsentativität für die einzelnen historischen Schulen nur dann reden, wenn man Boleslaws Katastrophe als Illustration für diese oder jene Konzeption des Kampfs der gesellschaftlichen Kräfte im Mittelalter interpretierte.

c) Die dritte Art von Einstellungen schließlich, nach denen sich Schulen in der Wissenschaft unterscheiden, betrifft das innerhalb einer institutionell festgelegten Disziplin (etwa der Logik, der Soziologie, der Psychologie) für bestimmte Gruppen spezifische Problemverständnis, ihren spezifischen Begriffsapparat, ihr spezifisches Symbolisierungsverfahren, ihre spezifischen Forschungsmethoden und ihren Darstellungsstil. Es kann sich hier auch um eine besondere Aufgabe handeln, die eine Arbeitsgruppe sich innerhalb der Wissenschaft stellt, indem sie beispielsweise die Anwendung mathematischer Methoden oder die Aufklärung von Mißverständnissen und Scheinproblemen durch Überführung von Behauptungen und Definitionen in eine operationale Form propagiert. Diese Tendenz war unter anderem kennzeichnend für den Wiener Kreis, die Lemberg-Warschauer Schule und die Norwegische Gruppe um Arne Naess.

Als Beispiel für gewichtige Unterschiede in den methodologischen Prinzipien könnten zwei Verfahren zur Ordnung von Phänomenen dienen, die Lasswell und Kaplan in der Einleitung zu *Power and Society* formulieren: ob man zur Analyse von Erscheinungen eher absolute Kategorien oder eher Funktoren benutzen soll, ob man die Erscheinungen dichotomisch einteilen (A und non-A) oder ob man sie auf einer Skala zwischen den Extremwerten A und Z einreihen soll. Im ersten Fall wird beispielsweise eine Definition des demokratischen Systems formuliert, und es werden Kriterien aufgezeigt, aufgrund deren wir bestimmte Gesellschaften dieser Kategorie zuordnen oder von ihr ausschließen müssen. Im zweiten Fall arbeiten wir nicht mit der Kategorie der demokratischen Gesellschaft, sondern mit dem Grad der Demokratisierung aller möglichen Gesellschaften, die wir zwischen dem extremen Typus der demokratischen Gesellschaft und dem extremen Typus der antidemokratischen Struktur einordnen. Die absoluten Merkmale sind hier ersetzt durch Funktoren, d. h. Variable mit mehreren Werten. Die Autoren sind der Auffassung, die Tendenz zur Einführung von Skalen anstelle von Klassifikationen sei eines der Kriterien, durch die sich die griechische Wissenschaft von der modernen Wissenschaft unterscheidet: jene war eher eine Lehre von den Klassen, diese ist vornehmlich eine Lehre von den funktionalen Korrelationen. Die Autoren selbst propagieren die zweite Methode der Ordnung von Phänomenen für die Sozialwissenschaften, verneinen aber nicht die Möglichkeit rationaler Untersuchungen auch im Rahmen absoluter Klassifikationen.[5]

Andere Beispiele für Divergenzen des dritten Typus, den wir unter c) beschrieben haben, sind Schulen innerhalb der Geschichtswissenschaft, die sich einer unterschiedlichen Periodisierung bedienen, oder Schulen innerhalb der Soziologie, die den Begriffsrahmen der Soziologie unterschiedlich bestimmen oder die zentrale Thematik dieses Faches spezifisch interpretieren (soziale Morphologie, soziographische Untersuchungen sozialer Einstellungen, vergleichende Untersuchungen an historischem Material, statistische Analysen, soziometrische Analysen usw.). Wo Unterschiede des Problemverständnisses und der Methoden zur Debatte stehen, die unter dem Namen einer Disziplin zusammengefaßt sind, sprechen wir manchmal nicht von Schulen, sondern von Richtungen innerhalb der Wissenschaft (»ökologische Richtung«, »statistische Richtung«).

Wir haben drei Arten von Divergenzen zwischen den Standpunkten angeführt, die uns erlauben, Schulen innerhalb der Wissenschaft zu identifizieren. Im ersten und zweiten Falle geht es um unvereinbare Annahmen oder unvereinbare Konzepte, wobei im ersten Falle (Situation a) die Unvereinbarkeit Bekenntnischarakter hat, da sich dort nicht operational formulierte Thesen gegenüberstehen. Im zweiten Fall (Situation b) ist die Unvereinbarkeit im Prinzip eine vorläufige und sollte Anstoß zu weiteren Forschungen sein. In Situationen vom Typ c gibt es keine unvereinbaren Thesen, sondern nur unvereinbare Präferenzen.

Kontroversen zwischen den Schulen, die um Divergenzen des Typs a gehen, sind unentscheidbar – was nicht heißt, daß sie gegenstandslos wären in einer der beiden Bedeutungen dieses Wortes, die im dritten Kapitel erörtert wurden. Bei Situationen vom Typus b kann der Streit als unentschieden, aber nicht

5 *Power and Society*, Yale University Press 1950, S. XVI.

als unentscheidbar gelten: die Entscheidung ist in die Zukunft verschoben. Bei der Situation c haben wir es nicht mit inhaltlichen Kontroversen zu tun; es kann sich hier um Auseinandersetzungen praxeologischer Natur (beispielsweise über die Zweckmäßigkeit und Ergiebigkeit gewisser Methoden) oder um Debatten handeln, in deren Mittelpunkt ungleiche Auffassungen von den Aufgaben der Wissenschaft stehen.

In der Praxis treten im Bereich der Sozialwissenschaften (und sicher nicht nur da) die von uns unterschiedenen Situationen selten rein auf, d. h. Divergenzen zwischen den Standpunkten lassen sich häufig, weil sie nicht hinreichend präzise formuliert sind, unterschiedlich interpretieren. Dreht es sich dabei um allgemeine Hypothesen, so ist nicht immer klar, ob sich die Hypothese nicht in einer verifizierbaren Form ausdrücken ließe, d. h. es ist nicht klar, ob wir es mit einer Situation a oder mit einer Situation b zu tun haben. Der Konflikt zwischen den Darwinisten und den Lamarckisten hatte insofern, wie mir scheint, einen Doppelcharakter (a und b). Angesichts der Auseinandersetzungen zwischen den geschichtswissenschaftlichen Schulen, die für die Ursachen des Niedergangs Polens – ein Thema, dem im 19. Jahrhundert großes Gewicht beigemessen wurde – uneinheitliche Erklärungen geben, könnte man diskutieren, ob wir es nicht gleichzeitig mit der Situation b (unterschiedliche Hypothesen über die historischen Ereignisse), mit der Situation c (unterschiedliches Problemverständnis und unterschiedliche Forschungsmethoden) und mit der Situation a (monokausale Thesen über Abhängigkeiten, die sich nicht verifizieren lassen) zu tun haben. Ähnlich verhält es sich mit Schulen, deren Meinungen über die Periodisierungen der Geschichte und die Kennzeichnung der einzelnen Epochen auseinandergehen. Auch hier können Divergenzen des Typs c, aber auch Divergenzen des Typs a auftreten.[6]

Es gibt historische Hypothesen mit bedeutenden theoretischen Konsequenzen – etwa die vieldiskutierte Hypothese eines sexuellen Urkommunismus –, die dazu verurteilt sind, daß jede neue Entdeckung nur ihre Wahrscheinlichkeit vergrößern oder verringern kann, deren Grad sich aber nicht mit Methoden der Wahrscheinlichkeitsrechnung fixieren läßt. Da ge-

6 Vgl. Kapitel III.

wöhnlich der Wahrscheinlichkeitsgrad, auch wenn es um dieselben Fakten geht, subjektiv variabel eingeschätzt wird, kann man die Kontroverse zwischen denen, die von einem ursprünglichen Kommunismus der Geschlechter ausgehen, und jenen, die die Hypothese der ursprünglichen Monogamie vertreten, als nicht nur unentschieden, sondern als unentscheidbar ansehen: jede Fraktion kann gefahrlos bei »ihrer Wahrheit« bleiben. Es tritt hier also gewissermaßen Situation a ein, obwohl die Kontroverse konkrete Fakten betrifft, die sich eindeutig formulieren lassen, wie es bei den Situationen der Fall ist, die wir zum Typ b gerechnet haben.[7]

Wir werden uns nicht aufhalten bei dem anachronistischen Charakter von Schulen, die in Struktur und Einstellungen antiken Vorbildern und der Struktur religiöser Sekten gleichen – mit einer »eigenen Wahrheit«, mit der Verpflichtung zur Treue gegenüber dem Meister und seiner Lehre, mit der Sorge um die Orthodoxie und der Furcht vor der Häresie, die schon nicht mehr für die griechischen Schulen, sondern für die mittelalterlichen kennzeichnend ist. Unter den heutigen Bedingungen, wo die Zentren des Denkens nicht mehr von der Umwelt isoliert sind, ist die »eigene Wahrheit«, die sich den Auffassungen anderer entgegenstellt, nur dann nicht von den Integrationsprozessen bedroht, wenn die grundlegenden Annahmen einer Theorie ohne logischen Gehalt sind, also in einer den Postulaten der Logik gemäßen Weise weder verifiziert noch verworfen werden können (Situation a), oder wenn es um Hypothesen geht, die durch neueste Untersuchungen unwahrscheinlich geworden sind und sich durch Treue gegenüber dem Meister oder aufgrund von Korpsgeist behaupten.

7 Eindrucksvolle Beispiele für Divergenzen in der subjektiven Beurteilung der Wahrscheinlichkeit historischer Ereignisse in der fernen Vergangenheit und in der subjektiven Wertung des Gewichts von Argumenten, die sich auf diese Wahrscheinlichkeit beziehen, sowie eindrucksvolle Illustrationen des Einflusses der individuellen Phantasie auf die Einschätzung der Wahrscheinlichkeit hypothetischer Ereignisse liefert A. Malecki, *Lechici w świetle historycznych opinii*, 1898.

Die Gegensätzlichkeit der Schulen und das Postulat der Integration in den Sozialwissenschaften

Wie sieht im Hinblick auf die oben dargelegte Problematik die Situation in den Sozialwissenschaften, den Wissenschaften vom menschlichen Verhalten, aus? Es unterliegt keinem Zweifel, daß, verglichen mit anderen Disziplinen, ihr Grad der Integration der Richtungen, der Annahmen und des begrifflichen Apparats sehr viel niedriger ist. Die Geschichte der Soziologie seit Comte ist bis in die dreißiger Jahre unseres Jahrhunderts weitgehend eine Geschichte der soziologischen Schulen. In diesem Sinne wird sie in den Lehrbüchern dargestellt. Das gleiche gilt für die Geschichte der Ethnologie bzw. der Sozialanthropologie oder für die Psychologie, und auch die Wirtschaftsgeschichte wird in der Regel so aufgefaßt, nämlich nach Vorbildern, die sich in der Geschichte der Philosophie fixiert haben.

Unter diesen Schulen befinden sich auch solche, die den Charakter einer Schule bzw. einer Gruppe treuer Schüler, die sich um ihren Meister scharen, beibehalten haben, d. h. also Gruppen, bei denen der Begriff der Orthodoxie sich erhalten hat, auch wenn der Terminus selbst nicht benutzt wird; es sind Gruppen, die zwischen Getreuen und Abtrünnigen, zwischen der Entwicklungslinie der Lehre und den Abweichungen streng unterscheiden. Das gilt nicht nur für eine Situation, in der die Frage von Orthodoxie oder Revisionismus aus politischen Gründen in voller Schärfe zutage tritt. So haben beispielsweise die Konflikte zwischen den treuen Schülern Freuds und den Revisionisten der Freudschen Lehre bereits eine lange Geschichte, doch hat die Verteidigung der Orthodoxie auf diesem Felde keine politischen Gründe. Diskussionen über die Psychoanalyse erinnern auch heute noch gelegentlich an Konflikte zwischen Gläubigen und Ungläubigen.[8]

8 A. C. Danto charakterisiert eine der Psychoanalyse gewidmete Sitzung des New Yorker Philosophischen Instituts, die im März 1958 in Washington stattfand, folgendermaßen: »Ich möchte zwei Eigentümlichkeiten unserer Diskussion über die Psychoanalyse festhalten, die offensichtlich mit dem Diskussionsgegenstand nicht das mindeste zu schaffen haben. Die eine ist, daß die Diskussion oft einer Auseinandersetzung zwischen Gläubigen und Ungläubigen glich; die zweite besteht darin, daß Einwände gegen die Psychoanalyse oft wie persönlich gemeinte Herabsetzungen der Psychoanalyse

Ein klassisches Beispiel für die Verwandlung einer Schule mit wissenschaftlichen Ansprüchen in eine Gruppe von Gläubigen mit den Attributen einer religiösen Sekte aus der Frühzeit der Soziologie ist die Geschichte der Schule von Auguste Comte, der eine positive Wissenschaft propagierte, die er kaum weniger entschieden der Theologie und Metaphysik entgegenstellte, als das kurze Zeit darauf die Begründer des Marxismus taten. Allerdings war für die Sekte der Positivisten der geschichtsphilosophische Nachlaß ihres Vorbilds wichtiger als der soziologische; ihre Treue gegenüber dem Meister trieben sie so weit, daß sie nach seinem Tode sogar auf denjenigen seiner Vorhersagen beharrten, die in deutlichen Konflikt mit der Realität geraten waren.

Eine für Schulen des Typus »Meister und Schüler« charakteristische Erscheinung ist die Verwendung des Wortes »Lehre«[8a] im Sinne von *Theorie* oder *Hypothese*, in Analogie zu den traditionellen Wendungen »die Lehre Christi« oder »die Lehre Buddhas«. Einst wurden so die Anhänger der »Lehre des Ptolemäus« von den Anhängern der »Lehre des Kopernikus« geschieden, doch ließen sich auch Beispiele aus dem 20. Jahrhundert zitieren.

Wir können in der Entwicklung der Sozialwissenschaften zweifellos einen Prozeß der Befreiung der wissenschaftlichen Konzeptionen von dem Vorbild philosophischer Schulen beobachten, die ihre eigenen Doktrinen haben. Das sogenannte zweite Prinzip der Dialektik fand seinen operationalen Ausdruck in den Maximen der Indetermination und der multiplen Faktorenanalyse, die schon nicht mehr die Eigentümlichkeit einer einzigen Schule sind. Der Gegensatz zwischen »Hominozentrismus« und »Gruppenzentrismus« in der Auffassung der sozialen Phänomene, der sich aus der Frage des Aristoteles herleitet, was früher sei: das Individuum oder die Gesellschaft, ist heute eher eine Sache des Problemverständnisses und der Beschreibungsweise der Phänomene als eine Divergenz zwischen Konzepten von der Wirklichkeit. In der Schule Durkheims kümmerten sich schon seine unmittelbaren Schüler nicht mehr um ein kollektives Bewußtsein, das ontologisch als eine Sphäre

klangen.« *Meaning and Theoretical Terms in Psychoanalysis*, 1959, S. 314.

8a Das an dieser Stelle verwendete polnische Wort »nauka« bedeutet gleichzeitig »Lehre« und »Wissenschaft«. (*Anm. d. Ü.*)

psychischer Prozesse formuliert war, die sich außerhalb des Bewußtseins der Individuen abspielen. Wenn sie trotzdem nicht aufhörten, eine »Schule« zu bilden, dann nicht mehr wegen der grundlegenden Annahmen, die anderen soziologischen Richtungen entgegenzustellen waren, sondern aufgrund einer Gemeinsamkeit der Problematik, der Materialsammlung, des Stils der Reflexion, des Begriffsrepertoires und gewisser psychologischer Hypothesen, die Verifikationsprozessen zugänglich waren.

Der Gegensatz zwischen den Standpunkten der Nativisten und der Anhänger der Milieutheorie, der auftrat in den Anschauungen darüber, was für die Bildung der menschlichen Persönlichkeit wichtiger sei: die Vererbung oder das Milieu, ist konkreten Fragestellungen gewichen, die mit Hilfe von Funktoren formuliert werden: Ein Unterschied des biologischen Erbes und ein Unterschied des Milieus in dieser oder jener Hinsicht werden genau wie alle anderen Variablen in multifaktoriellen Analysen behandelt.[9]

Die einst erbitterten Polemiken zwischen Evolutionisten und Diffusionisten (»Historische Schule in der Ethnologie«) über die Entwicklung der menschlichen Kulturen haben Divergenzen Platz gemacht, die wir interpretieren als Unterschiede entweder in der Problemstellung oder in den historischen Hypothesen über das Auftreten bestimmter Kulturelemente in einzelnen Gebieten (kultureller Import oder unabhängige Schöpfung unter dem Einfluß analoger Bedingungen). Das sind heute schon nicht mehr einander ausschließende Standpunkte in der allgemeinen Theorie der Kultur. »Die Diffusion«, schrieb Bronisław Malinowski kurz vor seinem Tode, »[...] ist eine ebenso unbestreitbare Tatsache wie die Evolution. [...] Trotz ihrer kompromißlosen und feindseligen Haltung haben die Anhänger der beiden Schulen sich dem Problem der Entwicklung der Kultur von verschiedenen Seiten genähert und sich um die Klärung dieses Problems verdient gemacht.«[10] Die einst durch historische Umstände bedingte Kompromiß-

9 Vgl. St. Ossowski, *Więź społeczna i dziedzictwo krwi*, Kapitel 1. (Siehe Bd. II der *Werke* (polnisch)).

10 *A Scientific Theory of Culture*, posthum im Jahre 1944 erschienen; zitiert nach der polnischen Übersetzung: B. Malinowski, *Szkice z teorii kultury*, Warszawa 1958, S. 14.

losigkeit ist im Verlauf der Entwicklung der Sozialanthropologie verschwunden, obwohl konträre Meinungen über die Häufigkeit schöpferischer Akte in der Geschichte der menschlichen Gesellschaften geblieben sind: Nach der Überzeugung der Diffusionisten ist die Erfindung ein sehr viel selteneres Phänomen als nach Auffassung der Evolutionisten.

Was die »Funktionalistische Schule« in der Anthropologie betrifft, die von ihrem Begründer Bronisław Malinowski als »Schule« bezeichnet wurde und deren Schulcharakter von seinen hervorragenden Schülern noch verstärkt wurde, so wird auch hier in den späteren Arbeiten Malinowskis und seiner Schüler der Akzent auf die Besonderheit der Fragestellung gelegt (Interesse an den Funktionen jedes einzelnen Elements der Kultur für das gesamte gesellschaftliche Leben der einzelnen Gesellschaften bei gleichzeitigem Desinteresse an der Genese dieser Elemente). Malinowski, der in der Erforschung einzelner Kulturen Hervorragendes geleistet hat, war jedoch in der Formulierung seiner Gedanken nicht präzise genug, um ein guter Theoretiker der Kultur zu sein. Deshalb hat man auch keine Gewißheit darüber, ob die Grundannahmen der Funktionalistischen Schule in seiner Konzeption lediglich methodologische Direktiven und den Umkreis der Problemstellung bezeichnen oder ob man von seinen Thesen über Funktion und Dysfunktion sowie von den Thesen, die alle Erscheinungen der Kultur aus elementaren menschlichen Bedürfnissen erklären, gewisse Aussagen entweder als tautologische oder als Sätze werten muß, die sich nicht verifizieren lassen und keinen logischen Gehalt haben – ähnlich den Behauptungen, mit denen Schulen operierten, die alle Formen menschlichen Verhaltens aus Instinkten ableiteten, deren Anzahl unbegrenzt erhöht wurde.[11] Wenn Kroeber sagt, die Elemente der Kultur seien in der Mehrzahl der Fälle voneinander unabhängig, und wenn er diese Bemerkung mit der ganz und gar unoperationalen Einschränkung versieht: »Innerhalb der Grenzen der gewöhnlichen Logik und des gesunden Menschenverstandes«, dann hält

11 Wie läßt sich beispielsweise die folgende Behauptung verifizieren oder falsifizieren: »Jede Kultur verdankt ihre Vollständigkeit und ihre Selbstgenügsamkeit der Tatsache, daß sie den Gesamtbereich der grundlegenden instrumentalen und integrierenden Bedürfnisse befriedigt?« B. Malinowski, op. cit., S. 32.

Malinowski Kroeber und, wie er sagt, »neun Zehnteln der heutigen Anthropologen und Kulturhistoriker« die Alternative entgegen: »Sollen wir Graebner folgen und das Hauptgewicht auf die Merkmale von Elementen und Elementkomplexen legen, die äußerlich und fremdartig sind, oder sollen wir im Gegenteil nur nach solchen Beziehungen und Formen suchen, die durch die realen Kulturkräfte bestimmt sind?« Und wenn Malinowski fortfährt, nur »der zweite Weg sei der einzig wissenschaftliche Weg«[12], dann hat man den Eindruck, daß beide Seiten ihre Auffassungen in einer vorwissenschaftlichen Weise formulieren und daß hier Schuldivergenzen des ersten Typs vorliegen, d. h. daß keiner der Kontrahenten sich in einer Weise äußert, die einer logischen Kontrolle unterliegt.

Im Bereich der Psychologie traf man früher häufig auf eine ontologische Interpretation der Schuldivergenzen. Freud sprach von psychischen Erscheinungen, die keine Erscheinungen des Bewußtseins sind. Die Tiefenpsychologie sollte sich von der klassischen Psychologie, der Assoziationslehre u. a., darin unterscheiden, daß sie die Existenz vorbewußter oder unbewußter psychischer Phänomene anerkannte, während jene behauptete, es sei Unsinn, von psychischen Phänomenen zu sprechen, die nicht Phänomene des Bewußtseins sind. Der Streit zwischen den Vertretern der Introspektion und den Behavioristen wurde allgemein als ein Streit über die Existenz psychischer Phänomene verstanden. Heute wird wohl kaum ein Wissenschaftler diesen Gegensatz anders beurteilen denn als einen Konflikt methodologischer Natur, also hinsichtlich der Aufforderung, bei der Erforschung menschlichen Verhaltens sich nur solchen Materials zu bedienen, das intersubjektiv überprüfbar ist. Ob nun bei Watson selbst eines der Motive für die Zurückweisung der Introspektion die Verachtung der Person war, zu der er als Handlungsgehilfe in einem großen Warenhaus kommen mußte[13], ist bereits eine Frage der Wissenssoziologie oder der Psychologie der wissenschaftlichen Arbeit. Möglicherweise haben die persönlichen Erfahrungen und emotionalen Dispositionen, denen Watson in seiner Autobiographie Ausdruck

12 Ibid., S. 27-28.

13 Vgl. Lewis Feuer, *The Bearing of Psychoanalysis upon Philosophy*, in: *Philosophy and Phenomenological Research*, 1959 (März).

gab[14], in einer frühen Periode Einfluß darauf gehabt, wie er seine wissenschaftlichen Konzeptionen formulierte; diese Formulierungsweise hat Anlaß gegeben, den Behavioristen Annahmen zuzuschreiben, die sich nicht verifizieren lassen.

Auch die Frage der vorbewußten oder unbewußten psychischen Phänomene hört in dem Maße auf, Gegenstand unentscheidbarer Kontroversen zu sein, wie die Psychologen beginnen, sich um die empirische Bedeutung von Sätzen zu kümmern, in denen diese Begriffe auftreten. Derlei Sätze lassen sich dann übersetzen in Sätze, die bestimmte eigentümliche Zustände beschreiben, welchc der Introspektion zugänglich sind – wenn etwa ein vergessenes Erlebnis oder Dinge, an die wir nicht zu denken uns bemühen, in dieser oder jener Weise unsere Bewußtseinszustände färben (»Geschlechtsempfinden«, »Widerstand des Vergessenen«, unbewußte Handlungsmotive, die durch Assoziation sichtbar werden). Die »Hypothese« selbst von der Existenz unbewußter psychischer Phänomene wurde von einem ontologischen Problem zu einem semantischen: ob und inwieweit Sätze, die jene Wendung enthalten, unabhängig von subjektiven Assoziationen und Intuitionen der Verifizierung unterzogen werden können. Auf diesem Wege läßt sich die Eigenart der psychoanalytischen Schulen charakterisieren, ohne daß man unüberprüfbare Annahmen machen muß: sie läßt sich reduzieren auf eine Besonderheit der Problemstellung, der Begriffsapparats und der Forschungsmethoden. Die als Resultat der Beziehungen zwischen den Persönlichkeitselementen *Es, Ich* und *Über-Ich* bestimmten Phänomene können beschrieben werden, ohne daß man sich irgendwelcher Anthropomorphismen bedient, genauso wie bestimmte Positionen des historischen Materialismus formuliert werden können, ohne daß man zur Personifizierung der Basis, des Überbaus und eherner Geschichtsgesetze seine Zuflucht nimmt. Die von Freud entwickelten psychologischen Untersuchungsmethoden lassen sich auch dann mit Erfolg anwenden, wenn man sich nicht auf die Hypothese von unbewußten psychischen Prozessen stützt.

14 »Nie wollte ich menschliche Personen benutzen. Ich haßte es, als Versuchsperson zu dienen. [. . .] Ich habe mich immer unwohl gefühlt und mich unnatürlich verhalten. Mit Tieren war ich vertraut.« J. B. Watson in: *A History of Psychology in Autobiography,* hrsg. von C. Murchison, Worcester 1936, Bd. III. Zit. nach: Feuer, op. cit., S. 326.

Die traditionelle Auffassung räumt jedoch nicht widerstandslos das Feld. Der Verzicht auf die ontologischen Hypothesen und deren Reduktion auf eine Art Begriffsapparat beraubt die psychoanalytische Theorie ihres philosophischen Hintergrundes und ihrer »Poesie«. Damit wird anscheinend auch die Bedeutung der Freudschen Arbeit geschmälert: statt der Entdeckung einer verborgenen Struktur der menschlichen Seele mit drei Wesenheiten, die im Widerstreit liegen, statt des Eindringens in jenes *mare tenebrarum*, von dem Abramowski sagte, es erstrecke sich über die Sphäre des Bewußtseins hinaus, sehen wir in der Theorie Freuds die Entdeckung konkreter Fakten (z. B. der Sexualität des frühen Kindheitsalters), von Methoden zur Untersuchung psychischer Dispositionen, von Methoden zur Heilung bestimmter Neurosen.[15] Aber da die ontologischen Freudschen Hypothesen sowohl die Phantasie und die Intuition affizieren als auch das Bild von der Psyche bereichern, fällt es den Schülern Freuds nicht leicht, auf sie zu verzichten. Das ist der Grund, warum auch heute noch Diskussionen über die Psychoanalyse gelegentlich an Auseinandersetzungen zwischen Gläubigen und Ungläubigen erinnern.
Manche Thesen der Psychoanalyse sind im Laufe der empirischen Forschung zu Klassifikationstiteln einer Typologie des menschlichen Verhaltens oder einer Persönlichkeitstypologie geworden, auch wenn ihre Anhänger meinten, sie würden eine Interpretation dieser Thesen entwickeln, die sie mit den Erfahrungstatsachen in Einklang bringt. So erging es beispielsweise der Theorie von der Triebunterdrückung. Solange man die Ansicht vertrat, die Unterdrückung eines Triebes habe ganz spezifische Auswirkungen, konnte sie experimentell widerlegt werden. Nimmt man an, die Unterdrückung eines Triebes, die »Frustration«, könne zu verschiedenen, einander entgegengesetzten Verhaltensweisen führen, dann wird die These von der Selbstverteidigung des *Es* unwiderlegbar und verliert ihren logischen Wert; eine Typologie der Reaktionen auf bestimmte Situationen, die mit den Freudschen Begriffen der Repression

15 Vgl. A. C. Danto: »Denn schließlich erhebt die Psychoanalyse den stolzen Anspruch, die realen Mechanismen der Psyche *entdeckt* zu haben und ein auf diesen Entdeckungen beruhendes revolutionäres und wahres Bild des Menschen hervorgebracht zu haben.« *Meaning and Theoretical Terms in Psychoanalysis*, S. 316.

und der Frustration verbunden sind, ist dagegen eine Angelegenheit empirischer Forschung, und der Aufbau einer solchen Typologie und die Erforschung von Faktoren, von denen dieser oder jener Verhaltenstyp abhängt, ist eine konkrete Errungenschaft der Psychoanalyse – unabhängig von dem Begriffsapparat, der die Treue gegenüber den ursprünglichen Konzeptionen des Meisters dokumentieren soll.[16]
Die Reduktion der Richtungsunterschiede in den einzelnen Disziplinen auf solche der Problemstellung, der Untersuchungsmethoden und der inhaltlichen Darstellung ist eine in den letzten Jahrzehnten im Bereich der Sozialwissenschaften, einschließlich der Psychologie, dominierende Tendenz. Im übrigen setzen sich hier, wie auch in den Naturwissenschaften, Methoden durch, die sich als erfolgreich erwiesen haben. Die Verfahren der repräsentativen Stichprobenerhebung in der Soziologie, der Benutzung einer Kontrollgruppe, der Korrelationsberechnung und die Faktorenanalyse sind längst nicht mehr Kennzeichen dieser oder jener Schule; immer stärker sind die einzelnen Methoden nicht durch den Sondercharakter einer Schule, sondern durch die Art der Problemstellung und die konkreten Untersuchungsbedingungen geprägt.
In einem Aufsatz mit dem charakteristischen Titel *Der naturwissenschaftliche Trend in der Soziologie*[17] spricht G. A. Lund-

16 »Mit seiner früheren Hypothese«, so schreiben C. S. Hall und G. Lindsey, »war Freud der Ansicht, die Energie eines unterdrückten Triebes verwandle sich unmittelbar in Angst. Später, als er diese Theorie verwarf, untersuchte Freud erneut das Problem, was sich im *Es* abspielt, wenn es unterdrückt wird, und er kam zu dem Schluß, daß die Folgen unterschiedlich sein können. Ein unterdrückter Trieb kann die *catexis* seiner Libido bewahren und weiterhin unverändert im *Es* bleiben. Die libidinöse *catexis* kann aber auch vollkommen den Trieb verlassen und in andere Kanäle wandern. Dann kann man sagen, der Trieb im Es sei vernichtet worden. Das geschieht normalerweise mit dem Ödipuskomplex. Es kann ebenfalls (als dritte Möglichkeit) eine Regression der libidinösen Organisation auf frühere Entwicklungsstufen auftreten«. (*Psychoanalytic Theory and Its Applications in the Social Sciences* in dem bereits zitierten Sammelwerk: *Handbook of Social Psychology*, 1954, Bd. I, S. 163). Jüngere Psychoanalytiker fanden noch andere Formen der »Umwandlung unterdrückter Triebenergie«, andere Verhaltensformen, die als Folgen der »Frustration« betrachtet werden. Der hier zitierte Auszug ist ein charakteristisches Beispiel für die Sprache einer »Schule«, die sogar bei der Beschreibung konkreter Erscheinungen den metaphorischen Stil ihres Meisters beibehält.
17 *The Natural Science Trend in Sociology*, in: *American Journal of Soziology*, 1955 (November).

berg von einem Prozeß der Integration in der modernen amerikanischen Soziologie, von der Zusammenarbeit der prominentesten amerikanischen Soziologen der Gegenwart, deren Erkenntnisschritte aufeinander verweisen. »Man spricht nicht mehr von den Methoden des ›Verstehens‹ und der Intuition, von einem Gegensatz zwischen den Methoden der Fallstudie und den Methoden der Statistik usw. Man spricht dagegen viel von der Bedeutung nicht nur einer geschlossenen Theorie innerhalb der Sozialwissenschaften, sondern auch von einer Annäherung der einzelnen Disziplinen.«[18]

Die Bemerkung Lundbergs bezieht sich auf die jüngste Zeit; sie umfaßt weder den Gesamtbereich der Sozialwissenschaften noch all jene Arbeiten, die in den verschiedenen Ländern zur Soziologie gezählt werden; es unterliegt keinem Zweifel, daß trotz rascher Veränderungen, die sich in der Nachkriegszeit vollzogen haben, veraltete Einstellungen sich in der Soziologie stärker erhalten haben als in den Naturwissenschaften. Man darf jedoch nicht vergessen, daß auch die Naturwissenschaften in dieser Hinsicht nicht pauschal betrachtet werden können. Es genügt, an den langwierigen Streit zwischen den Lamarckisten und den Darwinisten über die erworbenen Merkmale, an die Kompromißlosigkeit der Weissmann-Schule oder an den Konflikt zu erinnern, der im Jahre 1948 in der Sowjetunion zwischen den Anhängern Morgans und den Anhängers Mičurins sowie Lyssenkos ausbrach und der durch das Eingreifen der politischen Macht verschärft wurde; ein anderes Beispiel sind die Polemiken zwischen den orthodoxen Anhängern Pawlows und jenen seiner Schüler, die als Revisionisten verdächtigt wurden.

In diesem Zusammenhang könnte man sich erfreut auf die Comtesche Hierarchie der Wissenschaft berufen, in der die Biologie eine mittlere Stellung zwischen der Physik und Chemie einerseits und der Soziologie andererseits einnimmt. Bei den Sozialwissenschaften kommt jedoch noch ein weiterer Faktor ins Spiel, der dort nicht beachtet wurde: die soziologischen Entdeckungen und Theorien haben sehr viel weitergehende praktische Konsequenzen als die der Naturwissenschaften. Außer

18 »Instead we hear much about the importance not only of a more unified theory within the social sciences but of interdisciplinary convergence as well.« Ibid., S. 202.

den Folgen, die aus der Übereinstimmung zwischen Theorie und Wirklichkeit resultieren, gibt es hier auch solche, die nicht von der Richtigkeit oder Unrichtigkeit der Theoreme abhängen, sondern von der unmittelbaren Einwirkung des Inhalts der Argumentation und des emotionalen Gehalts der Wörter auf die psychischen Dispositionen der Rezipienten. Aus diesem Grunde geben – wovon in einem der vorangegangenen Kapitel die Rede war – gewisse »soziologische Schulen« mit praktischen Ambitionen, Schulen, in denen der Praktiker über den Forscher dominiert, nur ungern für sie spezifische praktisch-programmatische Thesen preis. Die Besonderheit der Schulen beruht in derlei Fällen auf unterschiedlichen gesellschaftlichen Bestrebungen und Einstellungen. Daraus erklärt sich auch, warum sich in den Sozialwissenschaften in größerem Maße als anderswo jene Art von Polemik halten konnte, die man gewöhnlich als *genetic fallacy* bezeichnet. Je stärker das Milieu, das mit einer solchen Argumentation hervortritt, politisch engagiert ist, desto verbreiteter ist dieser Irrtum.

Nun ist allerdings eine Argumentationsweise, die sich zur Diskreditierung von Behauptungen des Nachweises ihrer Genese bedient, insofern falsch, als es um den logischen Gehalt dieser Behauptungen geht, nicht aber insofern die Erklärung der Genese auf deren kommunikative Funktionen zielt. »Was die wissenschaftlichen Behauptungen betrifft«, schreibt Lewis Feuer, »so wird niemand bestreiten, daß die Erforschung von deren emotionaler Genese auf die Beurteilung ihrer Richtigkeit oder Unrichtigkeit keinen Einfluß hat. Philosophische Prinzipien sind aber keine wissenschaftlichen Hypothesen. Sie sind der Ausdruck einer emotionalen Beziehung zur Welt und als solche der wissenschaftlichen Kritik entzogen: sie können weder durch eine logische Analyse widerlegt noch durch die Berufung auf die Fakten disqualifiziert werden.«[19] Es ist eben nicht nur die philosophische Tradition, die in diesem Punkt den gesamten Bereich der Sozialwissenschaften belastet, es sind auch taktische Überlegungen von Politikern.

19 Lewis Feuer, *The Bearing of Psychoanalysis upon Philosophy*, in: *Philosophy and Phenomenological Research*, 1959 (März), S. 331.

V. Naturwissenschaftliche Vorbilder in der empirischen Soziologie

Das Problem der Verspätung

Im dritten Viertel des vergangenen Jahrhunderts sah die von Comte kreierte neue Wissenschaft für die Erforschung der menschlichen Gesellschaft phantastische Entwicklungsperspektiven. In die gleiche Richtung zielte das populär gewordene Bucklesche Programm der Anwendung naturwissenschaftlicher Methoden der Induktion auf die historische Forschung, ein Programm, das in der zweibändigen Einführung in die *Geschichte der Zivilisation in England* realisiert wurde, die in Übersetzungen nicht nur bis in die Mansarden von Studenten der Szkoła Główna in Warschau, sondern sogar bis in entlegene Winkel der russischen Provinz gelangte.[1]
Mit nicht geringerem Optimismus konnte eine rasche Entfaltung der Sozialwissenschaften erwarten, wer mit Engels in den von Marx formulierten Gesetzen ebenso umwerfende Entdekkungen sah, wie es die Newtonschen Gesetze in der Entwicklung der Physik gewesen waren. Abgesehen von jenen Marx-Schülern, die sich vornehmlich mit den politischen Konsequenzen der Marxschen Theorien befaßten, und außerhalb der amerikanischen Gesellschaft brachte das Ende des 19. Jahrhunderts vorwiegend Enttäuschungen. Otto Neurath erinnert daran, daß damals die scherzhafte Bemerkung verbreitet war, die Soziologie bestehe hauptsächlich aus Behauptungen, die unterschiedliche Auffassungen artikulierten, was die Soziologie sein solle.[2] Als der Emigrant aus Wien diese Worte schrieb, ließ die reichhaltige und ständig sich erweiternde Thematik der Soziologie unseres Jahrhunderts für derlei Sorgen schon keinen Platz mehr; dagegen war die Ansicht, im Vergleich zu den Naturwissenschaften seien die Soziologie und die Sozialpsychologie verspätet, fast zu einem Gemeinplatz geworden. Vornehmlich

1 H. Th. Buckle, *History of Civilization in England*, London 1857-1861.
2 Otto Neurath, *Foundations of the Social Sciences*, University of Chicago Press, 1944.

bei den Soziologen selbst, aber auch bei jenen, die etwas von der Soziologie erwarten, ist diese Meinung weit verbreitet. Je nach der Position wird der Vorwurf der Verspätung entweder im Hinblick auf die wissenschaftlichen Methoden und die wissenschaftliche Genauigkeit oder angesichts praktischer Erfordernisse erhoben. Meist wird sowohl der eine als auch der andere Einwand gemacht.

Zu der Auffassung von der ungenügenden wissenschaftlichen Reife der Soziologie trägt eine Reihe von Faktoren bei. Zu ihnen gehört die Überzeugung, daß es in der Soziologie an verifizierbaren allgemeinen Thesen mangelt, daß diese die Fassungskraft des »gesunden Menschenverstandes« übersteigen; es gehört dazu der Vorwurf der Vieldeutigkeit von Termini und der nichtoperationalen Formulierung von Behauptungen und Definitionen, u. a. der elliptischen Formulierung allgemeiner Sätze ohne Präzisierung des Bereichs, auf den der Satz sich beziehen soll. Man unterstreicht, wie sehr die Unsicherheit von Prognosen auf der Grundlage soziologischer Theorien mit der Leichtigkeit theoretischer Erklärungen *post factum* kontrastiert, wenn die Verifizierung durch Erfindungsreichtum ersetzt werden kann. Man verweist auf das Fehlen einer scharfen Abgrenzung zwischen der Soziologie und der Publizistik, zwischen der soziologischen Felduntersuchung und der Reportage, zwischen der Gesellschaftstheorie und der Philosophie. Noch im Jahre 1960 können wir im Bericht vom Vierten Internationalen Kongreß zu Stresa, der in einer Ausgabe der *Revue Française de Sociologie* erschien, lesen, daß es für eine Gruppe von Kongreßteilnehmern, der es mehr um wissenschaftliche Genauigkeit und um Methoden als um die allgemeinen Theorien und ihre Anwendungen geht, eines der Symptome der wissenschaftlichen Problematik der Soziologie war, daß an den Diskussionen auch Leute teilnehmen durften, denen fachliche Qualifikationen fehlten. Der im Vergleich zu anderen Disziplinen stärkere Einfluß ideologischer Faktoren auf die Ergebnisse der Forschung und ihre Formulierung, der in dem Bewußtsein gründet, daß die Gesellschaftstheorie die Handlungsmotivationen formen und gesellschaftliche Tendenzen fördern oder dämpfen kann, verbindet sich überdies mit den Relikten von Einstellungen und Beziehungen zwischen den Gelehrten, die für die vorwissenschaftlichen Entwicklungsphasen der Erkennt-

nis charakteristisch sind – Relikten, denen wir das vorangegangene Kapitel gewidmet haben.
Die Meinung von der Verspätung der Soziologie und Sozialpsychologie unter dem Gesichtspunkt der praktischen Anforderungen verstärkte sich deutlich nach dem letzten Kriege: der Ratlosigkeit der Menschen angesichts der durch soziale Konflikte hervorgerufenen Katastrophen standen unwahrscheinliche Erfolge der Physik und ihrer praktischen Anwendung gegenüber. Es war damals bei Intellektuellen fast gang und gäbe, das Elend und die Bedrohung der Menschheit der ungleichmäßigen Entwicklung von Naturwissenschaften und Sozialwissenschaften zuzuschreiben. Ich habe einmal über den Kongreß des Verbandes politischer Wissenschaftler berichtet, der im Februar 1946 stattfand und an dem ich zufällig teilnahm.[3] Das war wenige Monate, nachdem Atombomben auf Hiroshima und Nagasaki gefallen waren, und die hervorragenden Physiker (unter den Gästen war auch Joliot-Curie) fühlten sich wie der Schüler eines Hexenmeisters, der achtlos entsetzliche Kräfte entfesselt hat und sie nicht wieder zähmen kann. In vielen Reden wurde an die Soziologie appelliert, sie möge Abhilfe schaffen, sie solle sich bemühen, Mittel zu finden, der Gefahr zu begegnen, in der die Menschheit damals schwebte; es wurde auch das Bedauern geäußert, daß die Sozialwissenschaften mit der Entwicklung der Naturwissenschaften nicht Schritt hielten, daß die Beherrschung der toten Natur sich als sehr viel leichter erwies als eine »Rationalisierung« der menschlichen Beziehungen. »Es ist nichts so sicher wie die Tatsache«, schrieb drei Jahre später A. H. Leighton, »daß eine Macht, die über die heutigen Möglichkeiten verfügt, in den Händen von Menschen, wie sie heute sind, die Katastrophe bedeutet.«[4] Für Pessimisten, zu denen auch Leighton zählt, ist das allerdings nicht nur eine Frage der Verspätung der Soziologie. Viele Soziologen schätzen die Möglichkeiten der Soziologie anders ein als die Naturwissenschaftler auf dem Kongreß der britischen Wissenschaftler; sie glauben nicht, daß die Menschen, in deren Hand die Macht sich befindet, sich gern in Fragen von großer Bedeutung den Direktiven der Soziologen unterordnen würden, so wie sie sich, wenn es um den Bau von Unterseebooten oder von

3 *Socjologia w świecie powojennym*, in: *Kuźnica* 1946, Nr. 25.
4 A. H. Leighton, *Human Relations in a Changing World*, New York 1949.

Industriebetrieben geht, den Direktiven der Physiker unterwerfen. Leighton selbst zitiert in seinem Buch die Redensart, daß die Staatsmänner die Sozialwissenschaftler in der gleichen Weise benutzen wie ein Betrunkener die Laterne: sie suchen dort nicht Licht, sondern Stützung. Er konnte darüber aus eigener Erfahrung sprechen, denn als Leiter einer Forschungsgruppe, die Untersuchungen über die psychischen Einstellungen in der japanischen Armee und in der japanischen Gesellschaft anstellte (*The Foreign Morale Analysis Division*), berichtete er dem amerikanischen Generalstab einige Wochen vor Hiroshima, daß die psychische Widerstandskraft in Japan bereits gebrochen und die Anwendung neuer, drastischer Terrormittel für den Sieg nicht mehr erforderlich sei.

Weniger dramatisch tragen ihre Ansicht von der Rückständigkeit der Sozialwissenschaften diejenigen vor, die die Hauptaufgabe der Soziologie darin sehen, relativ sichere Voraussetzungen für die unterschiedlichen Bedürfnisse der Sozialtechnik zu liefern. Vor dem Kriege betrachteten sie das Fehlen verifizierter Verallgemeinerungen mit eindeutig gekennzeichnetem Geltungsbereich gerade als ein Indiz für die Verspätung dieses Wissensbereiches, verzichteten aber nicht darauf, für die Zukunft Aufgaben zu formulieren, während andere der Meinung waren, die Intuition hervorragender Politiker werde allemal leichter mit den komplizierten gesellschaftlichen Situationen fertigwerden als das systematische Wissen.

Heute spricht man nur noch selten von der Ohnmacht der Soziologie in Dingen der Praxis. Die Millionen, die das amerikanische Kriegsministerium für die Untersuchungen Stouffers ausgab, die praktischen Folgen der Meinungsforschung, die Etats, die die Industrie für Forschungszwecke auf diesem Gebiet aussetzt, die Einführung der Soziologie als Pflichtfach zur Erlangung eines Ingenieur-Diploms, schließlich die Errichtung einer besonderen sozialwissenschaftlichen Abteilung am Massachusetts Institute of Technology sind Tatsachen, welche die Meinung von der praktischen Bedeutung dieses Faches und von seinen Möglichkeiten bestärkten. (Das alles geschah in einem Lande, das über eine nüchterne Gewinn- und Verlustrechnung seine feste Ansichten hat.) Zugleich trug die Entwicklung der gesellschaftlichen Planung zur Befestigung der Position der Soziologie als einer Wissenschaft mit praktischen Konsequenzen bei. Mit hoher Wahrscheinlichkeit sind manche Planungsfehler in den Ländern Osteuropas auf die Vernachlässigung soziologischer Forschung zurückzuführen.

Die raschen Veränderungen in der Soziologie in den letzten Jahrzehnten; die Entwicklung von Methoden der Datenbeschaffung, die auf Genauigkeit Anspruch erheben; die Standardisierung der Verfahren zur Ordnung der Daten; die Einführung von Messungen dort, wo man vorher lediglich intuitive Gradation anwandte; der Gebrauch mathematischer Methoden und einer speziellen Symbolik, die manchen Laien durch ihren esoterischen Charakter entmutigt – dieser ganze, den Naturwissenschaften nachgebildete Apparat förderte das wissenschaftliche Prestige der Soziologie und schuf vor allem eine entschiedene Distanz zu den Reportagen und Essays, die das Vertrauen in die wissenschaftliche Durchdringung der aktuellen gesellschaftlichen Realität untergruben. In der ersten Auflage seines bekannten Werkes *The Open Society and Its Ennemies*[5] schreibt K. R. Popper in der Einleitung: »Ich habe mich auch viele Jahre hindurch mit der Frage der Rückständigkeit der Sozialwissenschaften beschäftigt.« Zwölf Jahre später, in der Ausgabe von 1957, hat dieser Satz eine charakteristische Milderung erfahren: »Ich habe mich auch viele Jahre hindurch mit der Frage des ziemlich unbefriedigenden Zustandes einiger der Sozialwissenschaften und insbesondere der Sozialphilosophie beschäftigt.«[6]

Indes wurde der Wert der auf diesem Wege erzielten Ergebnisse anderweitig in Frage gestellt. Obwohl die modernen empirischen Untersuchungen der einzelnen Fragmente der gesellschaftlichen Wirklichkeit oft genaue und zuverlässige Resultate ergaben, erwiesen sich die allgemeinen Schlußfolgerungen, die wissenschaftlich plausibel aus ihnen abgeleitet wurden, überwiegend als ziemlich irrelevant. Das hängt u. a. mit der Schwierigkeit zusammen, die für die psychischen Einstellungen und die sozialen Beziehungen, welche man erforschen möchte, maßgeblichen Indizes auszuwählen. Auf diese Schwierigkeit weist W. S. Torgenson vom Lincoln-Laboratorium am Massachusetts Institute of Technology hin. Theoretisch bedeutsamen Begrif-

5 1945. Bd. I, S. 2.

6 Bd. I, S. 2. (Deutsch: *Die Offene Gesellschaft und ihre Feinde*. I. Band: *Der Zauber Platons*, Bern 1957, S. 22)

fen fehlt gewöhnlich im gegenwärtigen und – wie Torgenson es sieht – Anfangsstadium der Sozial- und »Verhaltens«wissenschaften eine präzise empirische Bedeutung; oft ähneln sie den vorwissenschaftlichen Konzeptionen des »gesunden Menschenverstandes«. Begriffe dagegen, die eine präzise empirische Bedeutung haben, besitzen häufig kein unmittelbares theoretisches Gewicht, und es ist zweifelhaft, wie sie mit jener Kategorie von Begriffen zusammenhängen.[7] In Amerika wurde das deprimierende Dilemma formuliert, daß der Soziologe zu wählen habe zwischen Resultaten, die sicher, aber relativ unbedeutend sind, und solchen, die bedeutsam, aber unsicher sind. Genauigkeit ist in der Wissenschaft eine wünschenswerte Sache, schrieb Redfield, »doch nicht minder wünschenswert ist es, in bezug auf die erforschungswürdigen Dinge genau zu sein«.[8] »Muß die Soziologie«, so fragt Bierstedt rhetorisch, »eine so unernsthafte Angelegenheit sein, bei der man sich leichte Aufgaben stellt, weil sie exakt ausgeführt werden können, und wo man schwierige Aufgaben meidet, weil sie Genauigkeit nicht zulassen?«[9]

In den Antworten auf solche Fragen heißt es immer wieder, das heutige Stadium der Soziologie sei eben deshalb zutreffend durch ein solches Dilemma charakterisiert, weil es ein frühes Stadium der *Soziologie als Wissenschaft* sei, weil man mit der Anwendung exakter Methoden bei den einfachsten Problemen beginnen müsse und es, wenn diese Methoden erprobt sind, möglich werde, sie auf kompliziertere und bedeutsamere Sachkomplexe anzuwenden.

Die Ursachen für den Rückstand der Soziologie im Vergleich zum Stand der Naturwissenschaften sucht man entweder in der Chronologie der Entstehung dieser Disziplinen oder in den Eigentümlichkeiten des Gegenstandes der Soziologie. Es wird gesagt, die Soziologie sei eine junge Wissenschaft, sie sei nicht viel älter als 100 Jahre, und daher sei es nicht verwunderlich, daß die älteren Wissenschaften ihr an Errungenschaften voraus

7 W. S. Torgenson, *Theory and Methods of Scaling*, New York 1958, S. 5-8.

8 R. Redfield, *The Art of Social Science*, in: *American Journal of Sociology*, 1948, S. 188. Vgl. auch die Äußerung von Lasswell: »Being precise about trivial or trivial about important.«

9 *Sociology and Human Learning*, in: *American Sociological Review* 1950.

seien. Eine andere Erklärung besteht darin, daß die sozialen Phänomene komplizierter seien als die, mit denen die Biologie, und noch viel komplizierter als jene, mit denen Chemie oder Physik sich befassen. Gewöhnlich wird nicht näher erläutert, in welcher Beziehung die sozialen Phänomene komplizierter sein sollen; das scheint auf der Hand zu liegen. Bereits Comte teilte diese Meinung, als er die Soziologie in seinem System der Wissenschaften auf die höchste Stufe stellte. Diese Einordnung sollte gleichzeitig das verspätete Auftreten der Soziologie erklären; nach der dem Aufbau jenes Schemas zugrunde liegenden Annahme bestand zwischen den einzelnen Ebenen eine einseitige Abhängigkeit: jede höher eingestufte Wissenschaft profitierte von den Erkenntnissen der niedriger eingeordneten Disziplinen. Die Soziologie sollte sich in diesem Sinne auf die Biologie stützen.

Gegen die erwähnte chronologische Auffassung der Anfänge der Soziologie lassen sich Vorbehalte machen. Die Entstehung der Bezeichnung »Soziologie« wird dort als Entstehung ihres Designats behandelt. Soziologische Reflexionen und Entdekkungen gibt es nicht erst seit Comte; sie traten lediglich unter einer anderen Firmierung auf, so z. B. manche soziologischen Problemen gewidmete Arbeiten, die nach dem Tode Comtes verfaßt wurden, darunter das gesamte soziologische Werk von Marx und Engels. Es besteht kein Anlaß, Saint-Simon, Montesquieu, Hobbes, Bodin, Ibn Khaldun oder Aristoteles deshalb aus der Geschichte der Soziologie zu verbannen, weil sie den Terminus »Soziologie« nicht benutzten und weil sie, mit Ausnahme Saint-Simons, nicht mit dem Begriff der neuen Wissenschaft operierten.[10] Ich will damit keineswegs in Zweifel ziehen, daß die Einführung einer besonderen Bezeichnung für einen bestimmten Problemkreis auf die Entwicklung eines Wissenschaftsgebietes einen Einfluß hat; diese Bezeichnung kann auch durchaus zu einem Faktor der Integration und der Sy-

10 Was Aristoteles betrifft, so darf man bezweifeln, ob die Bezeichnung seines Werkes τὰ πολιτικά nicht das Primat der Comteschen »Soziologie« erschüttert; ob dieser Terminus nicht aufgrund der Konnotation des Wortes vielmehr als Äquivalent von »Soziologie« als von »Politischer Wissenschaft« betrachtet werden kann. Die richtige Übersetzung der Bezeichnung ζωον πολιτικόν lautet nämlich »gesellschaftliches Tier« (bzw. »gesellschaftliches Wesen«) und nicht »politisches Tier«.

stematisierung von Fragestellungen und der Entdeckung neuer Methoden werden.

Das Entstehungsdatum des Terminus »Soziologie« und der Konzeption der neuen Wissenschaft ist unwichtig auch für jene Leute, die sich zwar gleichfalls auf das jugendliche Alter der Soziologie berufen, aber diese Jugendlichkeit in radikalerer Weise interpretieren. Dabei denke ich an Soziologen, die sich mit der empirischen Erforschung der zeitgenössischen Gesellschaft unter Anwendung von Methoden befassen, die weder Comte noch Spencer noch Marx gebrauchten. Für sie ist der Anfang der Soziologie der Anfang der systematischen empirischen Forschung. »Die Soziologie«, schreibt Lazarsfeld, »ist noch nicht in der Lage, eine sichere Basis für praktisches Handeln zu schaffen. [...] Die Naturwissenschaften brauchten von Galilei bis zur Industriellen Revolution ungefähr 250 Jahre, ehe sie auf die Weltgeschichte entscheidenden Einfluß gewannen. Die empirische Sozialforschung weist heute erst eine Tradition von drei oder vier Jahrzehnten auf. Wenn wir eine schnelle Lösung der größten Weltprobleme von ihr erwarten, selbst wenn wir nur sofortige praktische Ergebnisse fordern, werden wir ihre Entwicklung empfindlich stören.«[11]

Die zweifache Herkunft

Vergleicht man die Vorwürfe, die allgemein gegen die zeitgenössische Soziologie erhoben werden, dann zeigt sich, daß unter diese Bezeichnung Formen wissenschaftlicher Tätigkeit subsumiert werden, die, was ihre Aufgaben, Axiome, Methoden und Problemstellungen angeht, außerordentlich verschieden sind. Die Beobachtung, daß soziologische Diskussionen auch Menschen zugänglich sind, die keine besondere Vorbildung besitzen, und der damit verbundene Vorwurf, die Soziologie unterscheide sich in Ermangelung präziser Methoden nicht eindeutig von der Publizistik und der Philosophie, betreffen nicht jene Soziologie, der man die Trivialität ihrer Probleme bei gleichzeitiger Präzision ihrer Forschungsmethoden vorhält,

11 Paul Lazarsfeld, *What is Sociology?* Universitets Studentkontor, Oslo, September 1948, S. 19-20. Zitiert nach: C. Wright Mills, *Kritik der soziologischen Denkweise*, Neuwied und Berlin 1963, S. 148.

und nicht jene Soziologen, denen man »Quantophrenie« nachsagt.[12]

Wann immer vom jugendlichen Alter der Soziologie als Wissenschaft die Rede ist, kann es, wie wir gesehen haben, um zwei verschiedene Dinge gehen: Die Soziologie ist zweimal als Wissenschaft geboren worden, und jedesmal entstand sie als eine andere Wissenschaft. Zum ersten Mal entsteht sie als eine besondere Disziplin in der ersten Hälfte des 19. Jahrhunderts. Die damals für sie erfundene Bezeichnung bringt die Überzeugung zum Ausdruck, ihr Gegenstand, ihre Methoden und Aufgaben seien etwas Spezifisches, sie sei etwas anderes als die Philosophie oder die Geschichte, die bis dahin das Patronat über die gesellschaftlichen Probleme hatten. Zum zweiten Mal entsteht die Soziologie im 20. Jahrhundert als eine empirische Wissenschaft, die prinzipiell von jeglicher Spekulation frei und den Exaktheitsansprüchen der empirischen Forschung unterworfen ist. Manche – Lazarsfeld etwa – wollen die neue Disziplin, die sie der Sozialphilosophie gegenüberstellen, erst hier beginnen lassen, wobei sie zwischen den Denkern der Antike oder den Theoretikern der Aufklärung und den Soziologen des 19. Jahrhunderts keinen grundsätzlichen Unterschied machen. Merton nennt die Soziologie des 19. und des beginnenden 20. Jahrhunderts bis einschließlich Hobhouse (1864-1929) »Vorgeschichte der Soziologie«.[13]

Zwar unterstreichen die Soziologen seit Comte in ihren programmatischen Erklärungen immer wieder den Gegensatz zur philosophischen Spekulation; sie wollen in ihrer neuen Wissenschaft eine empirische Wissenschaft sehen, die sich auf Tatsachen stützt – Durkheim wiederholt nachdrücklich, daß die gesellschaftlichen Tatsachen als Dinge zu behandeln seien. Doch ist dieser Empirismus, der sich zufälliger und unkontrollierter Materialien, subjektiver »Lebenserfahrungen« und historischer Erkenntnisse bedient, weit vom Empirismus Lazarsfelds und Stouffers entfernt, die systematisch die Regeln der experimentellen Forschung beachten. Hier sollen die Tatsachen im strengen Sinne *Beweis*material sein; dort waren sie eher *exem-*

12 Vgl. P. Sorokin, *Fads and Foibles in Modern Sociology*, H. Regnery Compl. 1956. Kap. VII: »Quantophrenia (Sham mathematics in the modern psychological sciences).«

13 Robert K. Merton, *Social Theory and Social Structure*, Glencoe 1949.

plifizierendes Material. Die Anhänger der neuen Disziplin bezeichnen sie gewöhnlich als »empirische Soziologie«; es besteht allerdings eine Tendenz, diese »empirische Soziologie« mit der Soziologie *tout court* zu identifizieren und die traditionelle Soziologie entweder dem Bereich der Sozialphilosophie oder der Sozialanthropologie oder auch – unter allergrößter Verachtung – der Sphäre der Gesellschaftstheorie zuzuordnen.

In der Geschichte einer weit verstandenen soziologischen Thematik kann man im Zusammenhang mit der zweifachen Entstehung der Soziologie als Wissenschaft drei Perioden unterscheiden: die zweite Periode beginnt dann mit dem Auftreten des Terminus »Soziologie«, die dritte mit der modernen empirischen Soziologie. Aber die Tendenzen, die den einzelnen Perioden korrespondieren sollen, gehen mit den entsprechenden Zeitabschnitten nicht zu Ende. Gesellschaftliche Fragestellungen, die nicht der Comteschen Disziplin zugeordnet, also nicht mit dem Terminus »Soziologie« versehen sind, werden auch, wie wir gesagt haben, in der zweiten Hälfte des 19. Jahrhunderts entwickelt, und in einigen Ländern, die die Tradition achten, vor allem in England, erkennen die Universitäten nicht einmal im 20. Jahrhundert eine solche besondere Wissenschaft an. Andererseits hat die moderne empirische Soziologie ihre Vorgeschichte in einer Zeit, als die traditionellen Methoden völlig dominierten. Einen solchen, für diesen jüngsten Trend prähistorischen Stellenwert hat das vor mehr als 40 Jahren geschriebene Buch *The Polish Peasant* von Thomas und Znaniecki, das trotz seiner – im Vergleich zu den Untersuchungen Stouffers und Lazarsfelds – primitiven Mittel den Rang eines klassischen Werkes erreicht und bis heute nichts von seiner Bedeutung eingebüßt hat. Eine Tendenz zur empirischen Forschung charakterisiert – neben theoretischen Spekulationen und einer schwungvollen Formulierung kausaler, auf intuitiven Annahmen beruhender Erklärungen – die Durkheim-Schule; deren in der Zwischenkriegszeit von Halbwachs, Czarnowski[14] und Le Bras durchgeführte empirische Studien streben eine quantitative Bearbeitung des gesammelten Materials aufgrund

14 Die reichhaltigen Resultate einer großen Umfrage über die Studentenschaft in Polen, die auf der Befragung von etwa 9000 Studenten beruhte, gingen nach vierjähriger Arbeit eines mehrköpfigen Teams im September 1939 in Flammen auf.

eindeutig festgelegter Kategorien von bedingenden Faktoren und Indikatoren psychischer Einstellungen an.[15] Der Vorläufer dieses Konzepts war Durkheim selbst, und zwar mit einem Werk, das noch im 19. Jahrhundert entstand (*Le Suidice*, 1897). Alex Inkeless sieht in eben diesem Werk den Ausgangspunkt der modernen empirischen Soziologie.[16]

Man kann noch weiter in der Vergangenheit zurückgehen. Warum sollte man nicht Pierre Le Play als einen Vorläufer der modernen empirischen Soziologie gelten lassen, der in den 50er und 60er Jahren des vorigen Jahrhunderts die Budgets von Arbeiterfamilien in verschiedenen Ländern untersuchte? Warum sollte man in der Vorgeschichte der modernen Soziologie das Werk des jungen Engels über die Arbeiterklasse in England (1844) übergehen, das verfaßt wurde, bevor die Bezeichnung »Soziologie« auftauchte? Auf keinen Fall kann man die heutige Periode, die Periode der Entfaltung der empirischen Forschung, als eine *Phase* behandeln, in der die alte Soziologie *ersetzt* wurde durch eine neue, welche die alten Träume von der Angleichung der Sozialwissenschaften an die »exakten Wissenschaften« und das Postulat der Einheit der Wissenschaft verwirklicht, wie es u. a. von den Vertretern des Wiener Kreises, von Neurath und Carnap propagiert wird.[17]

In der Soziologie und den »verwandten Gebieten« gibt es heute zwei Forschungstendenzen, deren Koexistenz ihren Ausdruck u. a. in dem oben beschriebenen und heute häufigen Dilemma fand, daß nämlich zwischen genauen, aber trivialen und wichtigen, aber unsicheren Resultaten zu wählen sei. Soziologie, die nicht den Prinzipien der modernen »empirischen Soziologie« entspricht, die nicht den Vorschriften der Repräsentativität folgt und nicht auf Statistik und Index-Skalen be-

15 Beachtung verdient hier die dreistufige Skala der Religiosität, die Le Bras in seinen mehr als 20jährigen Untersuchungen anwandte und von der oben die Rede war.

16 »[. . .] Sein *Suicide* kann als die erste, eindeutig soziologische empirische Untersuchung moderner Machart gelten.« *Psychoanalysis and Sociology*, S. 118.

17 Vgl. O. Neurath, *United Science as Encyclopedic Integration*, R. Carnap, *Logical Foundation of the Unity of Science.* Beide Arbeiten in dem Sammelwerk: *International Encyclopedia of Unified Science*, University of Chicago Press 1955, Bd. I (1. Aufl. 1938), hrsg. von O. Neurath, R. Carnap und Charles Morris.

ruht, behauptet weiter ihre Stellung unter den soziologischen Arbeiten und auf soziologischen Kongressen, auch wenn diese Stellung im Verhältnis zu der raschen Entwicklung der Institute für empirische Sozialforschung zusehends schrumpft. In Amerika und in den Ländern, die unter einem starken Einfluß der amerikanischen Wissenschaft stehen, wird die nichtquantifizierende Soziologie teilweise in Bereiche abgedrängt, die institutionell anderen Sozialwissenschaften wie der Sozialanthropologie und der politischen Wissenschaft vorbehalten sind. Aber der Erfolg neuerer Arbeiten, die ihrer Tendenz nach zu dieser Form der Soziologie zu zählen sind – von Büchern wie *Die Machtelite* von C. W. Mills, *The Organization Man* von W. H. Whyte und *Die einsame Masse* von David Riesman bis zu den theoretischen Überlegungen von Merton und Parsons –, ist durch die Entwicklung der empirischen Forschung keineswegs gefährdet. Und natürlich fehlt es auch nicht an Arbeiten, die so etwas wie eine Mischform darstellen und in denen konkrete empirische Untersuchungen den Ausgangspunkt für Überlegungen und Generalisierungen bilden, die weit über die in systematischer Weise gewonnenen Materialien hinausreichen.

Entgegengesetzte Typen des Soziologen

Den zwei Tendenzen im Bereich der soziologischen Problematik im weitesten Sinne entsprechen verschiedene Typen und soziale Rollen des Wissenschaftlers. Der Unterschied zwischen ihnen trat deutlich in der Nachkriegszeit hervor – im Zusammenhang mit dem Ausbau von Forschungszentren mit praktischen Aufgaben (darunter Zentren zur Erforschung der öffentlichen Meinung) und mit der Organisation empirischer Untersuchungen, die durch Teams mit einer bestimmten speziellen Vorbildung durchgeführt wurden. Es zeigt sich dabei ein Gegensatz zwischen Soziologen, die eine moderne, der quantitativen Problembearbeitung verwandte Untersuchungstechnik benutzen, die ihre Aufgabe darin sehen, exakte und relevante Informationen für das gesellschaftliche Handeln unter konkreten Bedingungen zu liefern, und solchen, die ihre Arbeit nicht auf Sachverhalte beschränken, die der systematischen empirischen Forschung zugänglich sind. Dieser Gegensatz erstreckt sich ebenso auf Wissenschaftler, die Theorien über kausale Zusammenhänge oder eine Typologie der sozialen Phänomene und Institutionen auf der Grundlage umfassender vergleichender Analysen aufbauen, wie auf jene, die bei der Untersuchung einzelner Teilbereiche der gesellschaftlichen Wirklichkeit ihre Schlußfolgerungen auf heterogenes Material stützen, dessen Repräsentativität nicht gesichert ist, und die sich der eigenen, nicht genau kontrollierten Erfahrung bedienen.

Der Gegensatz zwischen diesen sozialen Rollen hängt mit einer Tendenz zusammen, den Terminus »Soziologie« einzuengen und den Begriff der Soziologie einzuschränken. Das fand in den Vereinigten Staaten seinen Ausdruck unter anderem in den Antworten auf eine Umfrage über das Bild des Soziologen bei Anthropologen und das Bild des Anthropologen bei Soziologen.[18] Es zeichneten sich dort zwei Stereotype ab, aus denen ein Antagonismus zwischen den beiden Gruppen von Wissenschaftlern erkennbar ist, wobei die Charakterisierung des Soziologen bestimmte Typen von Wissenschaftlern ausschließt, die früher von dieser Bezeichnung erfaßt wurden. Weder Veblen noch Znaniecki noch irgendeiner der Klassiker der amerikanischen und europäischen Soziologie wäre unter diese Kategorie zu subsumieren.

Lewis Coser schildert humorvoll den Gegensatz zweier verschiedener Auffassungen von den Aufgaben der Soziologie bzw. von zwei Typen des Soziologen. Er zeigt den Konflikt zwischen dem Vertreter der modernen empirischen Soziologie und dem Vertreter der traditionellen Tendenz, und er stellt sie einander unter den Bezeichnungen »Soziologe« *(tout court)* und *literary man* gegenüber, wobei dem letzteren wahrscheinlich am besten unser Ausdruck »Geisteswissenschaftler« entspricht. Coser zufolge werfen die »Humanisten« den »Soziologen« eine barbarische Geringschätzung der Sprache und der formalen Sorgfalt in der Darstellung der Probleme und Forschungsergebnisse vor. Gleichzeitig bezichtigen sie diese der Ignoranz in Fragen der Humanität. »Aber die Ankömmlinge«, sagt Coser weiter, »führten ihren Einbruch in längst besetzte Gebiete nicht unbewaffnet durch. Sie zeigten sich ausgerüstet

18 Vgl. J. W. Benett und K. H. Wolff, *Toward Communication between Sociology and Anthropology*, in: *Current Anthropology*, hrsg. von W. L. Thomas, University of Chicago Press, 1956.

mit allerlei Zubehör, dessen Besitz ihnen – zumindest nach eigener Überzeugung – einen Anspruch gab, respektvoll behandelt zu werden. Untersuchungsprojekte, die statistische Methode, meßbare Variable, Datenverarbeitungsgerät – das sind nur einige der Waffen, mit denen die Ankömmlinge drohend winkten.« Der Autor vergleicht dann die Abwehrreaktionen der »Humanisten« gegenüber dieser neuen Rüstung mit dem Verhalten mittelalterlicher Ritter, die von der Erfindung der Kanonen und Musketen überrascht waren.[19] Ein malerischer, aber nicht sonderlich schlüssiger Vergleich, denn im Falle der Soziologen ist die neue Waffe zwar präziser, aber von geringerer Reichweite; mit den Kanonen verhielt es sich anders.

Sucht man nach anderen literarischen Analogien, so könnte man den Konflikt zwischen dem »Geisteswissenschaftler« und dem »Soziologen«, über den Coser schreibt, oder auch zwischen dem Soziologen alten und dem Soziologen neuen Typs vergleichen mit dem Zusammenstoß zwischen einem Gärtner weitläufiger englischer Parkanlagen und einem spezialisierten Erzeuger von Gemüse oder Heilpflanzen, denn für die moderne empirische Soziologie sind nicht nur ihre Forschungsmethoden, sondern auch eine praktische Einstellung charakteristisch – eine Beachtung der unmittelbaren Anwendungen von Forschungsergebnissen in der Sozialtechnik, im »social engineering«. In Ländern, in denen man die Soziologie bisher nicht kannte oder in denen eine soziologische Tradition durch die Wechselfälle der Geschichte zerstört wurde, werden gegenwärtig unter dem Schlachtruf der Sozialtechnik soziologische Studien organisiert und Institute errichtet. Für den Kult der empirischen Forschung spricht sowohl deren unmittelbarer praktischer Nutzen als auch die Überzeugung, gerade sie stelle die moderne und fortschrittlichste Form der Soziologie dar. Schließlich spielt auch, wie ich an anderer Stelle dargelegt habe, das Tempo der Realisierung eine Rolle: Forschungstechniken lassen sich schneller erlernen, als man eine umfassende Kultur erwirbt, die von dem Soziologen alten Stils erwartet wurde. Man kann eine rasche Entwicklung dieser Forschung vorhersagen, insbesondere in den sozialistischen Ländern, wenn

19 L. Coser, Artikel über C. W. Mills' *The Sociological Imagination*, in: *Partisan Review* 1960, Nr. 1, S. 166-167.

die dort noch vorhandenen Vorurteile gegen den Terminus »Soziologie« und die Erforschung der konkreten gesellschaftlichen Wirklichkeit verschwinden; bei der Rationalisierung der gesellschaftlichen Planung in diesen Ländern muß nämlich das Bedürfnis nach exakter Erforschung der konkreten gesellschaftlichen Realität besonders krass hervortreten, während neue soziologische Theorien wegen möglicher Kollisionen mit orthodoxen Annahmen leicht Besorgnis erregen.

Die Postulate der Präzision

Unter dem Gesichtspunkt der selbstgestellten Aufgaben kann man unter den modernen Soziologen noch eine dritte soziale Rolle unterscheiden, die Rolle des Theoretikers, der die Soziologie oder die Sozialwissenschaften insgesamt dadurch modernisieren will, daß er die Gesellschaftstheorien den Postulaten der Eindeutigkeit und Operationalität unterwirft, kurz: eines Theoretikers, der sich bei der Formulierung von Thesen, Beweisen und Definitionen um größtmögliche Genauigkeit bemüht. Solche Tendenzen treten in übrigens unterschiedlicher Weise bei Lasswell und Parsons in den Vereinigten Staaten, bei Arne Naess (dem Verfasser eines Werkes über den Begriff der Präzision[20]) in Oslo und bei einigen Vertretern der Warschauer Wissenschaft zutage. In der minder radikalen Variante beschränkt sich dies darauf, den sprachlichen Ausdruck des Begriffsapparats zu präzisieren; die Verwendung metaphorischer Ausdrücke wird nicht ausgeschlossen, sofern die Metaphern sich in eine exakte Sprache übersetzen lassen und es klar ist, wann wir es mit einer Metapher und wann mit Ausdrücken zu tun haben, die aufgrund exakter Definitionen wörtlich zu interpretieren sind. Die extreme Form dieser Bemühungen um die Präzisierung der Theorie ist die Einführung der mathematischen Sprache für Behauptungen und Definitionen.
Mit den empirischen Soziologen im modernen Sinne verbindet die Theoretiker in dieser dritten Rolle die Absicht, die Soziologie aus dem »vorwissenschaftlichen« Stadium herauszuführen.

20 Arne Naess, *Interpretation and Preciseness. Contribution to the Theory of Communication*, Oslo 1953.

Übrigens verwenden die Empiriker eine mathematische Symbolik nicht nur bei der Bearbeitung statistischer Daten. In dem Aufsatz von Merton und Lazarsfeld *Friendship as a Social Process: A Substantive and Methodological Analysis*[21], der die Zusammenarbeit eines theoretischen und eines empirischen Soziologen gerade im Sinne dieser Tendenz vertritt, wird, illustriert durch ein eindrucksvolles Beispiel, die Bedeutung der Formalisierung von Forschungsergebnissen begründet: die Autoren versuchen zu zeigen, daß die Formalisierung auch für die Entdeckung unbemerkter Zusammenhänge und die Formulierung neuer Probleme nützlich ist. Bekanntlich hat die Formalisierung, zumindest im gegenwärtigen Stadium, auch negative Momente: oft ruft sie den Eindruck hervor, wir hätten es mit wissenschaftlichen Entdeckungen zu tun, während die gleichen Aussagen, in der Alltagssprache formuliert, sich als Trivialitäten herausstellen würden, für die sich niemand interessierte.

Die Neigung, Aussagen, Beweise und Definitionen in den Sozialwissenschaften zu formalisieren, ist nicht ausschließlich für die moderne Soziologie kennzeichnend; selbst außerhalb der politischen Ökonomie hat sie bereits eine lange Geschichte – schon Spinoza trug seine Ethik, die auch eine Reihe sozialpsychologischer Feststellungen enthält, *modo geometrico* vor. Nur hat man heute aufgrund der allgemein gestiegenen Anforderungen an die wissenschaftliche Präzision und der Einführung des Postulats der Operationalität in die Gesellschaftstheorie einen in dieser Beziehung neuen Stand der Exaktheit und der Konsequenz erreicht. Der moderne Soziologe, den wir vor Augen hatten, wenn wir von jener dritten Rolle sprachen, bemüht sich, wenn er nicht selbst empirische Forschung mit standardisierten Methoden betreibt, um die *empirische* Relevanz der soziologischen Theorie und beurteilt die Theorien anderer nach ihrer empirischen Bedeutung.

Wir hatten oben gesagt, an den heterogenen Vorwürfen, die gegen die zeitgenössische Soziologie erhoben werden, ließe sich ablesen, daß sehr unterschiedliche Formen wissenschaftlicher Tätigkeit unter diesem Namen zusammengefaßt werden. In gewisser Weise kann man die soeben beschriebenen sozialen

21 In dem Sammelband *Freedom and Control in Modern Society*, 1954.

Rollen des Soziologen einzelnen Kategorien jener Vorwürfe bzw. Argumente zuordnen, welche die Auffassung von der Rückständigkeit der Sozialwissenschaften begründen. Das Bedürfnis nach Ergebnissen, die sich mit exakten Methoden überprüfen lassen, brachte die soziale Rolle des empirischen Soziologen hervor, der sich der Techniken der experimentellen Wissenschaften bedient. Der Mangel an bedeutsamen Ergebnissen, der der Forschungsarbeit des empirischen Soziologen vorgeworfen wird, legitimiert die soziale Rolle des humanistischen Soziologen. Vorwürfe, die sich auf publizistische und philosophische Manieren bei der Formulierung soziologischer Theorien beziehen und dem Grad der Präzision und Operationalität der Sprache gelten, machen schließlich die Notwendigkeit der dritten Rolle deutlich, von der zum Schluß die Rede war.

Die naturwissenschaftlichen Vorbilder angesichts des besonderen Charakters der sozialen Phänomene

Wenn die empirische Soziologie ihre Postulate dem Modell der Naturwissenschaften entnimmt, so gilt das nicht nur für die Forschungsmethoden und die Kriterien der Wissenschaftlichkeit, sondern auch für die praktische Anwendung. Es geht hier um ein ähnliches Verhältnis von theoretischem Wissen und Technik des gesellschaftlichen Handelns, wie es zwischen der theoretischen Physik und den Qualifikationen eines Elektrotechnikers oder Maschinenbauers bzw. zwischen dem Wissen des Biologen und den Fähigkeiten des Bauern oder Viehzüchters besteht. Man nimmt an, daß das Verhältnis von Theoretiker und Ingenieur, das für die praktische Anwendung der Naturwissenschaften charakteristisch ist, sich auch im Bereich der Sozialwissenschaften ausbreitet, sobald die Soziologie das Stadium der Unreife verläßt. Das ist der Sinn der Bemerkung von Lazarsfeld, daß »die Soziologie *noch* nicht in der Lage ist, eine *sichere* Basis für praktisches Handeln zu schaffen« (Hervorhebungen von mir, St. O.). Wenn er diesen Sachverhalt mit der kurzen Tradition der empirischen Sozialforschung erklärt, wenn er daran erinnert, daß die Naturwissenschaften 250 Jahre brauchten, bis ihre empirischen Untersuchungen in Gestalt der Industriellen Revolution fruchtbar wurden, und wenn er empfiehlt, die »natürliche Entwicklung« der empirischen Soziologie abzuwarten[22], dann nimmt er offensichtlich an, diese natürliche Entwicklung führe dazu, daß die Soziologie ebenso sichere Hinweise und Voraussagen machen könne, wie sie heute aus den physikalischen Gesetzen abgeleitet werden. Der hervorragende Erforscher sozialer Phänomene abstrahiert hier von gewissen Eigentümlichkeiten dieser Phänomene, die bewirken können, daß die »natürliche Entwicklung« der empirischen Soziologie einen besonderen Weg nehmen wird.

Die Frage des spezifischen Charakters der sozialen Phänomene als Gegenstand der Forschung wurde zu verschiedenen Zeiten immer wieder diskutiert, doch besaß man damals noch nicht die Erfahrung, die man in den letzten Jahren mit der Anwendung naturwissenschaftlicher Axiome in der Erforschung gesellschaftlicher Sachverhalte gesammelt hat. Diese Erfahrungen bieten reichhaltiges empirisches Material, um über das Postulat der Einheit der Wissenschaft nachzudenken. Im Lichte dieser Erfahrungen verleiht die Vorstellung der empirischen Soziologen von den Aufgaben der Soziologie dem alten Problem erneut Aktualität.

In Heft 1 des Jahrgangs 1958 der norwegischen Zeitschrift *Inquiry*[23] gibt Johan Galtung einen Überblick über 10 verschiedene Differenzen zwischen den Natur- und Sozialwissenschaften, doch betreffen diese Differenzen hauptsächlich Sachverhalte in beiden Wissenschaftsbereichen und sind überwiegend gradueller Natur. Die Tatbestände unterliegen allerdings in dieser Hinsicht Veränderungen, und so traten einige der von Galtung angeführten Differenzen vor 30 Jahren sehr viel schärfer hervor als heute. Das gilt für gewisse Fragen der experimentellen Praxis, z. B. meßbare und nicht meßbare Variable, kontrollierbare und unkontrollierbare Experimente und das Verhältnis gezielter Experimente zu solchen *ex post facto*. Das gilt ebenso für solche Differenzen wie den Grad der Formalisierung der wissenschaftlichen Sprache. Einige der von dem norwegischen Soziologen berücksichtigten Differenzen betreffen Entwicklungen, die in dem einen oder dem anderen Wissenschaftsbereich überwiegen, aber nicht die Sozial- oder

22 Vgl. Anmerkung 11.
23 Oslo University Press, S. 7-24.

die Naturwissenschaften ausschließlich charakterisieren. Dabei geht es beispielsweise um den Unterschied zwischen deterministischen oder stochastischen Experimenten (deren Ergebnisse statistischen Charakter tragen) bzw. um kausale oder Interaktions- und Kovarianzbeziehungen. Zu derselben Kategorie von Differenzen gehört der Grad der »Wertfreiheit«.
Uns interessiert hier etwas anderes: nicht eine Beschreibung und Beurteilung der Ergebnisse von Natur- und Sozialwissenschaften, nicht ein Vergleich des aktuellen Wissensstandes dieser Disziplinen, sondern das Problem der Anwendbarkeit naturwissenschaftlicher Axiome bei der Erforschung sozialer Phänomene. Wir werden uns daher hauptsächlich mit Merkmalen des Forschungsgegenstandes des Soziologen befassen, die Probleme implizieren, welche unter bestimmten, für uns wichtigen Gesichtspunkten im Bereich der Naturwissenschaften keine Analogie besitzen.
Es sind hier, wie mir scheint, die folgenden Probleme zu erörtern: 1. Der seit langem beobachtete Einfluß der Untersuchungsergebnisse auf die Wirklichkeit, auf die die Schlußfolgerungen aus der Untersuchung sich beziehen; 2. der unmittelbare Einfluß der Forschungstätigkeit selbst auf die erforschte Realität; 3. der Konflikt zwischen der Forderung nach systematischer Forschung und der Forderung nach allgemeinen Hypothesen, deren Geltung nicht durch historische Indikatoren eingeschränkt ist; 4. der Konflikt zwischen der Beschränkung auf standardisierte Methoden und der Zuverlässigkeit von Indizes einerseits und den Feinheiten der Problemstellung andererseits; 5. die Rolle der inneren Erfahrung in der Forschungspraxis.

Ad 1. Die Ergebnisse wissenschaftlicher Forschung verändern die Realität im Bereich sowohl der Natur- wie auch der Sozialwissenschaften, wenn sie zum Instrument zielbewußten Handelns gemacht werden. In den Sozialwissenschaften können Forschungsergebnisse jedoch Veränderungen hervorrufen, für die es im Bereich der Naturwissenschaften keine Analogie gibt, Veränderungen, welche die Geltung von Schlußfolgerungen aus den Forschungsergebnissen erschüttern, weil die Kenntnis der Forschungsergebnisse in diesem Bereich nicht nur das Verhalten der Forscher und Sozialtechniker, sondern auch der-

jenigen beeinflussen kann, die Gegenstand der Untersuchung waren. Die Forschungsresultate oder die auf ihnen beruhenden Prognosen werden, wenn sie denjenigen, die sie betreffen, zur Kenntnis gelangen, zu einem neuen Element der sozialen Situation. Das gilt natürlich nicht nur für die Sozialwissenschaften; alles Wissen wird zu einem Element der sozialen Situation – auch das Wissen von den Forschungsergebnissen des Physikers oder Astronomen kann die soziale Realität verändern. Deren Forschungsgegenstand ist jedoch nicht die soziale Realität. Der Physiker oder Astronom braucht sich also um diese Veränderungen nicht zu kümmern. Werden dagegen Prognosen über soziale Phänomene zu einem Element der sozialen Situation, so kann dies die Wahrscheinlichkeit der Prognosen erhöhen oder vermindern. Hier kommt der Begriff von den Prophezeiungen ins Spiel, die im Sinne ihrer eigenen Realisierung wirksam sind *(self-fulfilling prophecy)* bzw. ihrer Realisierung selbst entgegenwirken *(self-destroying prophecy)*.[24]
Das gleiche gilt für die Wirksamkeit von Methoden gesellschaftlichen Handelns, die aus soziologischen Verallgemeinerungen abgeleitet wurden. Die Direktiven der Sozialtechnik könnten ihren Wert einbüßen, wenn sie denjenigen zur Kenntnis gelangen, die Objekte dieser Technik sein sollen. In seinem *Principe* gab Machiavelli dem Tyrannen eine Reihe praktischer Regeln an die Hand, die ihm die Herrschaft garantieren sollen, und nahm bei ihrer Formulierung auf nichts anderes als auf den Erfolg des Handelns Rücksicht. Wir können unterstellen, daß die Direktiven Machiavellis unter bestimmten Be-

24 Die allgemeine Auffassung, der Krieg sei unvermeidlich, kann den Krieg hervorrufen. Die Vorhersage (unter Bedingungen des freien Marktes), in zwei Jahren werde es eine ausgezeichnete Konjunktur für Baumwolle geben, kann eine Überproduktion und eine schlechte Konjunktur bewirken. Galtung führt die Marxschen Prognosen bezüglich der westlichen Welt als ein Beispiel der *self-destroying prophecy* an; die Veröffentlichung der Marxschen Werke habe die Politik der Verteidiger des kapitalistischen Systems beeinflußt und sei damit zu einem der Faktoren geworden, welche die von Marx vorhergesagte Katastrophe verhinderten. Marx hat anscheinend nicht vorhergesehen, daß seine Theorien auch die Kapitalisten aufklären könnten. Er verhielt sich so, als hätte er sich die These des heiligen Augustinus zu eigen gemacht, daß die Verdammten, die zum Untergang Verurteilten nicht imstande wären, die Wahrheit zu begreifen, die sie in irgendeiner Weise retten könnte. (Vgl. P. Skov, *Common Sense*, Munksgaard-Kopenhagen 1955, S. 43).

dingungen unfehlbar waren. *Il principe* wurde jedoch veröffentlicht und nicht nur vom Fürsten bzw. vom Anwärter auf die Herrschaft gelesen. Nun erklärte Machiavelli, dessen Name zum Symbol für Verrat und Rücksichtslosigkeit im politischen Handeln wurde, kurz vor seinem Tode, es sei seine Absicht gewesen, die Mittel und Methoden des Tyrannen vor dem Volk offenzulegen, um sie ihrer Wirksamkeit zu berauben und das Volk zur Verteidigung seiner Freiheit anzustacheln.[25] Gleichgültig, welche Absichten der florentinische Patriot wirklich hegte, als er sein Buch schrieb, war er sich offenbar bewußt, daß »unfehlbare« Direktiven der Sozialtechnik ihre Unfehlbarkeit einbüßen können, ja daß sie sogar den beabsichtigten entgegengesetzte Wirkungen hervorrufen können, wenn sie bekannt werden.

Aus dem gleichen Grunde führt die Wiederholung einer Untersuchung dort, wo die Ergebnisse früherer Untersuchungen bereits bekannt sind, zu nicht unmittelbar vergleichbaren Resultaten, wie es etwa bei der Wiederholung physikalischer Experimente der Fall ist.[26] Wiederholte Untersuchungen vollziehen sich im Bereich der Sozialwissenschaften in einer bereits veränderten Situation. Diese verändert sich übrigens nicht nur dann, wenn die Ergebnisse früherer Untersuchungen bekannt werden; sie verändert sich gleichfalls unter dem unmittelbaren Einfluß der Forschungstätigkeit.

Ad 2. Der unmittelbare Einfluß der Forschungstätigkeit auf die erforschte Realität, der zuverlässige Resultate unmöglich macht, wurde – soweit mir bekannt ist – zum ersten Mal in Form einer wissenschaftlichen These nicht im Bereich der Sozialwissenschaften, sondern in der Physik festgestellt. Es war das Heisenbergsche Gesetz der Unbestimmtheit der Elektronenbewegungen, das dem alten metaphysischen Problem Kants von der Erkennbarkeit des durch den Erkenntnisprozeß nicht veränderten »Dings an sich« einen technischen Sinn gab. Allgemein findet das Heisenbergsche Gesetz seinen Ausdruck in der Makrowelt in den Untersuchungen, die von Soziologen heute durchgeführt werden. Freilich lassen sich auch in der Natur-

25 Auszug aus einem Brief Machiavellis an einen Freund, den Burnham als Motto seiner *Herrschaft der Manager* zitiert.

26 Vgl. J. Galtung, *Inquiry* 1958, 1, S. 30, Oslo University Press.

wissenschaft Beispiele aus der Makrowelt finden, wo der Untersuchungsvorgang selbst die normalen Bedingungen zerstört, doch sind das relativ vereinzelte Fälle, wie z. B. bei der Erforschung des Verhaltens von Tiefseefischen, die an andauernde Finsternis gewöhnt sind. In der empirischen Soziologie handelt es sich dagegen in dieser Hinsicht um die am weitesten verbreiteten Forschungsmethoden, insbesondere zur Erkundung der öffentlichen Meinung. Die Menschen sind nach einer schriftlichen oder mündlichen Befragung nicht mehr die gleichen, die sie ohne diese Befragung wären: die an sie gerichteten Fragen bringen sie in eine neue Situation und zwingen sie, über Dinge nachzudenken, an die sie vielleicht nie gedacht hätten – gehe es nun um ihr Verständnis des Sozialismus, um das Verhältnis zu den Arbeiterräten, um eine von der Religion unabhängige Ethik, um die Hierarchie der Bedürfnisse der Gemeinde von Nowy Sącz oder um die Möglichkeit des Individuums, den Gang der gesellschaftlichen Ereignisse zu beeinflussen.[27]
Empirische Untersuchungen in der Soziologie, besonders wenn sie Themen haben, die mit der Teilnahme des Individuums am gesellschaftlichen Leben zusammenhängen, sind gleichzeitig gesellschaftliches Handeln: sie zeigen Probleme auf, sie öffnen die Augen für Möglichkeiten, die der Befragte zuvor nicht wahrnahm, sie suggerieren die Wichtigkeit gewisser Dinge dadurch, daß diese sich im Fragebogen finden, sie machen – zumindest indirekt – Wertskalen bewußt, sie stellen vor eine Wahl. So können sie bereits in dem Sinne gesellschaftliches Handeln darstellen, daß sie sich in bedeutenden Angelegenheiten nach der Meinung von Menschen erkundigen, für deren Meinung sich bisher niemand interessiert hat. Die Vermehrung von schriftlichen oder mündlichen Befragungen verwandelt die Struktur der untersuchten Population ebenso, wie die Vermehrung von Experimenten mit radioaktiven Substanzen die Lebensbedingungen auf der Erde verwandelt. Da bei soziographischen Studien nicht nur Folgen der Untersuchungstätigkeit auftreten (beispielsweise die Sensibilisierung eines ganzen Milieus für gewisse Probleme), sondern darüber hinaus Veränderungen, die sich während des Interviews bzw. des Ausfüllens eines Fragebogens in den Befragten vollziehen, ist eine

27 Beispiele aus Fragebögen, die in den letzten Jahren bei uns in Felduntersuchungen verwendet wurden.

nach allen Regeln der Repräsentativität ausgewählte Anzahl von »Versuchspersonen« kaum repräsentativ für diejenigen, die nicht in die Untersuchung einbezogen sind. Die Abweichungen von der Repräsentativität können unbedeutend sein, doch lassen sie sich nicht feststellen, es sei denn, man machte sie zum Gegenstand einer eigenen Analyse.

Die Abweichungen von der Repräsentativität werden in der Praxis der Feldforschung meist nicht beachtet. Jede Umfrage ist ein gesellschaftliches Experiment; die Schlußfolgerungen aus den erhaltenen Antworten werden jedoch gewöhnlich so behandelt, als ginge es nicht wirklich um ein Experiment, das Reaktionen auf einen Stimulus verzeichnet, sondern lediglich um einen Vorgang, bei dem von der Umfrage unabhängige Daten gesammelt werden, die automatisch mit statistischen Methoden bearbeitet werden können.

Bei Untersuchungen an Material aus der Vergangenheit ist die Lage eine andere: Archivmaterialien – auch die, denen wir das Werk von Thomas und Znaniecki verdanken (Briefe der Familie) – sind aufgrund einer zufälligen Auswahl nicht repräsentativ, doch werden sie nicht infolge des Untersuchungsvorganges nichtrepräsentativ. In diese Kategorie gehört auch Material aus der unmittelbaren Vergangenheit, das der Forscher nicht selbst erhoben hat und das sich mathematisch strukturieren läßt, beispielsweise die kirchliche Gemeindestatistik, die Le Bras in seinen mehr als zwanzigjährigen Studien über die Religiosität der Franzosen seiner Zeit benutzte.

Ad 3. Eine Analogie zwischen der empirischen Soziologie und den Naturwissenschaften besteht auch nicht in der Reichweite von induktiven, aus systematischer Forschung gewonnenen Schlußfolgerungen.

Betrachten wir das Problem von den Aufgaben her, welche die empirische Soziologie sich stellt, um eine Basis für die Sozialtechnik zu schaffen. Da die rationale Vorhersage künftiger Ereignisse und die Wahl der Mittel, um bestimmte Wirkungen zu erzielen, sowohl die Kenntnis des Sachverhalts, der Ausgangspunkt des planmäßigen Handelns ist, als auch die Kenntnis bestimmter allgemeiner Gesetze erfordert, hat die empirische Soziologie für die Soziotechnik eine doppelte Funktion zu erfüllen. Vor allem hat sie Daten über das Objekt des beabsichtigten gesellschaftlichen Handelns zu liefern: sie muß eine Kenntnis des Milieus vermitteln, dem die »engineering«-Maßnahmen gelten sollen. Hier stellen sich dem Forscher lediglich idiographische Aufgaben: von unmittelbarer Bedeutung ist dabei eine Beschreibung des Sachverhalts in einem begrenzten Bereich in einem bestimmten, definierten Augenblick bzw. die Beschreibung von Veränderungen, die in diesem bestimmten, kurzen Zeitabschnitt auftreten – also Aufgaben, wie sie die Institute zur Erforschung der öffentlichen Meinung von ihren Auftraggebern gestellt bekommen: es geht darum, unter einem klar umrissenen Gesichtspunkt den Bewußtseinszustand der Population, mit der man es zu tun hat, genau zu erkennen. Von unmittelbarer Bedeutung für die gesellschaftliche Planung sind idiographische Forschungsergebnisse sowohl dann, wenn sie die Entwicklung des Plans fundieren sollen, als auch dann, wenn sie zum Zweck haben, die beabsichtigten und unbeabsichtigten Folgen von geplanten Unternehmungen zu kontrollieren.

Zur zweiten Kategorie praktischer Aufgaben der empirischen Soziologie gehört die Ermittlung von kontrollierten Daten für Verallgemeinerungen, die – gleichgültig, welchen Platz sie in den theoretischen Systemen einnehmen – die Grundlage für die Regeln der Soziotechnik liefern sollen. Dazu kann alles idiographische Material benutzt werden; allerdings geht es hierbei vor allem um experimentelle oder quasi-experimentelle Untersuchungen unter Verwendung einer Kontrollgruppe sowie um Studien, die zur Ermittlung vergleichbarer Daten nach einem gemeinsamen Plan, unter einer identischen Fragestellung und mit denselben Methoden in unterschiedlichen Milieus durchgeführt werden.[28]

Wir befinden uns hier in völliger Übereinstimmung mit der Art des Vorgehens in den Naturwissenschaften nach den Regeln von Francis Bacon und John Stuart Mill. Zugleich macht aber der Umfang der Phänomene, die vergleichenden und experi-

28 Zum Beispiel die Untersuchung von J. M. Gillespie und G. W. Allport über das Verhältnis der Jugend zur Zukunft, die an 15 Hochschulen in 10 Ländern durchgeführt wurde: den Vereinigten Staaten, Neuseeland, Südafrika (Weiße, Bantu, Hindu), Ägypten, Mexiko, Frankreich, Italien, Deutschland, Japan und Israel: *Youth's Outlook on the Future*, New York (Doubleday) 1955.

mentellen Untersuchungen zugänglich sind, einen grundsätzlichen Unterschied zwischen den Möglichkeiten der experimentellen Soziologie und denen der Naturwissenschaft deutlich – einen Unterschied, der meist nicht von denen bemerkt wird, die mit einer methodologischen Angleichung der Soziologie an die Physik rechnen. Es lassen sich nämlich die Forschungspostulate der experimentellen Soziologie nicht vereinbaren mit den Verfahrensnormen der Naturwissenschaften hinsichtlich der Quantifikatoren von Aussagen, die durch systematische Induktion erzielt wurden. Die Möglichkeit der Verifizierung allgemeiner Hypothesen anhand von Materialien, die den Postulaten der empirischen Soziologie genügen könnten, ist begrenzt: durch systematische Ermittlung von Daten, die einer exakten intersubjektiven Kontrolle unterliegen, läßt sich lediglich Material über zeitgenössische Milieus und nur solches Material gewinnen, dessen Auswertung keine politischen oder kulturellen Hindernisse entgegenstehen. Politische Bedingungen können Untersuchungen überhaupt unmöglich machen oder die Äußerungen der Befragten verzerren; herrschen große kulturelle Unterschiede, so ist das Material, das man beispielsweise mit Hilfe eines Fragebogens erlangt, nicht vergleichbar, denn dann haben wir es mit nicht übersetzbaren Sprachen zu tun. Um in solchen Fällen die Anwendung von standardisierten Methoden zu ermöglichen, müßte man durch entsprechende Erziehungsmaßnahmen eine Standardisierung der Milieus herbeiführen.

In der Konstruktion induktiver Verallgemeinerungen tritt der Unterschied zwischen dem Naturwissenschaftler und dem Sozialforscher am stärksten in ihrem Verhältnis zu Materialien aus der Vergangenheit hervor. Die Experimente des Physikers oder des Biologen betreffen genauso wie die Experimente des Soziologen nur die gegenwärtige Realität. Die Beschränkung auf die Gegenwart führt in jenen Disziplinen allerdings nicht zu situativen Beschränkungen, da man im Laboratorium beliebige physikalische Bedingungen herstellen kann. Wir dürfen mit Recht annehmen, daß die Experimente von Galilei, Newton und Einstein nicht anders ausgefallen wären, wenn man sie zur Zeit der Pharaonen oder im Paläolithikum durchgeführt hätte. Bei sozialen Phänomenen dagegen verhält es sich anders: die kulturelle Bedingtheit nimmt den räumlichen und zeitlichen Koeffizienten ihre Neutralität, historisiert das Ma-

terial und vermindert so die allgemeine Anwendbarkeit von induktiven Schlüssen.
Für das »social engineering« mag das unwichtig sein: der Sozialtechniker benötigt Regeln, deren Wirksamkeit für jene Gesellschaft der Gegenwart festgestellt wurde, mit der er sich befaßt. Der amerikanischen Armeeführung genügt es, wenn die von Stouffers Forschungsteam ermittelten und in *The American Soldier* mitgeteilten Ergebnisse in bezug auf den heutigen amerikanischen Soldaten verläßlich sind. Der Reformer des polnischen Schulsystems, den die Auswahlfaktoren für den Lehrerberuf interessieren, wäre wahrscheinlich zufrieden, wenn er dazu exakte und hinreichend verifizierte allgemeine Erkenntnisse bekäme, auch wenn die induktiven Verallgemeinerungen in ihrer Geltung auf unser Land und auf die Gegenwart begrenzt wären. »Ein politischer Aktivist«, schreibt Stefan Nowak, »der für seine Partei mit Hilfe eines bestimmten Plakats den Wahlkampf bestreiten soll, interessiert sich im allgemeinen wenig für die allgemeinen Prozesse der Suggestion oder für die Mechanismen der allgemeinen Lerntheorie; für ihn ist wichtiger, wie die *Bürger seines Landes* auf das Plakat reagieren, ganz abgesehen davon, wie universell diese Reaktion ist und wie viele spezifisch lokale Faktoren bei ihr mitwirken.«[29] Wenn aber der Soziologe – nach dem Vorbild der Erfahrungswissenschaften – Verallgemeinerungen anstrebt, die sich auf den gesamten Bereich der uns zugänglichen Geschichte menschlicher Gesellschaften erstrecken, wenn er umfassendere Zusammenhänge erhellen möchte, die es gestatten würden, *hic et nunc* unter konkreten Bedingungen festgestellte Korrelationen zu erklären, dann muß er mit den Forschungsmethoden der Erfahrungswissenschaften kollidieren – er muß dann Material einbeziehen, dessen repräsentativer Charakter ungeklärt ist, das nicht mit seinen Methoden kontrolliert ist, mehr oder weniger zufälliges Material, wie es die traditionelle Soziologie verwendete. In dem zitierten Aufsatz, der subtile Erörterungen historischer Verallgemeinerungen enthält, unterscheidet Stefan Nowak unter anderem: a) »historische Verallgemeinerungen, die auf einem derart ausgewählten Material beruhen, daß der Forscher die Repräsentativität seiner Stichprobe für die Popu-

29 S. Nowak, *Prawa ogólne i generalizacje historyczne w naukach społecznych*, in: *Studia Socjologiczne* 1961, Nr. 1, S. 103.

lation, auf welche die Verallgemeinerung sich bezieht, und die Chancen der Unrichtigkeit seiner Behauptung einzuschätzen vermag«, und b) »historische Verallgemeinerungen, die sich auf ein Material stützen, das zwar aus einer bestimmten Population stammt, dessen Auswahl aber nicht gestattet, die Fehlerquote möglichst eindeutig abzuschätzen.«[30] (Als Beispiel für ein Material, wie es im ersten Falle in Frage kommt, verweist er auf eine Stichprobe, die nach der Zufallsmethode gewonnen wurde.) Nowak zieht indes nicht die Tatsache in Erwägung – derer er sich zweifellos bewußt ist –, daß in der Soziologie historische Verallgemeinerungen vom Typ a) praktisch – von wenigen Ausnahmen abgesehen – nur die Gegenwart betreffen. Diese Frage gehört jedoch nicht zu seiner Problemstellung: sein Aufsatz handelt vom Fehlerrisiko (»zwei Arten von Kosten induktiver Irrtümer«), von der zweifachen Gradation der Allgemeinheit von Aussagen sowie dem Zusammenhang zwischen dem Grad der »theoretischen Allgemeinheit« und dem der »historischen Allgemeinheit«. Unter dem Gesichtspunkt der Anwendbarkeit naturwissenschaftlicher Methoden in den Sozialwissenschaften ist es allerdings nicht gleichgültig, ob wir, wenn wir von einem »größeren historischen Geltungsbereich«[31] sprechen, nur an räumliche Koordinaten denken, ob es also darum geht, mit der Verallgemeinerung einen weiteren Bereich (im räumlichen Sinne) zu erfassen, oder ob wir die Ausdehnung der Verallgemeinerung auf vergangene Epochen meinen. In der Forschungspraxis sind räumliche und zeitliche Indizes nicht gleichrangig, auch wenn man sich in Diskussionen über die historische Generalisierung daran gewöhnt hat, sie in einem einzigen Ausdruck zusammenzufassen.

Steht Material über Phänomene der Vergangenheit im Mittelpunkt, so ist der Sozialforscher in gewisser Hinsicht in einer besseren Position als der Naturwissenschaftler. Neben Relikten, die wir in archäologischen Museen finden und die wir als Äquivalent von Materialien betrachten können, die dem Naturwissenschaftler zur Verfügung stehen (Tierskelette, Kohlenflöze, Reste von Blütenstaub), hat es der Sozialwissenschaftler mit symbolisch (vor allem durch sprachliche Symbole) vermittelten gedanklichen Überlieferungen zu tun, über die

30 Ibid., S. 93.
31 Ibid., S. 103.

ihm selbst subtile Einzelheiten des geistigen und emotionalen Lebens der Menschen vor Jahrhunderten und Jahrtausenden, ihre Motivationen und ihre Einstellungen zugänglich werden. Sie werden ihm zugänglich durch subjektive Äußerungen, also in der gleichen Weise wie bei Untersuchungen der Gegenwart. Dazu findet sich keine Entsprechung in dem Material, über das der Biologe in bezug auf vergangene Zeiträume verfügt.
Der Soziologe hat allerdings in der Sache derartiger Überlieferungen keinerlei Initiative; er kann sie entdecken, aber er kann sie nicht provozieren, wie es bei Umfrageuntersuchungen der Fall ist; er kann sie interpretieren, aber er kann nicht seine Interpretation durch Fragen an denjenigen, der sich geäußert hat, verifizieren. Exakte Methoden zur Beurteilung der Repräsentativität kann er auf dieses Material nicht anwenden, und die Anwendung statistischer Methoden ist hier lediglich in Ausnahmefällen möglich und auch dann nur in sehr begrenztem Umfang, besonders wenn es um eine Zeit geht, in der es noch keine statistischen Jahrbücher gab.
Es bleibt also das Dilemma: entweder bedient man sich bei der Materialsammlung, bei der Erforschung von Zusammenhängen und der Verifizierung von Thesen exakter quantitativer Methoden und beschränkt sich auf »diagnostische« Untersuchungen und historische Generalisierungen in den Grenzen der Gegenwart, oder man begrenzt sein Interesse nicht auf unmittelbar zugängliche Milieus und bedient sich vergleichender Untersuchungen mit großer Reichweite, um Zusammenhänge aufzuklären, wobei Korrelationen, die durch repräsentative Untersuchungen eines bestimmten Milieus festgestellt werden, einen Sonderfall bildeten. Bei keiner dieser Alternativen kann man dem Vorbild der Naturwissenschaften in jeder Hinsicht folgen: man muß entweder die Methode oder die Reichweite der Verallgemeinerung opfern.
Diesen beiden Möglichkeiten entsprechen in der heutigen Soziologie die zwei sozialen Rollen, von denen oben die Rede war: der empiristische Soziologe, der Vertreter der modernen »empirischen Soziologie«, und der humanistische Soziologe, der der Tendenz der älteren Soziologie verbunden ist. Ich verwende den Ausdruck »empiristischer Soziologe« und nicht »empirischer Soziologe«, weil der humanistische Soziologe, wenn er Wissenschaft betreibt, ebenfalls ein Empiriker in dem

Sinne ist, daß die Erfahrungstatsachen für ihn die höchste Instanz darstellen. Übrigens wird auch die Bezeichnung »humanistischer Soziologe« in einer spezifischen Bedeutung gebraucht: gemeint ist nicht die humanistische Thematik, denn auch der Vertreter der modernen empirischen Soziologie ist in diesem Verstande ein Humanist, sondern die Art des Materials, das der Soziologe verwendet, und die Überzeugung, daß die Humanwissenschaften ihre eigenen Methoden und Funktionen haben.

Der heutige humanistische Soziologe ist aufgrund der Entwicklung der empirischen Soziologie in einer besseren Situation als seine Vorgänger, da er das Forschungsmaterial nutzen kann, das mit den exakten Methoden des empiristischen Soziologen gewonnen wurde, oder diese Methoden bei bestimmten Gelegenheiten sogar selbst anwenden kann. Wenn er allerdings zugleich heterogenes Material verwendet, das nicht die strengen Kriterien der Repräsentativität erfüllt, verzichtet er auf die Garantien, die der empiristische Soziologe dank jener Methoden besitzt.

Bezeichnend für die moderne Soziologie und Sozialpsychologie ist die Abneigung, das Material für Verallgemeinerungen in der Vergangenheit zu suchen. C. Wright Mills bringt das unter Hinweis auf Lazarsfeld in Zusammenhang mit der Forderung nach einer systematischen Auswahl des Materials, die sich beliebig steuern läßt.[32] Wenn man sich aber derart auf zeitgenössisches Material beschränkt, und zwar überwiegend der eigenen Kultur, dann ist es nicht einmal möglich, den Einfluß kultureller Faktoren in der Welt von heute aufzudecken, dann kann man in einer Analyse kausaler Zusammenhänge diese Faktoren nicht als unabhängige Variable behandeln.

In dieser Abstraktion von der Eigentümlichkeit, daß die Sozialwissenschaften sich bei der Konstruktion von Verallgemeinerungen ohne historische Indizes auf die Vergangenheit beziehen, dokumentiert sich bisweilen ein unbewußter Rückgriff auf vorsoziologische Traditionen, die mit einer überkommenen Vorstellung von der Natur des Menschen verknüpft sind; dieser Rückwendung stehen jetzt allerdings Forschungsmethoden zur Verfügung, die den vorsoziologischen Traditionen unbe-

32 Er spricht von einem »ahistorischen Akzent«; vgl. *Sociological Imagination*, S. 62 (deutsch: *Kritik der soziologischen Denkweise*, a.a.O., S. 106).

kannt waren. Ich denke hierbei an Forscher, die unter Beachtung der Regeln der Repräsentativität für ein bestimmtes Milieu oder bestimmte Gruppen zu Ergebnissen gelangen, die sie ohne historische Indizes darstellen, so als wäre eine für ein bestimmtes Milieu repräsentative Stichprobe repräsentativ für alle Milieus. Derartige – wegen der Mißachtung kultureller Faktoren ungerechtfertigte – Verallgemeinerungen, die sich häufig hinter einer elliptischen Formulierung verstecken[33], werden den amerikanischen Soziologen u. a. von den amerikanischen Sozialanthropologen vorgehalten, die gerade in diesem Falle eine Arbeitsmethode vertreten, die wir gewöhnlich als »soziologische Betrachtungsweise« bezeichnen.[34]

Historisches Material ist für den Soziologen um so wichtiger, je umfassender die Verallgemeinerungen sind, die er wagt, je stärker er sich für den Einfluß kultureller Faktoren im gesellschaftlichen Leben interessiert, je wichtiger für ihn die Frage ist, wie groß die Möglichkeiten der Menschen im Rahmen der sozialen Beziehungen sind, je stärker er sich schließlich für den historischen Aspekt der Gegenwart interessiert. Unter diesem letzten Gesichtspunkt kann man um so weniger auf historische Daten verzichten, je mehr die kulturelle Isolierung einzelner Gebiete heute abnimmt. Japan ist bis 1854 von der europäischen Kultur fast unberührt geblieben. Heute sitzen die Söhne afrikanischer Stammeshäuptlinge als Staatsmänner in den Räumen des UNO-Gebäudes.

Auch in der Welt von heute sind vergleichende interkulturelle Studien immer noch von großer Bedeutung. Der Prozeß der kulturellen Vereinheitlichung schreitet jedoch rasch voran und verwandelt auch die soziale Rolle des Sozialanthropologen. Auch das ist eine Eigentümlichkeit des Gegenstandes der So-

33 Es handelt sich hier um Aussagen, in denen nicht der Bereich präzisiert wird, für den sie gelten sollen, Aussagen, in denen weder ein Alloperator noch ein Existentialoperator vorkommt. Gewöhnlich interpretiert man solche Aussagen als universelle Aussagen bzw. als universell »innerhalb der Grenzen des gesunden Menschenverstandes«, also innerhalb von Grenzen, die vermutlich durch Intuition festgelegt sind.

34 »Die Soziologen verwenden unverhältnismäßig viel Zeit darauf, quantifizierbare Daten über isolierte Phänomene in isolierten Gesellschaften zu finden, welche sie zu Unrecht als repräsentativ betrachten.« »Der Soziologe ist allzu schnell bereit, aufgrund von Daten aus nur einer Kultur zu generalisieren.« J. W. Benett und K. H. Wolff, *Toward Communication between Sociology and Anthropology*, a.a.O., S. 344.

zialwissenschaften, und zwar eine historische Eigentümlichkeit, weil sie mit der Geschichte der letzten Generationen zusammenhängt.

Ad 4. Beschränkt man sich in der soziologischen Forschung nach dem Vorbild der Naturwissenschaften auf exakte, standardisierte Methoden, so schaltet man dadurch nicht nur historisches Material aus; es hat auch Folgen, die in den Naturwissenschaften unbekannt sind. Die Methoden der modernen empirischen Soziologie sollen die folgenden Postulate erfüllen: a) Repräsentativität der Stichprobe, an der die Untersuchung vorgenommen wird; b) Standardisierung der Daten, damit sie sich statistisch aufbereiten lassen; c) maximale Entpersonalisierung des Forschungsprozesses bzw. Einschränkung des Einflusses der Forscher auf die Untersuchungsresultate von dem Augenblick an, da das Projekt und die Einzelheiten der Thematik ausgearbeitet sind; man nimmt an, daß jeder, der die standardisierten Methoden richtig anwendet, unter den gleichen Umständen zu den gleichen Resultaten gelangen muß.
Aus diesen Postulaten ergeben sich konkrete Direktiven – in der Meinungsforschung z. B. die, daß zwischen der untersuchenden Person und den untersuchten Personen unmittelbarer Kontakt unterbleiben solle, daß Gespräche über den Fragebogen zu vermeiden seien, und daß sich das Projektteam jeder Einwirkung auf die Adressaten der Fragebögen zu enthalten habe. Gewöhnlich gerät diese letzte Direktive in Konflikt mit der Forderung nach Repräsentativität, da ohne irgendeinen Druck der Untersuchungsbeauftragten nur ein Teil der in der Stichprobe erfaßten Personen die Fragebögen ausfüllt und absendet. Man muß sich also entscheiden, ob man auf den repräsentativen Charakter des Materials aufgrund seiner Unvollständigkeit oder – mit Rücksicht auf die Konsequenzen von Kontakten – auf seine Homogenität verzichten will.
Aus dem Postulat standardisierter Daten ergibt sich ferner die Direktive, »offene Fragen« zugunsten »geschlossener Fragen« zu vermeiden, also solche Fragen, zu denen fertige Antworten vorgegeben sind, zwischen denen der Befragte nur eine Auswahl treffen kann, so daß seine eigene Meinungsbildung keine Rolle spielt und er nicht selbständig eine Antwort formulieren muß. Mit geschlossenen Fragen lassen sich Interpretations-

und Kategorisierungsschwierigkeiten vermeiden; sie liefern Daten, die sich ohne weiteres statistisch verarbeiten lassen. Doch geschlossene Fragen verengen die Problematik in einer Weise, zu der es anscheinend in den Naturwissenschaften keine Analogie gibt, und sie schließen die Entdeckung von Sachverhalten aus, die vom Forscher nicht vorhergesehen waren, die sich aber im Kontext offener Fragen oder der Methode des mündlichen Interviews in spontanen Antworten artikuliert hätten. Häufig begünstigen geschlossene Fragen Vereinfachungen, da sie zu einer Wahl zwischen mehreren Möglichkeiten zwingen, von denen vielleicht keine den Einstellungen einiger Umfragebeteiligten angemessen ist. »Untypische« Erscheinungen sind dem Forscher bei dieser Methode verschlossen. Oft ist sich der empiristische Soziologe dessen bewußt, doch glaubt er, er könne das »Untypische« außer acht lassen, da es das statistische Bild der Population nicht tangiere. Freilich macht er sich gewöhnlich nicht klar, daß er gerade darin von den Maximen der Physiker und Biologen abweicht, für die jede Ausnahme ein Problem aufwirft und zum Ausgangspunkt weiterer Untersuchungen wird.

Mit den geschlossenen Fragen verbindet sich noch ein weiteres Problem, das den empirisitschen Soziologen vom Physiker unterscheidet. Für diesen sind gleichhohe Quecksilbersäulen in gleichartigen Thermometern Indikatoren einheitlicher Temperaturen. Gleichförmige oder gleichlautende Antworten auf ein und dieselbe Frage des Fragebogens müssen jedoch nicht verläßliche Indikatoren gleichartiger Einstellungen sein: Die gleiche Antwort auf eine geschlossene Frage kann selbst innerhalb der gleichen Kultur verschiedene Bedeutungen haben, und wenn sie in einem Fragebogen angekreuzt wird, so kann das auf ganz unterschiedlichen Motiven beruhen. Mißverständnisse ließen sich durch ein Gespräch ausräumen, das der Entscheidung für eine bestimmte Antwort die richtige Interpretation gäbe, aber das Gespräch ist gleichbedeutend mit dem Verzicht auf eine standardisierte Untersuchung – die Resultate würden dadurch von der persönlichen Qualifikation der untersuchenden Personen abhängig, und die Antworten wären nicht mehr standardisiert, d. h. die unmittelbare Anwendung statistischer Methoden würde unmöglich.

Es bleibt noch das fünfte der genannten Probleme der Anwendbarkeit naturwissenschaftlicher Vorstellungen auf soziale Phänomene zu erörtern – die Rolle der inneren Erfahrung in der Forschungspraxis. Bevor wir uns diesem Thema zuwenden, wollen wir an zwei Konzeptionen der Erklärung in den empirischen Wissenschaften, insbesondere in den Sozialwissenschaften, erinnern.

Die Erklärung sozialer Phänomene

Nach unserer Auffassung hängt das Problem der Erklärung sozialer Phänomene mit den unterschiedlichen sozialen Rollen des empiristischen und des humanistischen Soziologen zusammen; darüber hinaus ist es verknüpft mit dem Problem der vielfältigen Funktionen der Sozialwissenschaften, mit dem wir uns später noch befassen werden.

Bestimmten positivistischen Traditionen zufolge, die sich von David Hume herleiten, gestattet die Kenntnis stabiler Korrelationen nicht nur, konkrete Erscheinungen vorherzusagen, sondern auch sie zu erklären, da ihre Erklärung, dieser Konzeption zufolge, im Hinweis auf eine allgemeine Aussage besteht, welche die logische Grundlage von Aussagen ist, die das Auftreten jener konkreten Erscheinungen feststellen. Anders ausgedrückt: die Erklärung bestünde in diesem Falle in der Feststellung, daß es sich immer so verhält. Diese logische Konzeption von Erklärung ist jedoch nicht identisch mit der psychologischen Konzeption, die das Wort »erklären« in einer der Etymologie adäquaten Weise faßt: Nicht immer macht man den Zusammenhang zwischen verschiedenen Phänomenen klar, indem man eine allgemeine These angibt, welche die logische Grundlage für entsprechende individuelle Aussagen bildet. Wenn Eltern, so sagt William Dray, auf die Frage des Kindes »Warum?« antworten: »Weil es immer so ist«, dann ist diese Antwort keine Erklärung, sondern ein Ausdruck der Unfähigkeit oder des Unwillens, eine Erklärung zu geben.[35] Dray zitiert S. Stebbing, die in ihrer *Modern Introduction to Logic* Erklärung definiert als Reduktion dessen, was uns ungewöhnlich erscheint, auf das, was wir als normal betrachten, kurz: als

35 *Law and Explanation in History*, Oxford University Press, 1957, S. 73.

Zurückführung des Unbekannten auf das Bekannte. »Das, woran wir uns gewöhnt haben, wird in der Regel als verständlich angesehen.«[36] Das macht deutlich, daß die Autorin, obwohl sie Logikerin ist, eine psychologische Konzeption der Erklärung hat. Nun läßt sich aber das Unbekannte auf verschiedene Weise auf das Bekannte und Normale zurückführen. Das kann geschehen, indem man sich auf eine Analogie beruft; es kann geschehen, indem man sich auf eine allgemeine These bezieht, welche die logische Grundlage einer Aussage bildet, die die erklärte Tatsache feststellt, doch kann diese logische Implikation nur dann eine Erklärung sein, wenn die allgemeine These uns wohlbekannt und vertraut oder derart mit dem System unseres Wissens verknüpft ist, daß wir sie als »an sich« begreiflich betrachten. In den Disziplinen, deren Gegenstand das menschliche Verhalten ist, gibt es indes noch einen anderen Weg, das Unbekannte auf das Bekannte zurückzuführen, einen Weg, der in den Naturwissenschaften – wenn wir von der Personifizierung der Naturkräfte absehen – keine Analogie hat: die Berufung auf die innere Erfahrung. Wenn man auf diesem Wege menschliches Handeln kausal erklären will, sucht man introspektiv nach einer verständlichen Motivation und nimmt – in der Regel stillschweigend – an, die Introspektion gestatte es dem Leser oder Hörer, den betreffenden Kausalzusammenhang zu erfassen. Wir haben es hier mit einem Typ der kausalen Erklärung zu tun, bei dem der Sinn der »kausalen Abhängigkeit« sich nicht reduzieren läßt auf die Formel, die eine dauerhafte Korrelation feststellt: »Immer wenn a auftritt, tritt b auf« (oder auch: »tritt daraufhin b auf«).

Seit langem sind sich die Historiker bewußt, daß sich mit der introspektiven Methode Handlungsmotive entdecken und erklären lassen. Sie sind sich bewußt, daß man sich, sofern man das menschliche Verhalten anders und gründlicher verstehen will, als es geschieht, wenn man es als Sonderfall einer allgemeinen These behandelt, kurz: sofern man den »Mechanismus« dieses Verhaltens aufdecken will, in die Situation der handelnden Personen versetzen und versuchen muß, sich in ihre möglichen Motive »einzufühlen«. Natürlich kann ein und dasselbe Verhalten von unterschiedlichen Motiven geleitet sein.

36 *Modern Introduction to Logic*, London 1933², S. 389.

Wenn der Historiker eine der Möglichkeiten wählt, macht er verschiedene hypothetische Annahmen, unter anderem eine Annahme über die Persönlichkeit des Handelnden. Der Historiker kann sich mit seinen Interpretationen täuschen oder er kann alternative Erklärungen heranziehen; wenn aber diese Erklärungen für uns verständlich sein sollen, müssen wir in der Introspektion die Möglichkeit einer Motivation entdecken. Weil wir aus der persönlichen Erfahrung unterschiedliche, häufig miteinander kollidierende Verhaltensmotive kennen, und weil es Motive gibt, die nicht stark genug waren, um unser Verhalten zu bestimmen, die uns aber gestatten, uns einen Zustand vorzustellen, in dem wir ihnen folgen würden, ist der Komplex der inneren Erfahrungen, die uns eine andersartige Motivation zu verstehen erlauben, bedeutend größer als der Komplex der Erfahrungen hinsichtlich unseres Verhaltens. In einem gewissen Ausmaß, das von unserer »Plastizität« abhängt, verstehen wir Verhaltensmotive, denen wir selbst nicht gehorchen; wir können widersprüchliche Erklärungen für die gleiche Handlung und sogar solche Erklärungen verstehen, die wir für unwahrscheinlich halten; wir können unterschiedliche Reaktionen auf ein und denselben Stimulus verstehen – beispielsweise unterschiedliche Reaktionen auf eine Ohrfeige oder auf das Eintreten einer drohenden Gefahr. Gegenüber Menschen mit einer völlig anderen psychischen Struktur, einer völlig fremden Wertskala und Vorstellungswelt – sei die Fremdheit kulturell bedingt oder ein Fall der Psychopathologie – geben wir gelegentlich die Methode der Einfühlung auf und sagen, das Verhalten dieser Menschen sei psychologisch unverständlich. Eine solche Erklärung resultiert aber häufig daraus, daß uns konkrete Kenntnisse der Gesamtsituation fehlen. Es ist nämlich selten, daß jemand in seiner Erfahrung nicht »anomale« Empfindungen – zumindest im Ansatz – kennt, deren Erinnerung bei dem Versuch, die Motivation »anomaler« Menschen zu verstehen, hilfreich sein kann.

Es ist fast einhellige Meinung, daß ein guter Historiker sich in die Personen, mit denen er sich befaßt, zur Erklärung ihres Verhaltens und zur Entwicklung historischer Hypothesen einfühlen muß.[37] Natürlich ist die Methode der Einfühlung (*the*

37 Vgl. H. Butterfield: »Der Historiker muß sich an die Stelle der historischen Persönlichkeit versetzen, muß ihre Lage nachempfinden, muß so den-

method of empathy, wie C. G. Hempel sagt) keine Methode der Begründung von Hypothesen: der Prozeß der »Einfühlung« enthält keine Garantie, daß wir die Motive und Einstellungen der Personen, deren Verhalten wir erklären sollen, richtig interpretieren. Hempel sieht in ihr nur eine heuristische Direktive: die Einfühlung soll uns psychologische Hypothesen ermöglichen, die uns die zu untersuchenden Ereignisse erklären können, aber die Richtigkeit der Erklärung hängt allein von der Richtigkeit dieser allgemeinen Hypothesen ab, gleichgültig, ob man auf dem Wege der Einfühlung oder auf dem Wege der Induktion zu ihnen gelangte.[38] Dray, der gegen Hempel polemisiert, nennt die Einfühlung in historische Personen, das Sichhineinversetzen in die Lage des handelnden Menschen, eine unerläßliche Bedingung historischer Erklärungen.[39]

Ich meine, daß der Konflikt zwischen den Standpunkten hier auf zwei divergierenden Begriffen der Erklärung beruht. Was die Erklärung im psychologischen Sinne betrifft – die »Zurückführung des Unbekannten auf das Bekannte« –, so besteht wohl kein Zweifel, daß die Erklärungen des Historikers für das Verhalten von Individuen oder Gruppen dem Adressaten erst dann völlig verständlich werden, wenn sie in dessen innerer Erfahrung einen Anhaltspunkt finden. Man braucht sich nicht einzufühlen, um auf der Basis allgemeiner Urteile über Korrelationen im menschlichen Verhalten die *Wahrscheinlichkeit* historischer Hypothesen abzuschätzen. Man muß sich einfühlen, man muß die Introspektion zu Hilfe nehmen, um die *Motive* menschlichen Verhaltens zu verstehen, Motive, die uns den Mechanismus jener Korrelationen erhellen können. In diesem Zusammenhang macht Dray einen Unterschied zwischen dem Standpunkt des Beobachters und dem des handeln-

ken, als ob er jener Mensch wäre. Ohne diese Kunst ist es nicht nur unmöglich, die Geschichte richtig zu erzählen, es ist auch unmöglich, die Dokumente, auf denen die Rekonstruktion beruht, zu interpretieren. Die traditionelle Geschichtsschreibung unterstreicht, wie wichtig das Einfühlungsvermögen ist, um sich in die Menschen hineinversetzen zu können.« *History and Human Relations*, S. 145–146. Zitiert nach: W. Dray, *Law and Explanation in History*, Oxford University Press 1957, S. 119-120.

38 *The Function of General Laws in History*. In dem Sammelband: *Readings in the Philosophy of Science*, hrsg. von H. Feigl und M. Brodbeck, New York 1949.

39 W. Dray, op. cit. S. 120-128.

den Menschen, der Gegenstand der Forschung ist: »Wenn wir uns bemühen, ein beliebiges Handeln einem allgemeinen Gesetz unterzuordnen, dann nehmen wir diesem Handeln gegenüber den Standpunkt des Beobachters ein; wir suchen darin nach Gesetzmäßigkeiten, nach einem allgemeinen Muster. Wenn wir aber eine Erklärung unter dem Gesichtspunkt der Zielsetzung geben, von der das Handeln geleitet war [...], dann versetzen wir uns in die Lage des handelnden Menschen.«[40] Diese Unterscheidung erscheint mir richtig, nur faßt der Autor die Sache zu eng: als hätte es der Historiker nur mit Handlungen zu tun, die von bewußten Zielsetzungen geleitet sind. Ich meine, daß ganz einfach zu unterscheiden ist zwischen der Haltung des Beobachters, der im menschlichen Verhalten nach dauerhaften Korrelationen forscht, und der Haltung eines Menschen, der, gestützt auf die eigene Introspektion, nach kausalen Erklärungen sucht. Es gibt Tätigkeiten, die man in gewissen Situationen – »man weiß nicht warum« – anfängt – als unreflektierte Reaktion auf bestimmte Stimuli; es gibt zwangshafte Handlungen, die nicht rationalen Motiven entspringen. Dank der Introspektion können wir das Wirken der unbewußten Motive verstehen, die sich schließlich in irgendeiner Weise in Bewußtseinszuständen widerspiegeln.

Die Frage der Einfühlung *(empathy)*, die Frage, ob man sich bei der Erforschung und Erklärung von Phänomenen der menschlichen Lebenswelt auf die innere Erfahrung berufen kann, die unter Historikern und Methodologen der Geschichtswissenschaft umstritten ist, bereitet im Bereich der generalisierenden Wissenschaften noch größere Schwierigkeiten. Auch hier besteht zwischen den zwei Haltungen, von denen die Rede war, ein Gegensatz bzw. eine Interferenz. »Die Einfühlung«, schrieb Otto Neurath vor 30 Jahren, »ist keine wissenschaftliche Methode. Die Soziologie (auf materialistischer Grundlage) behandelt die Menschen genauso, wie die anderen Realwissenschaften die Tiere, Pflanzen und Steine behandeln.« »Die Soziologie ist wie die Astronomie eine Realwissenschaft. Die Völker sind so etwas wie Ansammlungen von Sternen, die miteinander stärker verbunden sind als mit Sternen aus anderen Haufen.«[41]

40 Ibid., S. 140.
41 Otto Neurath, *Empirische Soziologie*, Wien 1931.

Dem Sozialtechniker mag in der konkreten Situation die Feststellung konstanter Zusammenhänge, sei es auch nur im statistischen Sinne konstanter Folgebeziehungen, genügen; sie gestattet ihm nämlich, die Phänomene mit einem entsprechenden Wahrscheinlichkeitsgrad vorherzusagen, sie durch eine rationale Wahl der Mittel hervorzurufen oder zu verhindern. Der Soziologe, der in das Wirken der »gesellschaftlichen Kräfte« eindringen und verstehen möchte, wie die mit statistischen Methoden erfaßten Zusammenhänge entstehen, wird nach einer Erklärung mit Hilfe von Hypothesen über die Motive des Handelns suchen.

Für den Bereich der Psychologie illustriert Norbert Wiener diese beiden Verfahrensweisen an dem Verhältnis Lockes und Pawlows zum Problem der bedingten Reflexe.[42] Der Behaviorismus war der Ausdruck einer Tendenz, die innere Erfahrung aus der Praxis der Wissenschaft auszuschließen oder, genauer gesagt – da es uns nicht möglich ist, den Einfluß der inneren Erfahrung auf die wissenschaftliche Praxis gänzlich auszuschließen –, die innere Erfahrung als eine Instanz auszuschalten, auf die man sich in der Praxis der Wissenschaft – sei es bei der Beschreibung, sei es bei der Erklärung von Erscheinungen – berufen kann. Dadurch sollten die Wissenschaften vom menschlichen Verhalten zu einem Zweig der Naturwissenschaften werden, ohne spezifische Methoden und ohne Privilegien. Wir sind jedoch Zeugen, wie, parallel zur behavioristischen Tendenz in der zeitgenössischen Wissenschaft – und zwar gerade in jenem Land, wo der Begriff des Behaviorismus entstand –, immer stärker die »Tiefenpsychologie« sich entwickelt, wie die Psychoanalyse in die Soziologie eindringt und in der Sozialanthropologie Fuß faßt, und wie Ausdrücke wie »Frustration« oder »Kompensation« (nicht im ökonomischen Sinne) die Bedeutung von wissenschaftlichen Termini annehmen. Der Erfolg der Psychoanalyse beruht nun aber vor allem darauf, daß sie überzeugend an die Introspektion der Menschen appelliert, daß die Menschen mit Hilfe der psychoanalytischen Konzeptionen verborgene Inhalte der eigenen inneren Erfahrung entdecken. »Warum«, so schreibt der Biologe J. H. Woodger,

42 »Er [Pawlow] bearbeitete dieses Gebiet der bedingten Reflexe experimentell, im Gegensatz zu Locke, der sich introspektiv damit befaßte.« *The Human Use of Human Beings. Cybernetics and Society*, 1950.

»sollten wir ein Wissen verwerfen, das in langen Jahren der Selbstbeobachtung entstanden ist, wenn wir uns seiner doch ständig im Alltagsleben bedienen?«[43]

Die innere Erfahrung in der Forschungspraxis der Sozialwissenschaften

Unabhängig von diesen Erfolgen der Psychoanalyse können wir, wie mir scheint, zwischen zumindest vier Funktionen der inneren Erfahrung in den Sozialwissenschaften unterscheiden.

a) Als erstes kommt in Frage, was Hempel im Bereich der Geschichtsschreibung als *heuristische Funktion* bezeichnet. Damit meinen wir die Nützlichkeit der psychologischen Intuition für die Aufstellung von Hypothesen. Die Einfühlung – jetzt nicht mehr in einzelne historische Persönlichkeiten, sondern in die Einstellungen von Menschen, die bestimmte soziale Rollen ausfüllen oder sich in bestimmten Situationen befinden – vermag die Existenz von Zusammenhängen erahnen zu lassen, die der Soziologe oder Psychologe zum Gegenstand seiner empirischen Studien macht. Die Einfühlung z. B. in die Einstellungen eines Deklassierten oder eines Kleinbauern kann analytischen Intentionen, die sich in der Regel ausschließlich auf behavioristisches Material stützen, eine neue Wendung geben. Eine solche »heuristische Funktion« der inneren Erfahrung ist keine Eigentümlichkeit der Sozialwissenschaften, doch für den Soziologen oder den Psychologen ist das unvergleichlich wichtiger als für den Zoologen, Biologen oder Physiker: bei der Planung der Fragestellung, bei der Entwicklung des Fragebogens, bei der Entdeckung von Scheinzusammenhängen. Galtung hält die Einfühlung für ein bei der Aufstellung von Hypothesen in den Sozialwissenschaften unverzichtbares Element der Forschungsarbeit. Genau genommen handelt es sich aber, solange der Forscher seine innere Erfahrung nicht als Argument benutzt, um

43 J. H. Woodger, *Biology and Language*, Cambridge 1952, S. 283. Zitiert nach L. S. Feuer, *The Bearing of Psychoanalysis upon Philosophy*, in: *Philosophy and Phenomenological Research*, 1959 (März), S. 326. Wegen seiner methodologischen Interessen stand Woodger vor dem Kriege in engen Beziehungen zum Warschauer Kreis.

eine Frage der Psychologie der wissenschaftlichen Kreativität, also der subjektiven Arbeitstechnik und nicht um eine methodologische Frage.

b) Die zweite Funktion der inneren Erfahrung ist eine Besonderheit der Sozialwissenschaften und der Psychologie. Wir denken dabei an die *Interpretation* menschlicher Äußerungen und Reaktionen, die für die soziologische bzw. psychologische Forschung unmittelbare Gegebenheiten sind, als Indikatoren von Einstellungen, Gedanken und Absichten. In aller Regel tritt diese Funktion bei der Analyse von Umfrageantworten in Kraft, wenn wir uns fragen, welche unterschiedlichen psychologischen Bedeutungen sich möglicherweise hinter gleichlautenden Antworten verbergen, welche Nebenmotive vielleicht für diese oder jene Antwort den Ausschlag gegeben haben, oder wenn wir versuchen, unterschiedlich formulierte Antworten auf »offene Fragen« zu systematisieren.

c) Die dritte Funktion schließlich besteht in der *Erklärung des Mechanismus von Zusammenhängen,* die entweder induktiv aufgrund von Verhaltensbeobachtungen entdeckt oder statistisch an repräsentativem Material ermittelt wurden. Solche Erklärungen, die sich auf Motivationen, auf uns aus der Selbstbeobachtung bekannte Kausalzusammenhänge beziehen, werden den festgestellten Korrelationen gewöhnlich in Form von Hypothesen als Kommentar beigefügt. Der von den Direktiven der empirischen Wissenschaften durchdrungene Wissenschaftler mag sich mit der Feststellung von Korrelationen ohne Erklärungen begnügen; der Leser oder Hörer kann dann – auf seine eigene Verantwortung – versuchen, diese Korrelation zu verstehen, indem er sich auf die Introspektion stützt und sich in die dargestellte Lage versetzt.

Gemeinhin werden die Gesetze der politischen Ökonomie – unabhängig davon, wie man zu ihnen gelangt ist – nach naturwissenschaftlichem Modell formuliert, also in behavioristischen Termini (Angebot, Nachfrage, Sparen, Verbrauch), oder sogar, wie ich in der Einleitung gesagt habe, in Termini, die tote Gegenstände bezeichnen (Warenflucht, Verdrängung des besseren Geldes durch das schlechtere). Das verleiht den Thesen der Ökonomen den Anschein, als wären sie vom menschlichen Bewußtsein unabhängig. Der Mechanismus der Zusammenhänge, von denen diese Thesen sprechen, wird aber erst dann verständ-

lich, wenn wir uns auf die innere Erfahrung stützen. Das bekannte Gesetz von Keynes beispielsweise, dem zufolge bei steigendem Volkseinkommen der Verbrauch steigt, die Zunahme des Verbrauchs aber langsamer erfolgt als die Einkommenssteigerung, ist dann nicht mehr Ausdruck geheimnisvoller anonymer Kräfte und wird ziemlich einsichtig, wenn wir versuchen, uns in die Situation von Menschen zu versetzen, deren Einkommen sich plötzlich erhöht hat, während ihre Gewohnheiten nicht gestatten, den Lebensstil sofort in einer Weise zu verändern, daß die Verbrauchsausgaben proportional zum Einkommen steigen, und die zunächst lieber ihre Ersparnisse vergrößern.
Mit dieser Funktion der inneren Erfahrung haben wir es zu tun bei soziologischen Analysen des kollektiven Verhaltens in bestimmten Geschichtsperioden oder von Ereignissen eines bestimmten Typs. Zahlreiche Beispiele für eine solche Analyse der Motive menschlichen Handelns finden wir in den historischen Arbeiten von Marx, insbesondere im *18. Brumaire.* Ein hervorragendes Beispiel ist auch *Reakcja katolicka w Polsce* von Stefan Czarnowski. Den Problemen einer kausalen Erklärung sozialer Phänomene durch Rekurs auf psychologische Hypothesen, die auf der inneren Erfahrung beruhen, hat Maria Ossowska das 11. Kapitel ihrer *Moralność mieszczańska* gewidmet, in dem ein Absatz den Titel trägt: »Die Ausdrucksfunktion menschlicher Erzeugnisse als Orientierungsfaktor für den Forscher bei der Feststellung von gesellschaftlichen Bedingtheiten.«[44]
d) Die vierte Funktion der Einfühlung schließlich, mit der wir es in Arbeiten und Reflexionen über gesellschaftliche Probleme zu tun haben, besteht in der *Begründung* allgemeiner Thesen durch offenen oder uneingestandenen Rückgriff auf die innere Erfahrung, sofern das Beobachtungsmaterial für eine wissenschaftlichen Ansprüchen genügende Verifizierung nicht ausreicht. Gewöhnlich ist das der Fall bei der Begründung von soziologischen Thesen, die auf vergleichenden historischen Untersuchungen beruhen, da das auf diese Weise zusammengetragene Material stets mehr oder weniger zufällig ist. In seiner Theorie der Revolution arbeitet Pareto mit historischem Ma-

44 *Moralność mieszczańska,* Warschau 1956, S. 298 f.

terial, kümmert sich aber nicht um systematisches Sammeln und Vergleichen. Wie es scheint, appelliert die These Paretos vor allem an die psychologische Intuition der Leser. Er begnügt sich mit Beispielen, die seine These illustrieren.[45] Umgekehrt bemüht sich Svend Ranulf, seine These von der Neigung des Kleinbürgertums zu strengen moralischen Urteilen und vom Zusammenhang zwischen kleinbürgerlichen Tendenzen im gesellschaftlichen Leben und der Strenge der Strafgesetze durch systematische vergleichende Studien zu sichern, aber auch in diesem Falle kann die Auswahl des Materials, die im übrigen verschiedene Zweifel weckt, keine angemessene Verifizierung bieten.[46] Sicher rechnet der Autor auch in diesem Falle – vielleicht im Widerspruch zu seinen methodologischen Annahmen – damit, daß seine These hinreichend einsichtig wird, wenn der Leser versucht, den psychologischen Mechanismus jenes Zusammenhangs nachzuvollziehen, der Gegenstand seiner Überlegungen ist. Das gilt auch, wie ich meine, für die These Max Webers über den Zusammenhang zwischen der puritanischen Ethik und dem Geist des Kapitalismus, obwohl der Autor von statistischen Angaben über den Anteil von Katholiken und Protestanten in den philosophischen Fakultäten und an den Technischen Hochschulen im Deutschland seiner Zeit ausgeht und umfangreiches historisches Material zur Analyse heranzieht. Die alte Behauptung, äußere Bedrohung stärke den Zusammenhalt einer Gruppe, die manchmal als Beispiel eines soziologischen Gesetzes angeführt wird, hat eine Fülle von Beobachtungen und historischen Belegen für sich, doch wird auch sie zweifellos von der inneren Erfahrung gestützt (der Einfühlung in die Haltung des Mitglieds einer Gruppe, die von einer Fremdgruppe bedroht wird). Zahlreiche allgemeine Thesen der Ökonomen appellieren *implizit* an die Einfühlung in einen Menschen, der sich rational nach ökonomischen Motiven richtet, und verzichten auf eine systematische Verifizierung anhand repräsentativer Daten.

Da wir gewöhnlich nicht wissen, ob ein Autor, der seine These auf sporadische Beobachtungen und historische Materialien

45 Vilfredo Pareto, *Traité de sociologie générale*, Paris 1919, Bd. II, §§ 2042-2059.

46 Svend Ranulf, *Moral Indignation and Middle Class Psychology*, Kopenhagen 1938.

gründet, seine Daten als ausreichendes Beweismaterial betrachtet, ist es bisweilen schwierig zu klären, ob die psychologische Interpretation der Zusammenhänge zwischen den untersuchten Phänomenen eine *Erklärung* der in der These behaupteten Korrelationen darstellt oder vielmehr ein *Argument* für deren Existenz; im letzteren Fall sind die historischen Daten eher Illustrations- als Beweismaterial.

Wenn der psychologische Mechanismus der analysierten Zusammenhänge, der mit Hilfe der inneren Erfahrung erfaßt wird, ein Argument zugunsten der These sein soll, die jene Zusammenhänge feststellt, dann kann dieses Argument wiederum eine doppelte Funktion erfüllen. Es kann sich um die Funktion der Überredung handeln: wir appellieren an die innere Erfahrung der Hörer, um unsere These überzeugend zu machen – ein Zusammenhang, der sich auf unsere innere Erfahrung stützt, wird »aus sich heraus verständlich«; es ist dann leicht – gemäß der Alltagsmaxime: »Jeder urteilt nach sich selbst« –, die Richtigkeit des allgemeinen Satzes, der den Zusammenhang feststellt, anzunehmen. Die Überredungsfunktion ist freilich eine Angelegenheit der Psychologie und nicht der Logik: die Argumentation braucht nicht logisch richtig zu sein, um bestimmte Leute zu überzeugen. Verwickelter ist die Sache, wenn das an die innere Erfahrung appellierende Argument ein logisches sein soll. Man muß dann die nicht verifizierbare Annahme machen, die inneren Erfahrungen der Menschen, an die wir uns wenden, und jener, denen unsere These gilt, seien hinreichend ähnlich, so daß eine Folgerung *per analogiam* mit unseren eigenen Erlebnissen oder mit den Erlebnissen, die wir uns beim Nachempfinden der beschriebenen Situationen vorstellen, gerechtfertigt ist. Doch selbst wenn wir diese Annahme von der hinreichenden Ähnlichkeit der psychischen Struktur machen, kann die innere Erfahrung kein Argument für eine allgemeine These liefern, und sei es nur deshalb, weil wir, wovon oben die Rede war, bei der Introspektion häufig einen Konflikt zwischen vielfältigen Motiven und Möglichkeiten entdecken. In Verbindung mit der Annahme, unsere psychische Struktur sei repräsentativ für bestimmte Gruppen oder bestimmte Typen von Menschen, kann man auf die innere Erfahrung höchstens ein Argument zugunsten der mit einem einschränkenden Quantifikator versehenen These stützen: »Die

Situation des Kleinbürgertums *ist meist* die Ursache dieser und jener psychischen Einstellungen oder dieser und jener sozialen Tendenzen.«

Auf der inneren Erfahrung begründete Thesen über kausale Zusammenhänge sind aus den genannten Gründen eher geeignet, vergangene Ereignisse zu erklären als künftige Ereignisse vorherzusagen. Um die Ursachen vergangener Ereignisse ging es Marx im *18. Brumaire des Louis Bonaparte* und Czarnowski in der *Reakcja katolicka*. Eine rationale Vorhersage baut – unabhängig von einer eventuellen psychologischen Intuition – entweder auf allgemeinen Thesen auf, die eine systematisch betriebene induktive Forschung fundiert, oder auf der statistischen Aufbereitung repräsentativen Materials, das die Berechnung des Wahrscheinlichkeitsgrades bei der Vorhersage gestattet.

Es ist wichtig, daß der Soziologe sich durch Reichtum der Erfahrung und durch Phantasie auszeichnet, die es ihm ermöglicht, sich in unterschiedliche soziale Rollen und unterschiedliche Standpunkte zu versetzen. Wie er sich dieser vierten Funktion bedient und welchen Stellenwert er Argumenten zuerkennt, die auf der inneren Erfahrung beruhen (Argumente, die eine Möglichkeit suggerieren, unterstützende Argumente, begründende Argumente), hängt natürlich von seiner wissenschaftlichen Selbstreflexion ab.

Der radikale Empirist gestattet sich in seiner wissenschaftlichen Arbeit nur, die innere Erfahrung in der ersten Funktion zu benutzen; ähnlich wie sein Kollege von der Physik braucht er vor niemandem zu legitimieren, wie er auf ein interessantes Problem oder auf einen gut formulierten Fragebogen gestoßen ist. Will er sich aber konsequent auf intersubjektive, mittels objektiver Kriterien und Maße vergleichbare Daten beschränken, dann darf er in seinem Fragebogen nur »geschlossene« Fragen verwenden, deren Antworten keiner psychologischen Interpretation bedürfen und sich mechanisch klassifizieren und abzählen lassen. Für ihn sind diese Antworten Ausdruck äußerlichen Verhaltens; sie erlauben Schlüsse nur im Hinblick darauf, wie die der untersuchten Population angehörenden Personen auf die gestellten Fragen reagieren, nicht aber, was sie über die in der Frage implizierten Sachverhalte denken oder welches Verhältnis sie zu ihnen haben. So wird er beispielsweise feststellen, wie viele positive Antworten die Frage nach der Einstellung zum Sozialismus ergeben hat, nicht aber, wie viele Personen mit dem Sozialismus sympathisieren. Das ist jedenfalls das subjektive Ideal des empirischen Soziologen. In der Praxis ist eine derartige Abstinenz freilich äußerst selten; gewöhnlich geht selbst der entschiedenste Anhänger naturwissenschaftlicher Methoden in der Soziologie mehr oder weniger bewußt von einer Kategorie von Tatsachen zur anderen über. Solange er aber geschlossene Fragen oder standardisierte Indizes anderer Art gebraucht, kann er sich immer auf den naturwissenschaftlichen Standpunkt zurückziehen und es dem Rezipienten überlassen, aus seinen Untersuchungen interessantere Folgerungen zu ziehen. Wenn der Vertreter der empirischen Soziologie jedoch auf »offene Fragen« zurückgreift und beginnt, die Antworten oder die nicht auf eine von vornherein festgelegte Reihe von Wendungen begrenzten Äußerungen zu interpretieren und zu systematisieren; wenn er, statt nach Korrelationen zwischen Skalen von sogenannten Indizes zu suchen, die als Reihen beobachtbarer Tatsachen betrachtet werden, in ihnen Indikatoren im ursprünglichen Sinne sieht – Indikatoren psychischer Einstellungen (Abneigung, Anerkennung, Glaube, Strebungen, Gefühl der sozialen Bindung bzw. der sozialen Distanz), deren Inhalt, auch wo er sich durch die Sprache und andere Ausdrucksmittel vermitteln läßt, nur der Introspektion zugänglich ist –, dann kann er die psychologische Interpretation nicht mehr auf den Rezipienten abwälzen: entgegen dem Anschein streng behavioristischer Methoden führt er die Einfühlungsmethode in den Forschungsprozeß ein. Weder die Präzision der mathematischen Berechnungen noch die Formalisierung der Darstellung durch mathematische Symbole beseitigt die Abhängigkeit der Resultate von der inneren Erfahrung des Forschers, die für die Interpretation der ursprünglichen Daten den Ausschlag gab. Der empiristische Soziologe gibt dann den wissenschaftlichen Purismus des Physikers auf und wird zum Humanisten. Dadurch eröffnet sich ihm übrigens die Möglichkeit, »von sicheren, aber wenig bedeutsamen zu bedeutsamen, aber unsicheren Resultaten« überzugehen. Er kann sich bemühen, die Ursachen dieser Unsicherheit auf Kosten der Reichweite der Verallgemeinerung auf die Interpretation der ursprünglichen, systematisch zusammengestellten Daten zu begrenzen; er

nimmt dann eine mittlere Position ein zwischen dem radikalen Empiristen und dem Humanisten traditioneller Tendenz, der sich nicht auf Daten mit kontrollierter Repräsentativität beschränkt, der auf statistische Methoden verzichtet, der aber seine innere Erfahrung und seine psychologische Intuition nicht nur in der Deutung der Daten mobilisiert, sondern sowohl bei ihrer Auswahl als auch bei der Begründung allgemeiner Schlußfolgerungen, die sich nur unzureichend auf intersubjektives Tatsachenmaterial stützen können.
Unter den in der Feldforschung tätigen Wissenschaftlern, die eine Annäherung der soziologischen Methoden an die Methoden der Naturwissenschaften wünschen, ist der Soziologe, dem wir eine mittlere Position zugeschrieben haben, der Soziologe, der exakte Methoden der Datenauswahl anwendet, der zur Ermittlung vergleichbarer Daten konkrete Indexskalen benutzt und sich bei ihrer Aufbereitung statistischer Methoden bedient, gleichzeitig aber bei der Interpretation des gesammelten Materials und in der Formulierung der Schlußfolgerungen die Interessen eines Humanisten bewahrt, der heute am häufigsten anzutreffende Typus. Ist er sich des Einflusses der inneren Erfahrung auf die Forschungspraxis bewußt, so kann er, um die Auswirkung subjektiver Dispositionen auf die Interpretation der Daten zu verringern, humanistische Methoden anwenden, beispielsweise in kollektiver Untersuchungsarbeit. Eine durch Teamwork erzielte Übereinstimmung in der Interpretation von Äußerungen oder Verhaltensweisen von Personen eines anderen Milieus ist allerdings keine Gewähr dafür, daß die Interpretation zutrifft und daß das Team die Intentionen und Einstellungen der untersuchten Population richtig erfaßt hat, doch wird durch kollektive Arbeitsweise der Einfluß streng individueller Vorurteile, Denkgewohnheiten und Assoziationen ausgeschaltet bzw. eingeschränkt und damit die Chance einer zutreffenden Interpretation erhöht.

Zusammenfassung: Analogien und Fiktionen

Unter dem Motto von Lazarsfeld, daß die Soziologie noch nicht in das Stadium eingetreten sei, in dem sich die Naturwissenschaften befinden, haben wir uns sowohl hinsichtlich der

Forschungsmethoden als auch der Wirksamkeit der technischen Anwendung mit der Frage der Angleichung der empirischen Soziologie an die Physik befaßt. Wir haben dabei gewisse Eigentümlichkeiten der Sozialwissenschaften deutlich gemacht bzw. wieder in Erinnerung gerufen, die grundsätzlich die Möglichkeit der Übertragung von naturwissenschaftlichen Modellen auf die Sozialwissenschaften einschränken, was indessen die Allgemeingültigkeit der grundlegenden, allen Arten der Erkenntnis gemeinsamen Direktiven und Kriterien der Wissenschaftlichkeit keineswegs berührt. Diese Eigentümlichkeiten, von denen bestimmte Analogien zwischen der Physik und der empirischen Soziologie beeinträchtigt werden, haben wir in diesem Kapitel auf fünf Punkte zurückgeführt.[47] Der letzte dieser Punkte, dem wir am meisten Raum gegeben haben, ist das Faktum, daß man sich in den verschiedenen Phasen der Forschungstätigkeit in der Soziologie auf die innere Erfahrung beruft, und die Notwendigkeit, beim Übergang von den Indizes zu den in ihnen ausgedrückten Inhalten auf die innere Erfahrung zu rekurrieren. Im Zusammenhang mit diesem Punkt habe ich bewußt den für einen Anhänger des Physikalismus abscheulichen Terminus »Einfühlung« gebraucht, um den Sachverhalt klarzustellen.

Die in diesem Kapitel erörterten Vorbehalte gegen die Anwendbarkeit naturwissenschaftlicher Modelle in den Sozialwissenschaften sowie gegen eine Analogie zwischen der Technik im Bereich der physischen Erscheinungen und der Sozialtechnik schränken die praktische Bedeutung der empirischen soziologischen Forschung nicht ein und tasten die Relevanz statistischer Methoden in der Soziologie nicht an. In ihrer kurzen Geschichte hat die moderne empirische Soziologie sowohl methodisch als auch begrifflich ernstzunehmende Resultate erzielt, und die Resultate haben eine bisher in dieser Disziplin unbekannte Verbreitung gefunden. Man darf erwarten, daß die Methoden der empirischen Kontrolle des Forschungsmaterials und seiner Interpretation weiter verbessert werden und daß ein systematischer Vergleich von Material, das beispielsweise durch eine Umfrage gewonnen wurde, mit auf anderem Wege erworbenem Material zur allgemeinen Praxis wird.

Wichtig erscheint mir freilich, auf gewisse Fiktionen hinzuwei-

47 Siehe Seite 160 ff.

sen, die mit der Übertragung naturwissenschaftlicher Methoden auf die Sphäre symbolischer Aktionen zusammenhängen: Ich meine damit die in konventionellen Symbolen ausgedrückten Reaktionen der »Versuchspersonen«. Es erscheint mir ebenfalls wichtig, bei dieser Gelegenheit die Aufmerksamkeit auf Gefahren zu lenken, die sich daraus ergeben, daß man sich an der Mathematisierung der Soziologie und der relativen Mühelosigkeit berauscht, mit der quantifizierbare empirische Resultate zu bekommen sind. Unschwer lassen sich dafür sowohl hierzulande als auch in Amerika Beispiele finden. Ein eindrucksvoller Beleg der Anwendung exakter mathematischer Methoden bei der Berechnung von Korrelationen bei gleichzeitiger intuitiver und unkritischer Skalierung der primären Daten ist die vor kurzem veröffentlichte Abhandlung von Milton Rokeach, Hans Toch und Teodor Rottman über die Zusammenhänge zwischen dem Grad der Bedrohung der Kirche, dem Grad der Strenge von Sanktionen (punitiveness) und dem Grad des Absolutismus in den Beschlüssen von 12 aus insgesamt 19 Konzilen der Katholischen Kirche, die zwischen dem 1. Konzil von Nikäa im Jahre 325 und dem Konzil in Trient (1545-1563) stattfanden.[48] Die Autoren deklarieren diese Arbeit als eine Pionierarbeit, denn bisher hat man auf derartiges Material noch nicht exakte mathematische Methoden angewandt: »Diese Untersuchung«, so lesen wir am Schluß der Abhandlung, »ist der Versuch einer quantitativen Überprüfung einer psychologischen Hypothese an historischem Material. Soweit uns bekannt, ist es einer der ersten Versuche, quantitative Methoden in der Analyse einer religiösen Bewegung anzuwenden.«[49] Das Resultat der Untersuchung ist die Feststellung, daß die Korrelation zwischen einer bedrohlichen Situation und der Strenge von Sanktionen .52 beträgt, die zwischen einer bedrohlichen Situation und dem Grad des Absolutismus .66.[50] Wie aus dem Kommentar hervorgeht, betrachten die Autoren den Ausdruck »von Gottes Gnaden«, den sie

48 *The Effect of Threat on the Dogmatization of Catholicism.* In: *The Open and Closed Mind. Investigations into the Nature of Belief System and Personality Systems,* hrsg. von Milton Rokeach, New York (Basic Books) 1960.
49 Ibid., S. 388.
50 Ibid., S. 386.

in den Beschlüssen des Konzils entdeckt haben, als Indikator eines hohen Grades von Absolutismus.[51] In Polen war Bolesław Prus ein Vorläufer der mathematischen Berechnung, die sich auf intuitive Beurteilungen stützt; im Jahre 1906 errechnete er exakt die Siegeschancen der Revolution mit Hilfe einer viergliedrigen Skala, die er auf die einzelnen Kräftefaktoren der Volksmasse und des Militärs anwandte (Mannschaftszahl, Bewaffnung, Begeisterung, Organisation). Prus war ein Literat – Rokeach ist ein Wissenschaftler, der in seiner Ausbildung u. a. die Werke Stouffers und Lazarsfelds kennengelernt hat; Prus veröffentlichte seine Berechnungen im Feuilleton der *Kronika Tygodniowa* – Rokeach in einem Werk mit wissenschaftlichem Anspruch; Prus stellte seine Berechnungen der Kräfte als vielleicht »halb scherzhaft, halb ernsthaft« vor – der amerikanische Gelehrte erklärt, seine Berechnungen – dargestellt in drei Tabellen und sehr viel eleganter als die einfache Arithmetik von Prus – seien statistisch legitimiert.

Die größte Sünde wider die Exaktheit ist die Vorspiegelung von Exaktheit. Eine Grundregel der Statistik untersagt bekanntlich, Berechnungen von Mittelwerten mit einer größeren Genauigkeit durchzuführen, als es nach den angenäherten Zahlenwerten der einzelnen Elemente erlaubt ist. Bei anderen statistischen Operationen gelten analoge Normen. Hätte Rokeach seine Beobachtungen über die Konzile ohne mathematische Tabellen vorgestellt, dann wären sie immerhin interessant, wenn auch nicht verblüffend gewesen. Dem unkritischen Leser mögen sie mit ihren mathematischen Tabellen wie eine Offenbarung erscheinen; sie machen ihn glauben, die soziologische These sei nach naturwissenschaftlicher Manier mathematisch begründet.[52]

Man sagt, das Tor bzw. der Giebel der Platonischen Akademie

51 Ibid., S. 384.

52 Als die vorliegende Arbeit bereits abgeschlossen war, erschien das Buch von E. L. und R. Hartley, in dem die Verfasser die Aufmerksamkeit auf gewisse Einstellungen der Wissenschaftler und der Öffentlichkeit gegenüber experimentellen Methoden in der Sozialpsychologie lenken. Die Autoren sind der Auffassung, die heute allgemein verbreitete Begeisterung für experimentelle Methoden untergrabe die Kritik an den Forschungsresultaten. »Die Vorstellungen der Öffentlichkeit sind so stark von experimentellen Methoden besetzt, daß eine Tendenz besteht, ein Ergebnis als zuverlässig zu akzeptieren, *nur weil diese Methodologie benutzt wurde.*« (Hervor-

habe die Aufschrift getragen: ΜΗΓΕΩΜΕΤΡΕΤΟΣ ΜΗΔΕΙΣ ΕΙΣΙΤΩ – »Hier trete niemand ein, der die Geometrie nicht kennt«, wobei anscheinend die Geometrie *pars pro toto* stand für Mathematik. Würde auf den Toren oder Giebelwänden von Instituten der empirischen Soziologie (sofern solche Institute eigene Tore und Giebelwände erhalten) eine entsprechende Aufschrift eingraviert, so täte man gut daran, sie durch einen Zusatz zu ergänzen: »Hier trete niemand, der meint, nur bei mathematischen Operationen sei man zur Genauigkeit verpflichtet.« Die Tragfähigkeit einer Brücke, von deren Pfeilern vier aus Stahl sind und einer aus Holz, bemißt sich nicht nach der durchschnittlichen Tragfähigkeit aller Pfeiler, sondern nach der des schwächsten. Das gilt auch für den Wert von Forschungsresultaten: hochgradige statistische Verläßlichkeit und korrekte sowie exakte mathematische Berechnungen verlieren ihre Bedeutung, wenn beispielsweise der Wert der Interpretation des Ausgangsmaterials und der auf der intuitiven Skalierung beruhenden Indizes in Frage gestellt wird. Die Entscheidung aber, welche der Annahmen gültig sind, ist eine Frage, die sich einfachen standardisierten Methoden entzieht.
Daß man den Unterschied zwischen den unmittelbaren Daten der Naturwissenschaften einerseits und der Sozialwissenschaften andererseits nicht sehen will, trägt nicht dazu bei, die Anstrengungen zur Präzisierung von Methode und Sprache der Sozialwissenschaften zu stärken. Genauigkeit in den quantitativen Bemühungen befreit die Forschungsresultate nicht von dem Einfluß einer zutreffenden bzw. unzutreffenden Einfühlung in die Einstellungen, die den in der Untersuchung gewonnenen Indizes entsprechen sollen. Intellektuelle Beweglichkeit, humanistische Bildung und Kritikfähigkeit gegenüber den eigenen Interpretationen des Forschers sind nicht durch elektronische Rechenmaschinen zu ersetzen.

hebungen von mir. St. O.). »In dem Bemühen, soziale Phänomene auf Laboratoriumsbedingungen zu reduzieren, wird simplifiziert und abstrahiert.« »Ironischerweise führt gerade die Bemühung des Forschers, die Variablen zu kontrollieren, [...] ein Element ein, das die Ergebnisse des Experiments möglicherweise ungültig macht.« E. L. Hartley und R. Hartley, *Fundamentals of Social Psychology*, New York 1961, S. 5-6. Wie mir scheint, ist die Bemerkung der Hartleys über den Einfluß der experimentellen Methoden auf die Vorstellungen der Öffentlichkeit im gegenwärtigen Augenblick in Polen nicht minder aktuell als in Amerika.

VI. Die Sozialwissenschaften und die Probleme einer Theorie der Kultur

Kriterien soziologischer Errungenschaften

Betrachtet man die Eigentümlichkeiten des Gegenstandes der Sozialwissenschaften und die mit diesen Eigentümlichkeiten verbundenen Einschränkungen der Anwendbarkeit naturwissenschaftlicher Modelle, die Thema des vorangegangenen Kapitels waren, dann ist die Frage der Verspätung der Sozialwissenschaften nicht mehr so einfach, wie sie sich in den Äußerungen jener Autoren darstellte, die den unterschiedlichen Erkenntnisstand der Natur- und der Sozialwissenschaften allein mit den differenten Entwicklungsstufen dieser Disziplinen erklären wollen.

Die Unvollkommenheit der modernen Methoden der empirischen Soziologie und die unausgereiften, häufig naiven Formen ihrer Anwendung tragen deutlich den Stempel einer kurzen Entfaltungsgeschichte. Der Prozeß der Verfeinerung der Methoden, der Befreiung von Irrtümern und tradierten Gewohnheiten vollzieht sich langsam vor unseren Augen. Die ungleiche Situation, in der sich der Naturwissenschaftler und der Soziologe gegenüber ihrem Forschungsgegenstand befinden, läßt aber füglich zweifeln, ob der Abstand zwischen einer auf systematischer Forschung beruhenden Soziotechnik bzw. Anthropotechnik und der Technik der Nutzung der Naturkräfte lediglich das Ergebnis des unzureichenden Entwicklungsstandes der soziologischen Erkenntnis ist. Und die Besonderheit der sozialen Phänomene, der dynamische Charakter psychischer Dispositionen und menschlicher Beziehungen bestärken in diesem Zweifel; es ist fraglich, ob die Soziologie jemals in der Lage sein wird, den Sozialtechnikern eindeutige, unfehlbare Direktiven zu geben, vorausgesetzt, die Gesellschaft wird nicht in eine Maschine verwandelt, deren Leitungsinstanzen die Fähigkeit zu selbständigem Denken und unstereotypen Reaktionen verlören. Man darf vielmehr annehmen, daß die Kunst des gesellschaftlichen Handelns – von extremen Formen einer technisch perfekten monozentrischen Ordnung abgesehen – in allen Angelegenheiten, die eine vielfältige Motivation einschließen, immer darin bestehen wird, mit Wahrscheinlichkeiten zu operieren, die einen unterschiedlichen Abstand von der Gewißheit aufweisen.[1]

Die Bemerkungen über hölzerne Brückenpfeiler, mit denen das fünfte Kapitel schloß, gebieten, bei der Beurteilung von empirischen Untersuchungsergebnissen, die in exakte Zahlen und Formeln gekleidet sind, vorsichtig zu sein. Doch enthalten die früheren Überlegungen in jenem Kapitel, insbesondere über die zwei Konzeptionen der Erklärung, zusätzliche Probleme. Bei den Vertretern der empirischen Soziologie gibt es eine Neigung, die Errungenschaften der Sozialwissenschaften ausschließlich unter dem Gesichtspunkt ihres sozialtechnischen Gebrauchswerts zu werten, eine Neigung, die sich mit dem vernünftigen Bestreben verbindet, die Soziologie von philosophischem und publizistischem Ballast zu befreien. Die Interessenorientierung der empirischen Soziologie läßt außer acht, daß Analysen, die der gesellschaftlichen Erkenntnis dienen, auch andere Funktionen haben, die in der Gesamtbilanz die Unvollkommenheiten soziotechnischer Konzepte einigermaßen kompensieren können. Damit ist gemeint, daß eine bestimmte Kategorie von Werken bzw. von Untersuchungen, die nicht unmittelbar zu soziotechnischen Empfehlungen für eine konkrete Situation führen und nicht die Voraussetzungen für »unfehlbare Prognosen« schaffen wollen, gleichwohl gesellschaftlich wichtig ist.

Aristoteles unterschied zwischen zwei Kategorien von Aufgaben, vor denen die menschliche Erkenntnis steht: die eine verknüpfte er mit dem Begriff der Nützlichkeit, die andere mit dem Begriff der Weisheit. (Diese Differenzierung, die auch den altindischen *Veden* vertraut ist, ließe sich auch am Beispiel der Astronomie illustrieren.) Da nach der Auffassung von Aristoteles die Technik bereits im alten Griechenland einen so hohen Stand erreicht hatte, daß man von ihrer weiteren Entwicklung nicht viel erwarten konnte, während der Weisheit, wie er annahm, keine Grenzen gesetzt wären, ging er davon aus, daß die weitere Entwicklung der Erkenntnis vor allem der Weisheit zugute kommen würde. Die These von den geringen

1 Vgl. oben das zweite Kapitel.

Möglichkeiten der technischen Entwicklung ist in den letzten drei Jahrhunderten widerlegt worden. Der Leser, der im Zeitalter des Radios, des Flugzeugs und der Atomenergie solchen Vorhersagen mit Herablassung begegnet, ist jedoch daran zu erinnern, daß sie die Prüfung von fast zwei Jahrtausenden bestanden haben und daß wir noch die Epoche der Renaissance als eine Epoche des Fortschritts der Weisheit, aber nicht der Technik rühmen. Ungeachtet der schwindelerregenden Erfolge der modernen Technik und der durch sie hervorgerufenen Wandlungen in der Gesellschaft ist die aristotelische Unterscheidung zwischen zwei Aufgaben der Erkenntnis auch heute noch aktuell, auch wenn wir dazu neigen, das Wort »Weisheit« wegen seiner altertümlichen Assoziationen und seiner pathetischen Färbung zu meiden.

Die Erkenntnis liefert die technischen Mittel; doch unabhängig von ihrer technischen Anwendung verändert sie das menschliche Bewußtsein und die menschlichen Einstellungen. Über die Produktionstechnik, die Kommunikationstechnik, die Konflikttechnik und die Regierungstechnik hat das Wissen Einfluß auf das gesellschaftliche Leben. Es kann freilich auch die menschlichen Beziehungen durch Veränderungen modeln, die es – diesseits aller technischen Anwendung – in der Hirnrinde hervorruft.

Selbstverständlich gilt das ebenso für die Naturwissenschaften. Nicht grundlos fürchtete die Kirche die Theorien des Kopernikus, nicht grundlos standen Giordano Bruno und Galilei vor dem Gericht der Inquisition, auch wenn der Kampf den Lauf der Planeten und die Stellung der Himmelskörper betraf. Es ist allgemein bekannt, daß die Theorie Darwins weitreichende gesellschaftliche Folgen hatte, doch könnten subtilere Nachforschungen vielleicht zeigen, daß auch die Entdeckung der Welt der Mikroorganismen oder manche Theorie im Bereich der Physik und Chemie bemerkenswerte gesellschaftliche Auswirkungen hatte. Die Erkenntnis sozialer Phänomene indes hat weit unmittelbarere Konsequenzen für die sozialen Einstellungen und damit für die menschlichen Beziehungen als die naturwissenschaftliche Erkenntnis, sofern wir einmal epochale Konzeptionen beiseite lassen, die alte Formen des Weltverständnisses erschütterten und die mittelbar die Stellung des Menschen im Universum oder in der Gesellschaft betrafen – Konzeptionen, die mit den Namen von Kopernikus, Kepler, Newton und Darwin verknüpft sind.

Allein schon die Formulierung dessen, was man gemeinhin als soziologischen Gesichtspunkt bezeichnet, ist in dieser Hinsicht von außerordentlicher Bedeutung. Dieser Gesichtspunkt, diese Art der Interpretation von Erscheinungen gehörte zu den großen intellektuellen und erzieherischen Momenten der Marxschen Theorie, bis sie in dem ritualisierten Schulungsverfahren unter Stalin dogmatisiert wurde. Man kann häufig beobachten, wie ein Studium der Soziologie und der Sozialanthropologie Vorurteile und Stereotype zerstört. Plötzlich werden neue Aspekte, neue Möglichkeiten sichtbar. Das Heraustreten aus dem eigenen Milieu und die kritische Reflexion seiner Normen und Werte bewirkt eine Art Kopernikanischer Revolution im Bewußtsein des Einzelnen.

Die Sozialtechnik gibt Mittel für unterschiedliche Ziele an die Hand. Das soziologische Wissen erfüllt zwar nicht die Voraussetzungen für unfehlbare Prognosen, aber es kann eine Änderung der Handlungsziele herbeiführen und neue Lösungen für soziale Probleme einleiten. Solche Funktionen haben auch typologische Untersuchungen, die entweder nur ein Milieu erfassen oder auf Material beruhen, das viele Gemeinschaften und Kulturen repräsentiert; sogar eine gute Fallstudie, eine intelligente Analyse eines gesellschaftlichen Einzelprozesses kann solche Wirkungen auslösen. Diese Kategorie von Aufgaben der Sozialwissenschaften, die nicht unmittelbar von den technischen Mitteln gesellschaftlichen Handelns abhängen, hat in der zeitgenössischen amerikanischen Literatur in C. Wright Mills einen entschiedenen Befürworter; ihm kommt es darauf an, »soziologische Phantasie« zu verbreiten.[2] Es ist bezeichnend, daß es in unserem Lande ein junger marxistischer Soziologe ist, der in einer Erörterung der Aufgaben der Soziologie beim sozialistischen Aufbau die beiden Funktionen der Wissenschaft in bezug auf die Soziologie sehr nachdrücklich formuliert.[3] Wir brauchen, so sagt er, Soziologen als Techniker, wir brauchen Soziologen als Experten, aber gleichzeitig brauchen

2 C. Wright Mills, *The Sociological Imagination*, New York 1959 (deutsch: *Kritik der soziologischen Denkweise*, Berlin und Neuwied 1963.)

3 Zygmunt Baumann, *Z zagadnień współczesnej socjologii amerykańskiej*, Warszawa 1963, S. 221–222.

wir den humanistischen Soziologen, der den Menschen das Verständnis der komplexen Wirklichkeit erleichtert und bei der Entfaltung eines »neuen Menschen« mitwirkt: »eines Menschen mit einer aktiven, schöpferischen sozialen Einstellung.«[4]
Unter Berücksichtigung dessen, was wir soeben dargelegt haben, beschränken sich die praktischen Aufgaben der Sozialwissenschaften nicht auf Techniken, nicht auf die Formulierung von Prämissen, welche Mittel anzuwenden sind, um einen gewünschten Effekt zu erzielen. Die praktische Bedeutung der Marxschen Werke mißt niemand primär an der Nützlichkeit der darin enthaltenen Anweisungen zum Handeln – besonders, wenn er die Auswirkungen dieser Werke aus der heutigen Perspektive beurteilt. Der technische Nutzen ist kein Maßstab für den praktischen Wert der Werke Veblens, Webers, Durkheims oder des Buches von Znaniecki über das gesellschaftliche Handeln (*Social Actions*, 1936). Wenn Mills für die Entfaltung »soziologischer Phantasie« eintritt, dann artikuliert er einen Praxisbegriff, der einschneidender und ehrgeiziger ist als jener der Sozialtechnik; in Anknüpfung an die aristotelische Unterscheidung könnte man hier von praktischen Konsequenzen der Weisheit sprechen – praktisch im etymologischen Sinne (πράττειν = bewirken, ausführen, erreichen).

Die moderne empirische Soziologie hat erreicht, was die Vertreter der Soziologie seit Comte anstrebten: einen abgegrenzten Forschungsbereich, eigene Thematik, eigene Methoden, eigene Institutionen. Sie ist nicht mehr eineRanddisziplin und auch nicht mehr eine Disziplin, die gegenüber anderen Sozialwissenschaften eine nicht genau definierte übergeordnete Stellung anstrebt. Ihre Methoden und Untersuchungstechniken wurden eindeutig kodifiziert, ihre Sprache in gewissem Maße auf internationaler Ebene universalisiert. Sie hat sich dem Trend der modernen empirischen Wissenschaften angeschlossen und nutzt in der Forschungsarbeit die neuesten technischen Mittel, einschließlich elektronische Maschinen. Die technische Ausstattung mit technischen Spezialisten wurde zum unerläßlichen Bestandteil der Forschungsinstitute der empirischen Soziologie, was, wie in anderen Disziplinen auch, eine Zunahme

4 Ibid., S. 222.

der organisatorischen Tätigkeit und die Betonung von Teamarbeit nach sich gezogen hat. Im übrigen ist der Gesellschaft bewußt geworden, daß sie die empirische Forschung unmittelbar braucht.

Diese Position hat die empirische Soziologie durch eine Beschränkung ihrer Thematik und ihrer Aufgaben erreicht. (Man kann es als ein Symptom dieser Wandlung betrachten, daß in den Forschungsinstituten die Bibliotheken zugunsten von Maschinen zurückgedrängt wurden.[5]) Unter diesen Aufgaben dominieren heute diagnostische Untersuchungen gegenüber der Sozialtechnik. Gleichwohl liefern sowohl diagnostische Studien als auch in ihrer Reichweite begrenzte sozialtechnische Verallgemeinerungen, die man z. B. aus Experimenten gewinnt, welche mit Hilfe von Kontrollgruppen durchgeführt wurden, wertvolle Voraussetzungen für die gesellschaftliche Planung.

Vermutlich wird sich der Umfang der Aufgaben des empirischen Soziologen nicht nur im Zusammenhang mit der Rationalisierung der gesellschaftlichen Planung erweitern. Es ist heute offenkundig, daß bestimmte Gebiete der Sozialwissenschaften wie die Ökonomie und die Demographie, die sich seit alters als autonome Disziplinen mit eigenen exakten Methoden entwickelt haben und die bei ihren Berechnungen gewöhnlich von psychologischen Variablen abstrahierten, Wissenschaften sind, die bestimmte Wirkungen des gesellschaftlichen Verhaltens der Menschen erforschen. Ob demographische Prognosen über das Bevölkerungswachstum zutreffen, hängt nämlich nicht nur von,

5 Es ist bezeichnend, daß Lazarsfeld, ein Autor mit einer umfassenden humanistischen Bildung, von sich und seinen Kollegen als von »we pollsters« spricht, was im Polnischen wohl kaum anders wiederzugeben ist als mit »wir Zähler« oder »wir Stimmenzähler«. Lazarsfeld verwendet dieses Wort ironisch als Bezeichnung für seinen Beruf – im vollen Bewußtsein der abwertenden Nebenbedeutung: »Wir übernehmen in diesem Aufsatz einen abfälligen Ausdruck zur Bezeichnung eines Berufs, den wir verteidigen und dessen akademische Erscheinungsform wir vertreten möchten. Dieses Verfahren wird für Historiker nicht überraschend sein, die sich an viele ähnliche Beispiele erinnern werden: beispielsweise an die Partei der niederländischen Protestanten, die sich selbst als ›Bettler‹ bezeichneten, nachdem die Frau des Statthalters der Spanischen Krone versucht hatte, sie mit diesem Wort verächtlich zu machen.« Paul F. Lazarsfeld, *The Historian and the Pollster*, in: *Common Frontiers of the Social Sciences*, hrsg. von Mirra Komarovsky, Glencoe 1957, S. 242.

beispielsweise, der Zahl der Frauen im gebärfähigen Alter oder der Sterblichkeitsrate und der ärztlichen Versorgung der Bewohner ab, sondern auch von soziologischen Annahmen. Wenn der Demograph diese nicht berücksichtigt, dann unterstellt er, die sozialen Einstellungen der Bevölkerung in Angelegenheiten, die demographisch bedeutsam sind, würden sich nicht oder nur gleichförmig verändern, wie es sich an statistischen Reihen beobachten läßt (beispielsweise an einer stetigen Abnahme der Geburtenziffer). Das ließe sich durch entsprechende soziologische Untersuchungen überprüfen, die in die Berechnungen des Demographen eine neue Kategorie von Variablen einführten, die besonders in Zeiten, in denen die geltenden moralischen Normen, Sitten und Wertmaßstäbe ihre relative Stabilität einbüßen, entscheidend den Verlauf von Bevölkerungskurven bestimmen können, die ausschließlich aufgrund der bisherigen Bevölkerungsstatistiken gezeichnet wurden.

Noch offensichtlicher ist die Bedeutung soziologischer Analysen für ökonomische Prognosen. Im Westen ist man sich dessen vor allem im Zusammenhang mit den Theorien Keynes' bewußt geworden, die nach empirischer Verifizierung verlangten. Durch die empirische »mikroökonomische« Forschung ist man zur Entwicklung und Verifizierung von Hypothesen gelangt, die das Keynesianische Modell erweitern.[6] George Katona, Professor an der Universität von Michigan und Direktor eines Instituts für wirtschaftliche Verhaltensforschung, betont, daß die Suche nach wirtschaftlichen Tatsachen im Wege der empirischen Forschung sich nicht auf das Sammeln statistischer Daten über Arbeitslosigkeit, Einkommen und Ausgaben beschränken darf; sie soll sich gleichfalls auf die subjektive Einstellung zur Wohlfahrt oder zur Armut sowie auf Erwartungen künftiger Veränderungen erstrecken. »Beide Arten von Daten«, schreibt Katona, »lassen sich auf unparteiische und zuverlässige Weise gewinnen, sie lassen sich zahlenmäßig verarbeiten und sind Elemente der Situationsbeschreibung.«[7] In den sozialistischen

6 »Die mikroökonomische Forschung ist auf zusätzliche Faktoren gestoßen, die auf unterschiedliche Weise mit den wenigen Faktoren zusammenhängen, aus denen das keynesianische Modell sich zusammensetzt.« W. S. Vickrey, *Keynesian Theory and Empirical Inquiry,* in: *Common Frontiers of the Social Sciences,* S. 380.

7 G. Katona, *The Function of Survey Research in Economics,* ibid., S. 360.

Ländern sind derartige empirische Untersuchungen, »die sich nicht auf eine Statistik der Beschäftigung, der Einkommen und Ausgaben beschränken«, umso wichtiger, als hier die Situation besonders kompliziert ist: hier überkreuzen sich Gewohnheiten, die in unterschiedlichen Systemen geformt wurden. Das Problem neuartiger Motivationen, die sich in einem sozialistischen System erwarten lassen, läßt sich weder mit apriorischen Annahmen noch mit Darstellungen des Gesamtverhaltens einer staatlichen Wirtschaftsverfassung lösen. – Lazarsfeld stellt den empirischen Studien des Soziologen noch eine weitere Aufgabe: die Sammlung zuverlässigen Materials für künftige Historiker. In diesem Falle geht es nur um die Erforschung von konkreten Milieus (diagnostische Untersuchungen) und nicht um soziologische Experimente.[8]

Außerhalb des eindeutig definierten Arbeitsbereichs der empirischen Soziologie mit ihren Skalen, Lochkarten und Korrelationstabellen stehen Werke und Forschungsaktivitäten, die gleichfalls soziale Phänomene zum Gegenstand haben, die aber wegen anderer Erkenntnisfunktionen hoch geschätzt werden; von ihnen war vor kurzem die Rede. Dieser Handlungs- und Reflexionsbereich ist nicht so eindeutig abgegrenzt wie die quantitative empirische Soziologie, und seine Aufgaben sind nicht so spezifisch für ihn, wie es die Aufgaben sind, mit denen die quantitative Soziologie sich befaßt.

Gesellschaftliches Wissen und literarisches Schaffen

Wir sprechen davon, daß es zu den Funktionen der Sozialwissenschaften gehört, neue Erscheinungen und neue Aspekte der Wirklichkeit zu erfassen, neue Fragen zu stellen und im Bereich der menschlichen Beziehungen neue Möglichkeiten aufzudecken; wir sprechen davon, daß sie Aufgaben haben, die das Altertum im Unterschied zu den technischen Aufgaben des Wissens mit dem Begriff der Weisheit verknüpfte; wir erwarten gar, die wissenschaftliche Arbeit könne in den gesellschaftlichen Einstellungen und Wertmaßstäben Veränderungen hervorrufen. Wird damit aber nicht die Grenze zwischen den so-

8 P. Lazarsfeld, *The Historian and the Pollster.*

zialen Funktionen der Soziologie oder der Sozialpsychologie und den Funktionen bestimmter literarischer Werke verwischt? Soziologische und psychologische Entdeckungen, deren Bedeutung darauf beruht, daß sie auf bestimmte Tatsachen, bestimmte Ähnlichkeiten oder Kausalzusammenhänge hinweisen, werden nicht nur von Gelehrten gemacht, sondern auch von Dichtern, Dramatikern und Romanschriftstellern. Grunderkenntnisse der Massenpsychologie kommen vor in Shakespeares *Julius Cäsar*, psychoanalytische Einsichten in *Hamlet*, *Richard III.*, *Kordian*[8a], im vierten Teil der *Dziady*[8b], in den Romanen Dostojewskis, die Freud und seinen Nachfolgern zeitlich vorausgingen. Sorokin ist der Meinung, daß Tolstois *Krieg und Frieden*, Stendhals *Kartause von Parma* oder neuere Bücher von Pyle oder Mauldin ein gründlicheres und zutreffenderes Bild der Motivation von Menschen, die an kriegerischen Handlungen beteiligt sind, vermitteln als die Prozentzahlen, die Stouffer bei seinen Untersuchungen ermittelt hat und in *American Soldier* mitteilt.[9] Und wie viele Stellen in den Werken Freuds – z. B. über den ersten Vatermord, die Analyse der Konflikte zwischen Eros und Thanatos oder zwischen den drei zentralen Kräften in der menschlichen Seele[10] – würden wir andererseits der Literatur zurechnen, wenn ihr Verfasser nicht ein Psychiater gewesen wäre, wenn er seine Ideen nicht zu einer wissenschaftlichen Konstruktion verknüpft hätte, wenn er nicht eine wissenschaftliche Terminologie benutzt und nicht seine Beobachtungen als allgemeine Thesen formuliert hätte? Und wie nahe steht der erste Teil des *Kommunistischen Manifests* der Tragödie des Sophokles: der Kapitalismus zieht sich seine Totengräber selbst heran. Marx war ein guter Kenner der antiken Literatur; vielleicht hat sie ihn in nicht geringerem Maße inspiriert als die englische Ökonomie und die deutsche Philosophie. – Die »Einfühlung«, die – wie wir geschrieben haben – verschiedene Phasen der wissenschaftlichen Tätigkeit eines humanistischen Soziologen charakterisiert, ist ebenfalls ein Hilfsmittel, das Soziologen und Schriftsteller oder Künstler in ihren sozialen Rollen verbindet.

8a Drama des polnischen Romantikers Juliusz Słowacki (*Anm. d. Ü.*).
8b Drama des polnischen Romantikers Adam Mickiewicz (*Anm. d. Ü.*).
9 Pitirim Sorokin, *Fads and Foibles in Modern Sociology*, 1956, S. 147.
10 Es, Ich, Über-Ich.

Im letzten Kapitel war die Unterscheidung zwischen der sozialen Rolle des empiristischen und des humanistischen Soziologen Ausgangspunkt für Reflexionen über naturwissenschaftliche Modelle in den Sozialwissenschaften, und im Zusammenhang mit der sozialen Rolle des empiristischen Soziologen stellten wir die Frage, wie sich die Soziologie zu den Naturwissenschaften verhält. Diejenigen Erkenntnisfunktionen, die nicht zur Sozialtechnik bzw. zur »Anthropotechnik« gehören, sowie andere Funktionen, darunter die Formung der menschlichen Persönlichkeit und die Beeinflussung des gesellschaftlichen Lebens durch Veränderung der menschlichen Einstellungen, werfen, wie wir sehen, das Problem auf, in welchem Verhältnis die Soziologie, einschließlich der Psychologie und der Sozialanthropologie, zu bestimmten nichtwissenschaftlichen Sektoren der Kultur, insbesondere zu bestimmten Arten der literarischen Produktion steht.

Im antiken Griechenland hätte eine Überschneidung der gesellschaftlichen Funktionen von Sozialwissenschaften und literarischem Schaffen keine Besorgnis ausgelöst. Zwar war dort Pallas Athene offizielle Patronin der Wissenschaft, doch befanden sich unter den neun Genossinnen Apolls neben Melpomene, der Muse der Tragödie, neben Euterpe, der Muse der Lyrik, neben Erato und Kalliope, der Muse der epischen Dichtung, auch Klio, die Muse der Geschichte, und Urania, die Muse der Astronomie. Auf dem Parnaß waren die Angelegenheiten von Wissenschaft und Poesie, Weisheit und Schönheit nicht eindeutig aufgeteilt. Die Spezialisierung der Funktionen in einzelne Bereiche menschlichen Handelns und menschlicher Produktivität ist ein Merkmal der modernen Zivilisation. Ein Bibliothekskatalog wird heute nicht in Versen abgefaßt, wie es noch Bischof Zaluski tat, und auch naturwissenschaftliche Traktate nicht, wie es die Alten machten. Zweifellos besteht ein enger Zusammenhang zwischen dem modernen Wissenschaftsbegriff und den strengen Kriterien, nach denen die Wissenschaft von anderen Sektoren der Kultur unterschieden wird, einerseits sowie der üppigen Entfaltung und dem unerhörten Entwicklungstempo der modernen Wissenschaft und Technik andererseits, so daß in den Sozialwissenschaften, die in dieser Hinsicht vernachlässigt worden waren, die Einhaltung besonderer Direktiven bei der wissenschaftlichen Arbeit in dem Programm zur

Befreiung dieser Disziplinen von den Relikten einer vorwissenschaftlichen Vergangenheit mit großer Sorgfalt beachtet wurde. Die Sorge um den wissenschaftlichen Charakter der Soziologie zeigt sich u. a. in einer Tendenz, sich von literarischen oder publizistischen Werken scharf abzuheben.
Wenn aber eine Einteilung der Kultur in gesonderte Bereiche sich funktionaler Kriterien bedient, dann kann es dabei sich nur um eine relative funktionale Differenzierung handeln. Kriterien, nach denen relativ zu unterscheiden ist, besagen noch nichts darüber, ob es nicht gewisse gemeinsame Funktionen gibt. Literarische und künstlerische Werke können sehr wohl Erkenntnisfunktionen erfüllen, auch wenn vor allem die Wissenschaft dem Erkenntnisinteresse dienen soll und diese Funktion gewöhnlich ein Bestandteil ihrer Definition ist. Die Spezialisierung der mit den einzelnen Bereichen der Kultur verbundenen sozialen Rollen ist also eine Spezialisierung nur unter bestimmten Gesichtspunkten. Wir wollen nun versuchen zu klären, was für die soziale Rolle des Wissenschaftlers spezifisch ist und wodurch sich, im Vergleich zum Literaten mit soziologischer Orientierung, der humanistische Soziologe auszeichnet, solange er die Rolle des Wissenschaftlers nicht verläßt.

Forderungen an die Verantwortung des Wissenschaftlers

Zu den an die Rolle des zeitgenössischen Wissenschaftlers geknüpften Forderungen gehört die bewußte Mitwirkung an der Entwicklung der eigenen Disziplin. Der literarische Autor kann, auch wenn er sich in seiner Bildung an den Werken seiner Vorgänger orientiert, von diesen abstrahieren. Vom Wissenschaftler wird erwartet, daß er Stellung gegenüber denen bezieht, die vor ihm über die gleiche Thematik gearbeitet haben, und denen, die sich zu seiner Zeit damit befassen, sofern deren Untersuchungsergebnisse ihm zugänglich sind; insbesondere darf er nicht über divergierende Resultate hinweg zur Tagesordnung übergehen: wenn die Ergebnisse seiner Arbeit nicht mit der anderer Forscher übereinstimmen, dann wird diese Nichtübereinstimmung für ihn zu einem Problem, das er zu lösen hat. Der Dichter und der Prophet können mit einem Satz alle ihre Vorläufer erledigen: »Ich verachte euch all, ihr

Poeten, / Ihr Weisen und Propheten, / Welche die weite Welt verehrte!« Der Gelehrte kann sich nicht in dieser Weise der Vergangenheit entledigen. Die gegenseitige Isolierung einzelner Forscher und Denker oder einzelner Gruppen, das Fehlen eines organischen Zusammenhangs im Entwicklungsprozeß der Erkenntnis haben wir als ein Kennzeichen des vorwissenschaftlichen Stadiums einer Disziplin bezeichnet (vgl. Kapitel IV).

Nennen wir als zweite Forderung eine spezifische sprachliche Verantwortung; sie ist die zweite in der Reihenfolge anderer Überlegungen, ihrer Bedeutung nach aber zweifellos die vornehmste und unauflöslich an die soziale Rolle des Gelehrten heute geknüpft. Es ist eine andere Art sprachlicher Verantwortung, als der Dichter sie empfindet. Sie besteht auch nicht darin, die Wahrheit seiner Sätze zu garantieren, solange er eine solche Garantie nicht ausdrücklich übernimmt; er muß allerdings bereit sein, vollständig Rechenschaft zu geben, warum er diese Sätze und warum er sie gerade in dieser Weise formuliert hat. Das wissenschaftliche Verantwortungsgefühl bemißt sich nicht unmittelbar nach dem Grad der Verifizierung von Thesen, sondern nach der bewußten Stellungnahme zu ihrer Begründung und der Aufdeckung aller Zweifel. Ein Wissenschaftler, der riskante Hypothesen äußert, kann daher verantwortungsvoller handeln als ein anderer, der zwar Untersuchungsergebnisse mit einem hohen Wahrscheinlichkeitsgrad mitteilt, aber bei der Überprüfung der Daten leichtfertig verfährt, bestimmte Zweifel verschweigt oder versucht, sie vom eigenen Bewußtsein fernzuhalten.

Der Wissenschaftler hat das gleiche Recht wie der literarische Autor, seine Mutmaßungen und Werturteile zu artikulieren; er ist dann aber verpflichtet, sie als seine Mutmaßungen und Urteile darzustellen. Diskussionen über die Äußerung von Werturteilen in sozialwissenschaftlichen Abhandlungen beruhen meist auf Mißverständnissen, besonders wenn es um die Zulässigkeit von Werturteilen im Gegensatz zum Postulat wissenschaftlicher Objektivität geht. Der wissenschaftlichen Objektivität stehen Werturteile nicht entgegen, wenn sie auf eine Bezugsgruppe bezogen sind oder als Ausdruck der subjektiven Tendenz des Verfassers formuliert werden; das Objektivitätspostulat schließt lediglich aus, daß Werturteile durch eine sachlich ungerechtfertigte *Auswahl des Materials suggeriert* werden. Aber weder das Postulat der Objektivität noch irgendein anderes Postulat wissenschaftlicher Verantwortung hindert den Wissenschaftler daran, sich bei der *Auswahl der Probleme* nach seinen gesellschaftlichen Interessen zu richten. Auch in diesem Punkt hat der Wissenschaftler die gleichen Rechte wie der literarische Autor oder der Publizist; sie stehen auch nicht im Widerspruch zu seiner sozialen Rolle, zumal bei intellektueller Arbeit *jede* Problemauswahl von Werturteilen bestimmt ist.

Wird die Verantwortung des Wissenschaftlers gesellschaftlich realisiert, so folgt aus ihr *die Forderung nach Transparenz der wissenschaftlichen Arbeitsweise*, ein Postulat, das ebenfalls ein Attribut der sozialen Rolle des Gelehrten in ihrem heutigen Verständnis ist. Die wissenschaftliche Verantwortung verlangt, daß der gesamte Forschungsprozeß sich in vollständiger Offenheit vollzieht, so daß er, wo das technisch möglich ist, von jedem kompetenten Menschen überprüft werden kann oder diesem zumindest eine Beurteilung des Ablaufs der Untersuchung auf der Grundlage einer sachlichen Darstellung des Verfassers möglich ist.

Auch der literarische Autor kann dem Leser seine Arbeitsweise offenlegen, er ist dazu aber nicht verpflichtet, ja, er kann die Darstellung dessen, wie er sein Werk geschrieben hat, zu einem Bestandteil der literarischen Komposition machen. Wenn er tatsächliche Ereignisse beschreibt, gibt er den Menschen und den Örtlichkeiten häufig fiktive Namen nicht aus Diskretion, sondern um der Verantwortung auszuweichen, die ihm aus einer Konfrontation mit der Realität droht. Auf dieses Privileg des literarischen Autors berief sich Simone de Beauvoir, als man ihr im Zusammenhang mit dem Roman *Die Mandarine von Paris* Verleumdung vorwarf.

Und noch ein anderes Moment ist zu beachten: Die wissenschaftliche Verantwortung verleiht den Werken des Wissenschaftlers im Vergleich zur publizistischen Produktion eine Beständigkeit, die angesichts der spezifischen, mit der Rolle des Wissenschaftlers verknüpften Werte nur durch neue wissenschaftliche Resultate, nicht aber durch Konjunkturschwankungen politischer, kommerzieller oder gesellschaftlicher Art erschüttert werden kann.

Die Sprache der Sozialwissenschaften und Probleme der Theorie der Kultur

Die nächste Frage hinsichtlich der sozialen Rolle des Gelehrten, die im Bereich der Sozialwissenschaften von besonderem Gewicht ist, betrifft die Sprache, derer sich der Wissenschaftler in dieser seiner Rolle bedient.

Unter dem Gesichtspunkt einer Theorie der Kultur ist es meines Erachtens opportun, eine Sprache der Wissenschaft, eine Sprache der Poesie und eine Sprache der Mystik zu unterscheiden. Die Bezeichnungen wollen nicht bestimmte Arten der Sprache auf bestimmte Bereiche der Kultur beschränken, sondern lediglich andeuten, daß der Idealtyp der »Sprache der Poesie« in bestimmten poetischen Gebilden, der Idealtyp der »Sprache der Wissenschaft« in bestimmten wissenschaftlichen Werken zu finden ist. In unseren weiteren Überlegungen werden wir die »Sprache der Wissenschaft« genauer als »Sprache begrifflicher Inhalte« bezeichnen. In der Praxis treffen wir freilich kaum einmal Sprachformen an, die dem Idealtyp entsprechen, denn meist handelt es sich um eine Verbindung von Elementen der einen und der anderen Art. Alle drei Arten können das gleiche Wortrepertoire benutzen, auch wenn die Wissenschaft ihr besonderes Verfahren der Wortschöpfung hat und in bestimmten Bereichen Sprachsysteme erzeugt, die mit Symbolen arbeiten, welche in den natürlichen Sprachen nicht vorkommen. Jede dieser drei Sprachen kann die drei grundlegenden kommunikativen Funktionen erfüllen: die deskriptive, die von semantischen Konventionen abhängt, die expressive (Ausdruck von Empfindungen, die im Hinblick auf den semantischen Gehalt der Wörter nicht Gegenstand der Äußerung sind) und die impressive Funktion (die den Hörer bzw. Leser zu Reaktionen veranlaßt, welche über den Vorgang des Verstehens der Wörter hinausgehen). Die Sprache der Wissenschaft ist gekennzeichnet durch die Dominanz der deskriptiven Funktion, doch formulieren wir in ihr auch Direktiven und Normen, die eine impressive Funktion haben; jede exakte Verfahrensordnung ist ein Beispiel für die Anwendung der Sprache der Wissenschaft in impressiver Absicht. Die expressive Funktion kommt in vollem Umfang in der Sprache der Poesie und der Mystik vor.

Die Unterschiede zwischen den hier erwähnten drei Arten der Sprache hängen hauptsächlich damit zusammen, wie und unter Mitwirkung welcher psychischer Faktoren die kommunikativen Funktionen in diesen Sprachen ausgeübt werden. Die Sprache der Poesie will nicht einen begrifflichen Inhalt genau kommunizieren, sondern lebhafte und assoziationsreiche Vorstellungen oder Stimmungen hervorrufen; sie will die Phantasie des Lesers oder Hörers anregen. Die poetische Sprache ist die am weitesten von der Stabilität entfernte Sprache, eine Sprache, die sich ohne Ausbau des begrifflichen Apparats in stetiger Entwicklung befindet, ständig neue Ausdrucksmittel erobert, wenn nicht durch Wortschöpfungen, so durch Metaphern, Kürzel, syntaktische Erfindungen. Wenn die Metapher eine konventionelle Bedeutung annimmt, hört sie auf, eine poetische Metapher zu sein. Wir unterstellen aber nicht, wenn wir mit der poetischen Sprache operieren, daß die ausgedrückten Inhalte sich nicht in eine Sprache konventioneller Begriffe übersetzen lassen, wie es einige Herausgeber getan haben, die die »Textaura« von *Beniowski* oder *Anhelli*[10a] durch lexikalische Anmerkungen zerstörten. Die poetische Sprache verwendet häufig Wörter als Zeichen, die zu zwei oder drei Symbolsystemen gehören; das heißt, daß ihre Kommunikationsmittel gewöhnlich »mehrdimensional« sind. Die Wölfin aus der *Göttlichen Kommödie* soll zugleich ein Symbol der römischen Kurie und ein Symbol der Habgier sein. Der Inhalt, der auf diese Weise vermittelt wird, ist um das Spiel mit der Assoziation bereichert. Der wörtliche Sinn interferiert häufig mit der symbolischen Bedeutung, wobei der Dichter auf keines von beiden verzichten möchte: ein junger Apfelbaum ist in der Volkspoesie tatsächlich ein junger Apfelbaum, aber zugleich ist er ein Symbol für das Mädchen. Bei der Übersetzung in eine exakte Sprache müßte ein solcher »zweidimensionaler« Satz durch das Produkt zweier Sätze ersetzt werden: eines Satzes über den jungen Apfelbaum und eines anderen über das Mädchen. Die die Phantasie aktualisierende poetische Interferenz der Bedeutungen würde so zwar verlorengehen, aber im Prinzip ist eine solche Übersetzung möglich.

Die Grundannahme der Sprache der Mystik ist ihre Unübersetz-

10a Dichtungen des polnischen Romantikers Słowacki (*Anm. d. Ü.*).

barkeit in eine Sprache konventionalisierter Begriffe. Wer die Sprache der Mystik gebraucht, geht davon aus, daß die Inhalte, die vermittelt werden sollen, sich nicht mit Hilfe eines konventionellen sprachlichen Apparats ausdrücken lassen; man kann lediglich versuchen, mittels bestimmter Wörter beim Rezipienten psychische Prozesse in Gang zu setzen, in denen jene begrifflich unausdrückbaren Inhalte ihm vermittelt werden. Man appelliert dann an die Intuition, die den dem begrifflichen Sinn unterlegten Inhalt der Wörter erfassen soll. Der kommunikative Charakter der mystischen Sprache findet, auch wenn diese Wörter mit konventioneller Bedeutung benutzt, am ehesten eine Analogie in der Musik. Wenn die poetische Metapher unter Verlust ihrer evokativen, die Phantasie stimulierenden Gehalte in die Begriffssprache übersetzt werden kann, so büßt die mystische Metapher bei der Übersetzung in eine begriffliche Sprache ihre kommunikative Funktion völlig ein, die darin besteht, psychische Zustände hervorzurufen, die sich nicht verbalisieren lassen.

Mit der Sprache der Mystik, mit der Kommunikation von Inhalten, die, der Annahme zufolge, der begrifflichen Sprache nicht zugänglich sind, haben wir es bei der religiösen Mystik zu tun. Darum sind die Vorwürfe von Rationalisten, die auf die Sinnlosigkeit mystischer Thesen hinweisen, ebenso lächerlich, wie die Bemühungen wohlwollender Kommentatoren fruchtlos sind, die den mystischen Texten einen logischen Sinn zu geben suchen. Auf die Sprache der Mystik stoßen wir bisweilen auch in der Poesie und sogar in einigen philosophischen Werken. Manche Philosophen geben offen zu, daß ihre entscheidenden Erkenntnisse sich in der begrifflichen Sprache nicht ausdrücken lassen; so verfährt Bergson beispielsweise in seinem *Essai sur les données immédiates de la conscience.* Einige Jahrzehnte früher hat Schopenhauer einen ähnlichen Gedanken vorgetragen. (»Wenn unser Denken erst Worte findet, ist es nicht mehr rein und in einem tieferen Sinne sogar nicht mehr ernst«.) Wenn Husserl an einigen Stellen seiner Manuskripte den Vermerk anbrachte: »Ich hab' es gesehen!«, um für die Zukunft sicherzustellen, daß das, was wie ein Unsinn erscheint, kein Irrtum ist, dann ging es gewiß ebenfalls um einen Inhalt, der sich nicht derart in die Begriffssprache übersetzen ließ, daß man ihn immer verstanden hätte. Andere Philoso-

phen sprechen zwar nicht von der Unübersetzbarkeit philosophischer Inhalte in die begriffliche Sprache, doch bedienen sie sich bei verschiedenen Gelegenheiten selbst der Sprache der Mystik, ohne sich davon Rechenschaft zu geben: sie formulieren zuweilen Sätze, die man nicht wörtlich nehmen kann, und sind außerstande, die dort auftretenden Termini in einer Weise zu bestimmen, daß der Text einen begrifflichen Sinn bekommt. In der nachkantischen deutschen Philosophie lassen sich dafür Beispiele ebenso finden wie in den Schriften der zeitgenössischen Existentialisten und in manchen Diskussionen philosophischer Kongresse. Um gewisse Stellen bei Wroński oder Heidegger zu »verstehen«, muß man nicht auf den Sinn der Wörter pochen. Nicht zufällig sagte einer der Anhänger Wrońskis vor der Warschauer Gesellschaft für Philosophie vor einigen Jahren den Teilnehmern an einer Diskussion, die auf den Mangel an logischer Stringenz in den *Gesetzen der Schöpfung* hinwiesen: »Um Wroński zu verstehen, muß man 15 Jahre lang nur von seinen Worten leben.«
Der erste Sprachtypus, den wir unter dem Gesichtspunkt unterschieden haben, wie er seine kommunikative Funktion erfüllt, ist jene Sprache, die der Vermittlung begrifflicher Inhalte dient. Eine solche Aufgabe erfüllt die Sprache der Wissenschaft; eine solche Aufgabe erfüllt gleichfalls die Sprache der Technik. In reiner Form wäre das eine Sprache mit einem eindeutigen und strengen Begriffsapparat, die operational benutzt wird, das heißt so, daß jede Definition die Entscheidung erlaubt, ob ein beliebiges Objekt das Designat des definierten Terminus ist, und daß jeder Satz einen empirischen Sinn besitzt, also zu bestimmen ermöglicht, worauf die Feststellung beruht, er sei wahr oder er sei falsch.
Die natürliche Sprache (»Alltagssprache«, »Umgangssprache«, »literarische Sprache«) ist kein System eindeutiger und strenger Termini. Dieselben Wörter werden hier in unterschiedlichen Bedeutungen gebraucht, als ob sie aus verschiedenen Sprachsystemen kämen, und die Grenzen ihrer Bedeutungsumfänge sind fließend. Manchmal stellen Wörter begriffliche Verbindungen dar, in denen zwei oder mehr verschiedene Bedeutungen interferieren, die insofern etwas gemeinsam haben, als sie im unreflektierten Alltagsgebrauch nicht den Eindruck der Mehrdeutigkeit hervorrufen, solange es nicht zum Konflikt

kommt. (Bei Begriffsverbindungen haben wir es mit einer natürlichen, nicht durch poetische Absichten hervorgerufenen »Multidimensionalität« von Bedeutungen zu tun, von der im Zusammenhang mit der poetischen Sprache die Rede war.) Angesichts dieser Merkmale natürlicher Sprachen muß man zum Zweck einer vollkommenen Kommunikation begrifflicher Inhalte entweder künstliche, gänzlich formalisierte Sprachsysteme schaffen oder Bestandteile der natürlichen Sprache in eine künstliche Sprache umformen, indem man, je nach Bedarf, die entsprechenden Definitionen einführt.

Im Alltagsleben erfüllt die natürliche Sprache die Funktionen einer unvollkommenen Sprache begrifflicher Inhalte (Mehrdeutigkeiten in der Praxis werden meist durch den situativen Kontext beseitigt), doch übernimmt sie bei verschiedenen Gelegenheiten auch die Funktionen der poetischen Sprache bzw. der Sprache der Mystik, wobei die Menschen, die sich in ihr verständigen, sich nicht bewußt zu sein brauchen, daß ihre Verständigungsmittel Veränderungen erfahren, daß die Instrumente zur Kommunikation begrifflicher Inhalte zu Instrumenten der Evokation von Bildern oder Gemütszuständen werden, so daß man sich um ihre Konnotation und Denotation nicht mehr kümmert, oder zu Instrumenten, mittels derer an eine innere Erfahrung appelliert wird, die sich nicht eindeutig verbalisieren läßt.

Eine Sprache, die den Anforderungen an die Sprache der Wissenschaft vollständig genügt, also eine eindeutige und operationale Sprache, ist für den Wissenschaftler in seiner sozialen Rolle ein Postulat – im Gegensatz zum literarischen Autor, für den die logische Sprache nur eines von mehreren Kommunikationsmitteln bildet, und im Gegensatz zum Politiker oder Publizisten, für den die Mehrdeutigkeit der Termini und der nichtoperationale Charakter der Äußerungen in gewissen Situationen vorteilhaft sein kann. Die soziale Rolle des Wissenschaftlers schließt nicht die Erwartung ein, er werde sich ausschließlich einer künstlichen Sprache bedienen. (An der Frage einer völligen Loslösung der Wissenschaftssprache von der Alltagssprache entzünden sich immer wieder scharfe Kontroversen, insbesondere im Bereich der Humanistik. Selbst dort übrigens, wo grundsätzliche Ableitungen in einer völlig formalisierten Sprache vorgenommen werden, trägt man die Kommentare in der Alltagssprache vor.) Von dem Wissenschaftler erwarten wir nur, daß er dort, wo dies unabdingbar ist, nämlich an den theoretisch entscheidenden Stellen seiner Ableitung und überall dort, wo andernfalls Mißverständnisse auftreten könnten, eine den Zielen der Wissenschaft entsprechend präzisierte Sprache benutzt.

Was die Sozialwissenschaften betrifft, so ist bekannt, daß das Postulat einer wissenschaftlichen Sprache gerade dort von seiner Realisierung weit entfernt war – abgesehen von gewissen Teilen der politischen Ökonomie, die sich im Laufe einer relativ langen Periode autonomer Entwicklung eine eigene Sprache schuf, auch wenn die Präzision und Einheitlichkeit dieser Sprache von Nichtspezialisten gewöhnlich überschätzt wird. Eine beträchtliche Schwierigkeit innerhalb der Soziologie stellt der Umstand dar, daß die Sprache der Soziologie sich auf fast alle Bereiche des gesellschaftlichen Lebens erstreckt und daß die Soziologie Dinge erfaßt, die im Alltag und in der Publizistik Gegenstand ständiger Diskussionen sind; jeder Terminus, der aus der Umgangssprache eingeführt wird, hat eine reiche und gewöhnlich vielfältige Konnotation.

In der Sprache der Soziologie haben sich die philosophischen Traditionen niedergeschlagen. Häufig gilt »Soziologie« als Synonym für »Sozialphilosophie«. Gewisse Denkgewohnheiten der nachkantischen idealistischen Philosophie haben vor Max Weber in Deutschland auch diesen Bereich belastet; in Frankreich war die Entwicklung des soziologischen Denkens durch die Verbindung der neuen Wissenschaft mit der Philosophie charakterisiert – von der Sozialphilosophie des 18. Jahrhunderts über die *Philosophie positive* Comtes, über Schriftsteller wie Fouillée und Guyau bis hin zu Izoulet und Durkheim, und nicht weniger bezeichnend ist die Verbindung von Philosophie und Soziologie bei den Schülern von Marx.

Die philosophische Tradition brachte häufig in die Sprache der Soziologie Elemente der mystischen Sprache ein – Sätze, die bei wörtlicher Interpretation keinen empirischen Sinn ergeben und ausschließlich an die Intuition appellieren. Durkheims *représentations collectives* stellen, wenn man die Formulierungen des Verfassers ernst nimmt, so etwas wie eine Begriffsverschmelzung dar, in welcher der Begriff bestimmter, einer ganzen Gruppe gemeinsamer Vorstellungen in den Köpfen der

Individuen sich mit dem Begriff einer phantastischen, überindividuellen izouletschen Psyche vereinigt.[11] Diese Verschmelzung stammt weder aus der Umgangssprache noch ist sie eine poetische Verschmelzung, also muß man sie als eine »mystische« gewollt haben, die den Gedanken des Adressaten eine Richtung geben und ihm eine tiefere Einsicht in die nur schwer oder gar nicht verbalisierbaren Fragen des Verhältnisses von Individuum und Gesellschaft ermöglichen soll. Das gleiche gilt für einige andere Begriffe desselben Autors, unter anderem für den Durkheimschen Begriff der sozialen Tatsache, der große Popularität errang. Marion J. Levy erinnert in einem 1950 erschienenen Aufsatz über methodologische Schwierigkeiten in den Sozialwissenschaften an einen »äußerst begabten« jungen Wissenschaftler auf eben diesem Gebiet, der ständig die Freudschen Ausdrücke *Ich*, *Über-Ich* und *Es* gebrauchte und auf die Frage nach ihrer genauen Bedeutung antwortete, es gebe für sie keine Definition, der Wert dieser Termini liege gerade darin, daß sie nicht definiert seien und man sie deshalb gleichzeitig auf mehreren Ebenen interpretieren könne.[12]

Obwohl eine solche »Multidimensionalität« der Wörter nicht nur für die Poeten und nicht nur für die Politiker bequem ist, und obwohl viele Leute, die über soziale Sachverhalte schreiben, nicht bereit sind, auf derlei Privilegien zu verzichten, sind die Postulate einer wissenschaftlichen Sprache in der Soziologie heute allgemein anerkannt. Wie wir bereits gesagt haben, gehört es heute zu den Aufgaben eines Soziologen, sich um eine operationale Formulierung von Problemen und Thesen zu bemühen, bei Kontroversen über die gesellschaftliche Problematik Mißverständnisse auszuräumen, nach dem wahren Kern der Kontroversen zu forschen und im Sinne konkreter Bedürfnisse Begriffsanalysen anzustrengen. In jüngster Zeit hat sich in der Tat in einigen engen Bereichen der Soziologie, besonders in Fragen der Methodik der empirischen Forschung, eine relativ exakte Terminologie durchgesetzt. Die Aufgabe des humanistischen Soziologen ist in dieser Hinsicht schwieriger. Im Endergebnis gibt es heute auf dem Gebiet der Soziologie unter dem

11 Vgl. das erste Kapitel der vorliegenden Arbeit.

12 Marion J. Levy, *Methodological Difficulties in Social Sciences*, in: *Philosophy of Science* 1950, S. 291: »they [. . .] can be used on more than one level at once.«

Gesichtspunkt der wissenschaftlichen Sprachmuster ein sehr breites Spektrum: von der formalisierten Sprache Patrick Suppes' und seiner Mitarbeiter in Stanford über die zwar aus englischen Wörtern zusammengesetzte, aber wegen ihrer Künstlichkeit beunruhigenden Sprache der jüngeren Arbeiten Parsons', die Mills »ins Englische zu übersetzen« versuchte, bis hin zu dem eher literarischen Stil von Riesman und Mills. Das alles hängt übrigens nicht nur von der puritanischen Befolgung der Postulate einer Wissenschaftssprache ab, sondern auch vom Thema und von der Art und Weise, in der das Thema abgehandelt wird.

Fortschritt und Kontinuität

Wenn wir nach der den Sozialwissenschaften zukommenden Stellung im System der Kultur suchen, dann ist noch ein anderer Moment zu beachten: ihre Verwandtschaft mit den Werken der Literatur. Ich möchte hier das am Anfang des vierten Kapitels angedeutete Problem, wo von der Kontinuität in der Wissenschaft und vom Verhältnis zu den Vorläufern die Rede war, von einer anderen Seite aus beleuchten.
Hervorragende Werke aus dem Umkreis der Sozialwissenschaften erlangen eine Beständigkeit, die der Beständigkeit hervorragender literarischer Werke nahekommt – allerdings nur in einem gewissen Maße. Wenn wir von dem sogenannten historischen Wert abstrahieren, also von dem Wert eines Werkes, das wir als Dokument der Epoche schätzen, dann sagt uns Euripides mehr als Aristoteles, dann ist Petrarca unvergleichlich aktueller als die gesellschaftstheoretischen Autoren der Renaissance, und dann können die Werke von Hobbes oder Bacon nicht mit Shakespeare konkurrieren. Die soziologischen Beobachtungen der antiken Historiker Thukydides, Polybios und Tacitus – wie auch Aristoteles' *Politik*, Ibn Khalduns *Prolegomena* oder die Reflexionen von Machiavelli, Montaigne, Hobbes und Helvetius – haben jedoch für den heutigen, an gesellschaftlichen Zusammenhängen interessierten Leser sehr viel weniger an Aktualität verloren als die Werke ihrer Zeitgenossen aus dem Umkreis der Naturwissenschaften für den heutigen Naturwissenschaftler. Auf einige Tatsachen, die in

dieser Hinsicht als symptomatisch erscheinen, habe ich anläßlich der Diskussion der Kumulation des Wissens hingewiesen. Gerade der geringe Grad der systematischen Kumulation von Wissen, der die Sozialwissenschaften fast bis in die jüngste Zeit herein charakterisierte, ist ein Faktor, der die relative Aktualität zumindest einiger Werke aus der Vergangenheit erklären hilft. Ein anderer Faktor ist die Schwierigkeit einer eindeutigen Abgrenzung, wann ein sozialen Sachverhalten gewidmetes Werk für den Soziologen eine Abhandlung über ihn interessierende Probleme und wann es als eine bestimmte soziale Tatsache, nämlich als Untersuchungsgegenstand, für ihn wichtig ist. In den Werken vergangener Perioden werden uns Auffassungen der sozialen Realität überliefert, wie sie damals gesehen wurde; dadurch erweitert sich der Horizont des Erforschers sozialer Phänomene – nicht nur der historische (Gesichtspunkt der *damaligen* Umwelt), sondern auch der soziologische Horizont (Gesichtspunkt einer *anderen* Umwelt).

Es gilt schließlich noch einen anderen Faktor zu beachten, und wie es scheint, kommen gerade durch ihn die Geschichte des gesellschaftlichen Denkens und die Geschichte der Literatur einander näher. Es geht um den subjektiven, schöpferischen Beitrag zu allgemeinen Aktivitäten, deren Resultate bei jedem Wissenschaftler mit der entsprechenden Vorbildung und Geschicklichkeit mehr oder weniger einheitlich ausfallen sollen. Selbstverständlich kann der persönliche Anteil kleiner oder größer sein, in bestimmten Bereichen bestehen aber dazu größere Möglichkeiten als in anderen. Das E-moll-Konzert von Chopin würde durch die Streichung oder Änderung von zwei oder drei Phrasen, die den Gesamteindruck des Werkes zu schmälern scheinen, gewinnen. Vielleicht würde durch einige Kürzungen der letzte Teil der Neunten Symphonie von Beethoven gewinnen. Den Gedanken an derartige Verbesserungen durch den Dirigenten oder den Herausgeber würden wir jedoch als ein Sakrileg empfinden. Genausowenig darf man Mickiewicz oder Shelley verbessern. Wissenschaftliche Arbeit dagegen unterliegt ständigen Korrekturen, Ergänzungen, Erweiterungen. Wissenschaftliche Theorien, die durch die Nachfolger ihres Urhebers überprüft und korrigiert wurden, sind für unsere Erkenntnis wertvoller als das Originalwerk.

Es gibt freilich auch wissenschaftliche Werke, die für uns ihren

Wert als Ausdruck subjektiver Kreativität behalten; in ihnen können künftige Generationen eine individuelle Art der Wahrnehmung und Darstellung von Problemen finden; auf diese Weise können sie einen Denkanstoß geben. Wer heute Astronomie studiert, wird wohl kaum auf das Werk *De revolutionibus orbium coelestium* zurückgreifen. Für den Humanisten kann dieses 1543 erschienene Werk jedoch eine sehr interessante Lektüre sein, und sie kann auch dem Astronomen Anregungen geben durch den Kontakt mit einem hervorragenden Forscher seines Faches, indem er Einblick gewinnt in das Verhältnis eines wissenschaftlich produktiven Menschen zur Realität – ein Verhältnis, das sich in der systematischen Arbeit verwischt. Hervorragende wissenschaftliche Werke aus verschiedenen Disziplinen gewinnen so Merkmale eine Kunstwerkes. Sie bewahren sich für künftige Generationen einen gewissen Wert, der auch durch spätere wissenschaftliche Errungenschaften nicht eingeebnet wird, obwohl die Werke Newtons und Einsteins, Darwins und Pawlows, Smoluchowskis oder Curie-Skłodowskas in der Entwicklung der Wissenschaft lediglich einzelne Etappen bilden.

Es scheint, als trete eine solche Situation bei Werken, die wir mit der sozialen Rolle des humanistischen Soziologen verknüpft haben, häufiger auf als beispielsweise bei Werken der Chemie und Physik. Daraus ließe sich vielleicht erklären, warum die Sozialwissenschaften ein, zumindest graduell, anderes Verhältnis zu ihren »Klassikern« haben als andere wissenschaftliche Disziplinen zu ihren hervorragenden Repräsentanten – freilich nicht nur daraus: die Geschichte der Sozialwissenschaften ist eine Geschichte der sozialen Ideen; die »sozialen Ideen« aber treten, wenn wir von den technischen Mitteln ihrer Realisierung und dem wissenschaftlichen Apparat ihrer Begründung abstrahieren, genau wie die Kunst, die Literatur oder die Mystik nicht in einer zeitlichen Reihenfolge des Fortschritts auf. Der ideologische Rassismus des Aristoteles steht nicht auf einer »niedrigeren Stufe« als der ideologische Rassismus eines Gobineau, eines Madison Grant oder der Ideologen des Hitlerismus; die sozialen Ideen des Michäas aus Judäa, des Antistenes oder Demokrit stehen nicht auf einer »niedrigeren Stufe« als die sozialen Ideen der Autoren des Aufklärungszeitalters oder der Sozialrevolutionäre unseres Jahrhunderts.

An den Schriften der Klassiker interessiert uns nicht nur ihr intellektueller Gehalt, sondern auch die Wertung, das Verhältnis der in ihnen niedergelegten Interpretation zum Interpretierten, die ideologischen Einstellungen ihrer Urheber. Auch bei wissenschaftlichen Autoren aus den Naturwissenschaften und der Mathematik spielen ideologische Faktoren eine Rolle, die unser Interesse zu wecken vermögen, doch ist deren Anteil an dem wissenschaftlichen Werk in diesen Disziplinen sehr viel geringer, und oft scheinen die sozialen und religiösen Ideen des Naturwissenschaftlers von seiner wissenschaftlichen Tätigkeit völlig abgeschnitten zu sein: seine Topographie der Hölle hat auf Newtons Sätze zur Schwerkraft keinen Einfluß gehabt, und die sozialen Vorstellungen Pawlows haben in seiner Theorie der bedingten Reflexe keinen Niederschlag gefunden. In den Sozialwissenschaften ist eine derartige Isolierung sehr schwierig, selbst dort, wo der Autor sie zum Programm erklärt, wie es beispielsweise Pareto tut. Äußerst symptomatisch dafür ist sein *Trattato di sociologia,* der – entgegen den Ankündigungen des Autors – sehr stark von einer spezifischen Ideologie durchdrungen ist. Es scheint jedoch, als würden, selbst wenn wir in der Geschichte der Sozialwissenschaften von der Geschichte der Ideologie abstrahieren, die hervorragenden Werke dieses Bereichs (einschließlich der berühmten Werke von Historikern) vom Standpunkt einer Theorie des Fortschritts aus eine mittlere Stellung bewahren zwischen der Sphäre der »ewigen Werte« und der Sphäre unaufhörlichen Wandels, in der die Gegenwart immer wieder einen Sieg über den gestrigen Tag davonträgt.
Auch in diesem Punkt scheint sich die moderne empirische Soziologie durch die Assimilierung naturwissenschaftlicher Vorbilder in der Forschungstätigkeit den Naturwissenschaften anzugleichen. Der Feldforscher, der sich statistischer Methoden bedient, braucht weder die Klassiker der Soziologie noch die hervorragenden Werke der Weltliteratur zu kennen, ohne die der humanistische Soziologe nur schwer auskommen kann. Man weiß allerdings nicht, ob es sich hier nicht um eine Täuschung handelt, die darauf beruht, daß die »empirische Soziologie«, die zweifellos große Entwicklungsperspektiven vor sich hat, sich noch heute im Anfangsstadium befindet. In diesem Stadium können sogar Untersuchungen, die mit einem sehr ge-

ringen schöpferischen Anteil nach fertigen Rezepten durchgeführt werden, zu Ergebnissen führen, die aufgrund ihrer Neuheit als wertvolle wissenschaftliche Errungenschaften erscheinen. Als ich noch Student war, hörte ich einmal einen Vortrag von George Duhamel über die Arten, einen Roman zu schreiben; ein Teil dieses Vortrags ist mir in Erinnerung geblieben. Duhamel sagte, es gebe kein noch so triviales Thema, aus dem ein hervorragender Schriftsteller nicht ein ungewöhnliches Werk schaffen könne: in der realistischen Beschreibung eines Apfels könne sich das Universum widerspiegeln. Eine Beschreibung des Apfels, wie sie der Verfasser der *Confessions de Minuit* vor Augen hatte, kann man nicht nach fertigen Rezepten verfassen, und jemand, der ein guter Kenner der Äpfel ist, aber sich niemals für das Universum interessierte, wird eine derartige Beschreibung nicht hervorbringen. Ich denke, daß der Aphorismus Duhamels sich auf die Ergebnisse von Feldstudien der empirischen Soziologie übertragen läßt. Wie in den Naturwissenschaften muß man auch hier die Qualifikationen eines Ausführenden von den Qualifikationen eines wissenschaftlich schöpferisch Tätigen unterscheiden.

Nicht nur die sich nach naturwissenschaftlichen Vorbildern entwickelnde empirische Soziologie, sondern auch jener Typus soziologischer Analysen, der quantitative Methoden nur in besonderen Situationen und in einem bestimmten Umfang anwendet, schließt sich heute der herrschenden Tendenz der Wissenschaft an, indem er sich den grundlegenden Anforderungen unterwirft, die an die wissenschaftliche Arbeit gestellt werden, daß sie nämlich stringent und operational zu sein habe und sich um die richtigen Quantifikatoren sowie um eine Dokumentation zu bemühen habe, die der Aussagekraft von Behauptungen oder Hypothesen entspricht. Es läßt sich jedoch vorhersehen, daß dieser Typus die überkommenen Vorzüge bzw. Nachteile beibehalten wird: daß man zumindest die hervorragenden Werke dieser Art zu denken auch weiterhin wegen solcher Merkmale schätzen wird, die zu den Kriterien des Fortschritts im Widerspruch stehen.

Gemeinsame Funktionen und unterschiedliche Rollen

Ausgangspunkt der Überlegungen zur sozialen Rolle des Wissenschaftlers war die Feststellung, daß ein literarisches Werk das Wissen von soziologischen oder psychologischen Problemen erweitern kann. Angesichts der hartnäckigen, die moderne Soziologie kennzeichnenden Tendenz, die wissenschaftliche Tätigkeit streng vom literarischen, philosophischen und publizistischen Schaffen abzugrenzen, erwies es sich als richtig, sich darüber klar zu werden, worauf diese Abgrenzung beruhen soll, wenn es um eine gemeinsame Thematik geht. Die oben erörterten Direktiven für die wissenschaftliche Tätigkeit – die Transparenz des wissenschaftlichen Verfahrens, das Postulat der Operationalität, die Geschlossenheit der Interpretation, die Beseitigung von »multidimensionalen« Bedeutungen (die in der Poesie so verlockend sind), die Vermeidung von Mißverständnissen, die Unzulässigkeit des Abstrahierens von Tatsachen, die mit der eigenen Theorie nicht übereinstimmen, und von Divergenzen, die gegenüber den Forschungsresultaten anderer Autoren bestehen – könnte man betrachten als eine Erläuterung der grundlegenden Forderung an die soziale Rolle des Gelehrten nach sprachlicher Verantwortung.

In einzelnen Formen seiner schriftstellerischen Tätigkeit kann der literarische Autor sich auch nach Direktiven der wissenschaftlichen Arbeit richten (Sinnhaftigkeit, Dokumentation, Vermeidung von Mißverständnissen, Transparenz der Arbeitsweise). Ein Publizist, der sich von einer moralischen oder einer praxeologischen Motivation *(honesty is the best policy)* oder von wissenschaftlichem Ehrgeiz leiten läßt, kann sich gleichfalls bestimmte Postulate des Wissenschaftlers zu eigen machen und die unmittelbaren Vorteile zurückweisen, die sich aus der Mehrdeutigkeit von Ausdrücken oder aus einer unverantwortlichen Argumentation ergeben könne, und er kann darauf verzichten, seine Mutmaßungen oder die Meinung politischer bzw. religiöser Gruppen als Gewißheiten auszugeben. Die Übernahme gewisser Direktiven des Wissenschaftlers ergibt sich jedoch nicht aus der sozialen Rolle des Schriftstellers im Bereich der Literatur noch aus der sozialen Rolle des Publizisten. Der Wissenschaftler allerdings muß sich unserer Erwartung stellen, daß er sich den aus seiner Rolle resultierenden Direktiven beugen wird. Daher nehmen wissenschaftliche Werke unter den Leistungen der Kultur eine besondere Stellung ein, obwohl ihre hauptsächliche Funktion, das Wissen von der Welt zu erweitern und zu vertiefen, nicht allein von wissenschaftlichen Werken erfüllt wird, und obwohl in den Augenblicken, in denen wesentliche Entdeckungen gemacht werden, der Gelehrte und der literarische Autor oder Gelehrte und der Künstler einander sehr nahestehen können. Da wir die Kriterien der Verschiedenheit von wissenschaftlichem und literarischem Schaffen in der Differenzierung der sozialen Rollen gesucht haben, interessieren uns hier die mit bestimmten kulturellen Mustern verbundenen *Erwartungen* der Rezipienten und nicht die Merkmale einzelner Erzeugnisse, die aufgrund institutioneller Kriterien (Akademie der Wissenschaften bzw. Verband der Schriftsteller) der einen oder der anderen Kategorie zugerechnet werden.

Im Bereich der Sozialwissenschaften stößt die Abgrenzung zwischen wissenschaftlichem und literarischem Schaffen auf andere Schwierigkeiten: hier gibt es eine mittlere Kategorie von Werken, die sich um Werte der einen wie der anderen Art bemühen, wenn auch auf andere Weise als wissenschaftliche Traktate, die in Versen abgefaßt sind. Der humanistische Gelehrte tritt bisweilen in der Rolle des literarischen Autors auf, wobei er gleichzeitig Kompromisse mit den Postulaten zu vermeiden sucht, die ihm seine Rolle als Gelehrter auferlegt. Aber schließlich hat der Wissenschaftler – nicht nur der Soziologe, sondern auch der Mathematiker – ein Recht, in dem, was er schreibt, die von seiner sozialen Rolle vorgeschriebenen Grenzen in bestimmten Augenblicken zu überschreiten. Allerdings sind die Freiheiten des Mathematikers nicht von Mißverständnissen bedroht: es ist für niemanden zweifelhaft, in welchem Augenblick der Mathematiker seine Rolle verläßt – es ist nicht zweifelhaft, und sei es auch nur wegen der mathematischen Sprache, die der Mathematiker bei seinen Abschweifungen nicht benutzt. Beim Soziologen ist es meist schwierig, denn seine Abschweifungen können in fast der gleichen Sprache formuliert sein wie seine wissenschaftlichen Ableitungen, und sie können Dinge betreffen, die mit seiner wissenschaftlichen Thematik eng verwandt sind. Infolgedessen tragen die Abschweifungen des Soziologen bisweilen ebenfalls dazu bei, die Grenzen zwischen der einen und der anderen Sphäre kultureller Produktion zu verwischen.

Zum Abschluß dieser Überlegungen möchte ich die Aufmerksamkeit auf einen Tatbestand lenken, der wahrscheinlich interessant ist, weil er wohl nicht auf den ersten Blick erkannt wird: auf den unterschiedlichen Erkenntniswert von Beschreibungen von Einzelfällen in der Literatur und in der Soziologie bzw. Psychologie. Eine eindringliche Beschreibung realer oder fiktiver Ereignisse in der Literatur vermag unser allgemeines psychologisches oder soziologisches Wissen beträchtlich zu erweitern, indem sie auf bisher nicht wahrnehmbare Kategorien von Erscheinungen oder auf deren Bedeutung hinweist und neue Aspekte der Realität öffnet. Unter dem Gesichtspunkt der allgemeinen Erkenntnis kann eine Beschreibung fiktiver Ereignisse »unerhört echt« sein; darauf beruht die »Echtheit« von Shakespeare, Balzac oder Thomas Mann. Der Romanschriftsteller oder der Dramatiker kann uns lehren, unsere Umwelt »mit neuen Augen« zu sehen. Seine Beschreibung ist selbstverständlich kein Argument – sie ist die Illustration einer These, die – ob sie formuliert wurde oder nicht – durch die Beschreibung selbst nahegelegt wird. Er kann den Leser stimulieren, die Dokumentation in der eigenen Erfahrung zu suchen. Dagegen ist selbst die allergründlichste literarische Analyse eines individuellen Falles nicht in der Lage, auch nur eine einzige universelle These zu widerlegen, noch vermag sie die Auffassung zu begründen, die Zahl der Typen von Menschen oder der menschlichen Möglichkeiten sei größer, als man bisher annahm. Diese Erkenntnisfunktionen kann die literarische Beschreibung deshalb nicht erfüllen, weil sie nicht mit einer Dokumentation versehen und ihr Autor nicht verpflichtet ist, für ihren Inhalt die Verantwortung zu übernehmen – es sei denn, er würde von der sozialen Rolle des literarischen Autors zur Rolle des Wissenschaftlers übergehen.

VII. Die zeitgenössische Soziologie in den Prozessen des sozialen Wandels

Professionelle Neutralität

Im sechsten Kapitel haben wir die vielfältigen Funktionen der Soziologie und das Verhältnis der Sozialwissenschaften zu den anderen Sektoren der Kultur erörtert. Obwohl wir den aristotelischen Gegensatz zwischen Nutzen und Weisheit als Ausgangspunkt wählten, haben wir den Gegensatz zwischen den technischen Aufgaben der Soziologie und ihren übrigen Funktionen nicht in den Kategorien von Praxis und Theorie, von Handeln und Wissen gefaßt. Die Anwendungen der Soziologie in der gesellschaftlichen Praxis sind nämlich mit ihren technischen Anwendungen nicht erschöpft, und der gesellschaftlich Handelnde kann in der Soziologie mehr finden als nur Hinweise, welche Mittel in einer konkreten Situation zu ergreifen sind, um intendierte Ziele zu erreichen. Den letzten Teil meiner Reflexion möchte ich den praktischen Konsequenzen soziologischer Forschung, also den Folgen widmen, die diese Forschung für das gesellschaftliche Leben haben kann.
Die Vertreter der modernen »empirischen Soziologie«, die nach dem Muster der Naturwissenschaften den strengen Normen einer experimentellen Wissenschaft genügen möchte, sehen bekanntlich deren Aufgabe überwiegend darin, zuverlässige (und in Zukunft fehlerfreie) Grundlagen für die Sozialtechnik zu schaffen. Sehr bezeichnend sind in dieser Hinsicht die im fünften Kapitel zitierten Worte Lazarsfelds. Im Zusammenhang mit einer solchen Auffassung von der Hauptaufgabe der empirischen Soziologie entstand unter ihren Mitarbeitern bereits ein besonderer Professionalismus, der durch zahlungskräftige gesellschaftliche Nachfrage aufrechterhalten wird. Der professionelle Soziologe oder die entsprechende Forschungsinstitution teilt ihren Kunden nach Abschluß der Untersuchungen Daten und soziotechnische Hinweise mit – in der gleichen Weise, wie ein Architekt gegenüber seinen Klienten verfährt, der den Plan und die »Dokumentation« des künftigen Gebäudes vorbereitet, oder wie ein Ingenieurteam, das Untersuchungen zum Bau

eines Staudamms im Gelände durchführt. Auf den höheren Ebenen der Forschungsarbeit kann der Soziologe Direktiven erarbeiten, die für das soziale Handeln im allgemeineren Sinne gelten, Direktiven, die nicht nur für igendeinen einzelnen Kunden in einer konkreten Situation bestimmt sind, sondern für alle, die unter entsprechenden Bedingungen nach wirksamen Mitteln zur Erreichung entsprechender Ziele suchen. Dies verhält sich zu Feldstudien ungefähr wie der Physiker, der allgemeine Untersuchungen über die Probleme der Hydraulik betreibt, zu dem Ingenieurteam, dessen Geländestudie die Grundlage für die Planung eines Systems von Staudämmen am Bug bilden soll.

Im einen wie im anderen Falle besitzen die soziotechnischen Direktiven den Nutzen von Instrumenten, die verschiedenen Absichten dienen können. Die Sozialtechnik ist, wie oft unterstrichen wird, »moralisch indifferent«: Ähnlich wie die praktischen Konsequenzen von physikalischen Entdeckungen, vor denen sich die Teilnehmer des Kongresses Britischer Wissenschaftler im Jahre 1946 ängstigten, kann sie sowohl einer guten wie einer schlechten Sache dienen. Soziotechnische Hinweise können zur Leistungssteigerung von SS-Männern beim Terrorisieren der Menschen beitragen, so wie die Entdeckung der Atomenergie für die Zerstörung Hiroshimas ausgebeutet wurde. Das ist selbstverständlich kein Argument gegen die Sozialtechnik, wenn man die Bilanz ihrer Vorteile für die Gesellschaft zieht. Derart pauschale Urteile können sich nur auf intuitive Annahmen stützen, die selbst dann nicht verifizierbar sind, wenn man den Begriff der Vorteile für die Gesellschaft relativiert hat. Ich vermute, daß Tadeusz Kotarbiński nicht daran zweifelt, daß sein *Traktat über die gute Arbeit* einer guten Sache dient, obwohl die »gute Arbeit« auch bösen Absichten dienstbar gemacht werden kann.

Anweisungen für die Technik des sozialen Handelns müssen nicht auf systematischen Forschungen und statistischen Berechnungen beruhen. Nicht darauf, sondern auf die Erfahrung des Verfassers und auf seine historischen Kenntnisse stützte sich der – soweit ich weiß – erste Ratgeber in der europäischen Literatur, der der Technik der Macht gewidmet war: *Il principe*. Praktische Direktiven in Sachen politischer Ökonomie wurden zu einer Zeit formuliert, als es auf diesem Gebiet noch keinerlei systematische Untersuchungen gab. Aber die empirische Soziologie soll ja gerade in dieser Hinsicht einen neuen Abschnitt einleiten. Obwohl der Terminus »social engineering«, wie es scheint, zuerst 1945 von Popper gebraucht wurde und in seinem Werk eine größere Bedeutung hat, die sogar »utopisches engineering« einschließt[1], stellt er der »utopischen Sozialtechnik« (utopian social engineering) die »von Fall zu Fall angewendete Sozialtechnik« (piecemeal social engineering) gegenüber. So enthält heute die Konnotation sowohl von »social engineering«[1a] wie auch von »Soziotechnik« (ein nach dem Vorbild von »Elektrotechnik« oder »Pyrotechnik« gebildeter Terminus) ein bestimmtes Verhältnis zum systematischen empirischen Wissen: Die Soziotechnik setzt die Existenz der empirischen Soziologie voraus. Zwischen dem »social engineering« und der modernen empirischen Soziologie besteht daher eine Wechselbeziehung, denn für die Vertreter der modernen Soziologie ist ihre Hauptaufgabe mit deren Anwendung in der sozialen Technik verknüpft.

Drei Arten von Techniken im sozialen Handeln

Die Frage der »moralischen Neutralität« der Technik in der Welt von heute stößt auf ein Problem, durch das sie kompliziert wird. Die Technik ist zwar neutral, was die Ziele betrifft; sie ist in dem Sinne neutral, daß sie sowohl solchen Zielen dienen kann, die wir als gut bezeichnen, wie auch solchen, die wir als schlecht bezeichnen; sie ist jedoch nicht neutral, was die Auswahl derjenigen betrifft, die sich ihrer bedienen werden – der Individuen oder Institutionen. Sie ist nicht neutral, was die Auswahl derjenigen betrifft, die sich beim bewußten sozialen Handeln die technischen Mittel zunutze machen.

Unter einem bestimmten Gesichtspunkt lassen sich drei Arten von Techniken des sozialen Handelns unterscheiden. Man kann nämlich auf dreierlei verschiedene Weise das Schicksal der Menschen beeinflussen, die psychischen Dispositionen formen,

1 In *The Open Society and Its Enemies*, 1957, Band I, S. 22 u. 157 (Deutsch: *Die offene Gesellschaft und ihre Feinde*, Bern 1957, Band I, S. 213).

1a Die Polen haben den Terminus in ihre Sprache übersetzt: »inżynieria społeczna«. (*Anm. d. Ü.*).

die menschlichen Entscheidungen und die menschlichen Beziehungen gestalten. Zum einen wird dabei die materielle Umwelt verändert, in der der Mensch lebt; zum zweiten kann man unmittelbar auf den menschlichen Organismus und insbesondere mit chemischen oder mechanischen Mitteln auf das Nervensystem einwirken; drittens schließlich kann man durch Symbolsysteme das menschliche Bewußtsein beeinflussen.
Der ersten Methode entspricht die Produktionstechnik im weitesten Marxschen Sinne. Sie umfaßt sowohl die Produktion der Konsumtionsmittel und die Produktion der Produktionsmittel als auch den Tätigkeitsbereich des Architekten und des Urbanisten (Haus-, Siedlungs- und Städtebau), die Erzeugung von Verkehrsmitteln einschließlich der Errichtung von Straßen und Häfen und schließlich die Produktion von Kampfwerkzeugen und Instrumenten der unmittelbaren Gewaltanwendung. Veränderungen der Technik, neue technische Erfindungen in jedem dieser Bereiche rufen Veränderungen der menschlichen Lebenswelt in geringerem oder größerem und manchmal in enormem Umfang hervor.
Die Produktionstechnik vermag diese Veränderungen wiederum auf zweifache Weise hervorzurufen. Einerseits geht es dabei um den Produktionsprozeß selbst: Veränderungen der Produktionstechnik führen zu veränderten sozialen Beziehungen derjenigen, die mittelbar oder unmittelbar an diesem Prozeß beteiligt sind. Es handelt sich um Veränderungen, denen die Theorie des historischen Materialismus bei der Umgestaltung der Verhältnisse und der gesamten Kultur absolute Priorität einräumt und die Marx durch den Übergang von der Handmühle über die Wassermühle zur Dampfmühle symbolisierte. Andererseits verändert die Produktionstechnik die psychischen Dispositionen, die Bedürfnisse, die Sitten und die Beziehungen zwischen den Menschen auf dem Umweg über die von ihr abhängigen Produkte und deren Menge. Es genügt, die Veränderungen anzuführen, die bewirkt wurden durch die Lokomotive, die Herstellung von Kraftfahrzeugen und Flugzeugen, durch den Photoapparat, das Radio und das Fernsehen, durch die Erfindung der Muskete, des Maschinengewehrs und der Atombombe oder auch nur durch die Erzeugung einer synthetischen Faser (Nylon).
Vom Standpunkt der Einwirkung des Menschen auf das gesell-

schaftliche Leben können wir alle diese Techniken der ersten Kategorie als *Techniken der Umgestaltung der materiellen Umwelt* bezeichnen, wiederum in einem sehr weiten Sinne. Selbstverständlich vollzieht sich die Einwirkung derart weitgefaßter Veränderungen der materiellen Umwelt auf das gesellschaftliche Leben in unterschiedlicher Weise: anders, wenn es um die Produktion von Nahrungsmitteln geht, anders bei Veränderungen im Bereich des Städtebaus oder bei der Entwicklung neuer Verkehrsmittel, welche die ökologischen Verhältnisse auf der Erde gravierend verwandeln; und wiederum anders vollziehen sich die sozialen Wandlungen, die durch neue Kampfwerkzeuge hervorgerufen werden.

Wenn ich diese Dinge unter einer Kategorie zusammenfasse, so deshalb, weil in all diesen Bereichen die menschliche Aktivität auf die Erzeugung oder die Umwandlung von *Dingen* ausgerichtet ist und erst sekundär durch ihre Vermittlung das gesellschaftliche Leben verändert, wobei diese Veränderungen ebensogut beabsichtigt wie unbeabsichtigt sein können. Wenn ich innerhalb dieser Kategorie von Techniken von den *Werkzeugen* des Kampfes spreche, dann abstrahiere ich von solchen Elementen der Kampf*technik,* die von der Art der unmittelbaren Einwirkung auf die Menschen abhängen – davon, ob es, wenn die Technik der Strategie ins Spiel kommt, nun um Soldaten der eigenen Armee oder um den Feind geht. Genausowenig berücksichtige ich hier jene Elemente der Verkehrstechnik, die mit der Person des Schaffners, des Kassierers oder des Schiffskapitäns, und auch nicht jene, die mit der Person des Maschinisten oder der Arbeiter der Lokomotivenfabrik zusammenhängen.

Als zweite Kategorie haben wir die Technik der unmittelbaren Einwirkung auf den menschlichen Organismus. Sie umfaßt selbstverständlich die gesamte direkte Therapie und Prophylaxe – mit Ausnahme der Psychotherapie; wenn ich aber diese Kategorie von Techniken unterscheide, dann möchte ich vor allem auf die neuzeitliche Kunst aufmerksam machen, mit Hilfe von chemischen Mitteln, mit Hilfe der Elektrizität und auf operativem Wege unmittelbar in das Nervensystem einzugreifen. In dieser Hinsicht wurden bekanntlich in der letzten Zeit imponierende Resultate erzielt; immer mehr Menschen verlassen in geheiltem oder bedeutend gebessertem Zustand die psychiatrischen Krankenhäuser. Und doch haben die Forschungen, die zu derartigen therapeutischen Techniken führten, eine relativ kurze Geschichte, und man kann erwarten, daß in ihrer weiteren Entwicklung die Möglichkeiten, die menschliche Psyche durch unmittelbar chemische oder mechanische Einwirkung auf die Nervenzellen zu steuern, in einem Maße zunehmen werden, das uns vor kurzem noch nicht weniger phantastisch erschienen wäre als die Möglichkeit kosmischer Reisen.

Die Möglichkeiten beschränken sich aber nicht allein auf die Therapie. Die Lobotomie hat gezeigt, daß man die Persönlichkeitsstruktur auf operativem Wege verändern kann, zumindest in der Richtung, daß die Strebungen und das Gefühlsleben gedämpft werden. Damit ist die Alternative, mit der sich John Stuart Mill befaßte: ein unzufriedener Sokrates oder ein glückliches Ferkel, zu einer Frage der Berufsethik des Chirurgen geworden.

Zur selben Kategorie von Techniken rechnen wir die Verfahren der unmittelbaren Einwirkung auf die Fortpflanzungszellen. Vorläufig beschränken sie sich auf Techniken der Sterilisation, die von den Nazis exzessiv angewandt wurde, aber in nicht allzu ferner Zukunft können auch andere Dinge ins Spiel kommen, z. B. die Bestimmung des Geschlechts und vielleicht auch anderer Merkmale der zu erwartenden Nachkommen.

Die dritte Kategorie ist die Technik der *unmittelbaren Einwirkung auf das Bewußtsein* anderer Menschen *mit Hilfe von Symbolsystemen,* zu denen vor allem Sprachsysteme zu zählen sind. Seit Jahrtausenden sind verschiedene soziale Rollen mit dieser Kategorie von Einwirkungen verbunden: der Lehrer, der Erzieher, der Prophet, der Agitator, der Volkstribun, der Führer, der Publizist, der Schauspieler und der Psychotherapeut. Bei der unmittelbaren Einwirkung auf das menschliche Bewußtsein hängt der Erfolg deutlich von individuellen Qualifikationen ab. So kann denn auch auf diesem Gebiet der technische Fortschritt bisher nur Zweifel wecken, wenn man nicht die technischen Instrumente der Massenkommunikation berücksichtigt, die wir der Entwicklung der materiellen Technik verdanken; von der Benutzung des Buchdrucks und der Lautsprecher abgesehen, hat es nicht den Anschein, als würden Chruschtschow und Kennedy in dieser Hinsicht über eine bessere Technik verfügen als Perikles. In den letzten Jahrzehnten haben wir es jedoch mit einer systematischen Vervollkommnung der Reklame- und Propagandatechniken zu tun; die Erziehungstechniken und die Psychotherapie kann man durch Anwendung der modernen Psychologie unabhängig von den individuellen Fähigkeiten der Erzieher entwickeln; durch Forschungen von der Art der Stoufferschen Untersuchungen über den amerikanischen Soldaten soll die Technik der erfolgreichen Massensteuerungen nach von vornherein festliegenden Absichten verbessert werden. Auch hier soll die empirische Soziologie eine Periode des technischen Fortschritts einleiten.

Techniken der unmittelbaren Einwirkung auf das menschliche Bewußtsein sind nicht der einzige Bereich, den die empirische Soziologie in sozialtechnischer Absicht erforscht; in diesem Punkt nicht minder wichtig sind Untersuchungen über den Einfluß der materiellen Umwelt auf das menschliche Bewußtsein. Hierbei geht es um die sozialen Konsequenzen der Wirtschaftsplanung. Dank der empirischen Feststellung bestimmter Zusammenhänge können die Produktionstechnik, die Technik des »social engineering« und die Techniken der über Symbole vermittelten Einwirkung auf das menschliche Bewußtsein auf die gleiche Höhe gebracht werden.

Technik und Konzentration der Macht

Eine der wichtigsten Konsequenzen der Entwicklung der modernen materiellen Technik – der Technik im gewöhnlichen Sinne – war die Konzentration der Produktionsmittel und die Konzentration der Zwangsmittel. Die Konzentration der Instrumente unmittelbarer Zwangsgewalt in den Händen des Staates ging der Konzentration der Produktionsmittel voraus. Das Resultat beider Prozesse ist eine Konzentration der Macht. Unter den gegebenen Bedingungen scheint die Entwicklung der Technik, sobald sie ein bestimmtes Niveau erreicht hat, unvermeidlich eine Konzentration der Macht nach sich zu ziehen. Das Fehlen moderner technischer Mittel wurde anscheinend im Staat der Pharaonen oder im Staat der Inkas, wo man in riesigen Gebieten eine zentralisierte Planwirtschaft betrieb, kompensiert durch eine hervorragende Organisationstechnik und eine Technik der Einwirkung auf das menschliche Bewußtsein ohne »Massenkommunikationsmittel«. Wichtigste Quelle der Macht in der modernen Welt wurden die Produktionstechnik, die Kommunikationstechnik und die Technik der unmittelbaren Zwangsmittel.

Gering war bisher der Beitrag biologischer Techniken, die unmittelbar auf das Nervensystem oder auf die Gene zielen. Kürzlich hat nun ein Warschauer Psychiater über die Möglichkeit geschrieben, ganze Nationen oder Volksgruppen in Ansammlungen intellektuell und emotional reduzierter Roboter zu verwandeln, wenn ein siegreicher Hitler die Absicht hätte, sich in breitem Maße der psychiatrischen Technik zu bedienen. Die an den Gefangenen der Konzentrationslager von faschistischen Gelehrten durchgeführten Experimente zeigen, daß derartige Einfälle den Nazis nicht fremd waren.

Die Konzentration der Macht, die wir heute beobachten, vollzieht sich auf Kosten der Götter und auf Kosten der Menschen. Das Universum ist groß, die Götter können emigrieren. Aber derselbe Faktor, der die Macht der Götter begrenzt – die Konzentration der menschlichen Macht – kann nicht ohne Einfluß auf die sozialen Einstellungen bleiben. Im 18. Jahrhundert wurde vorhergesagt, die Beherrschung der Naturkräfte werde dem Menschen ein Gefühl der Freiheit geben und ihn von seinen Ängsten befreien. Inzwischen ist etwas anderes passiert. Die Konzentration der Macht hat dazu geführt, daß psychische Dispositionen, wie man aus verschiedenen Symptomen erschließen kann, sich ausgebreitet haben, die ich einmal als »Liliputaner-Komplex« bezeichnet habe: ein Gefühl der Ohnmacht, die Überzeugung, daß wir auf den Gang der Ereignisse keinen wirklichen Einfluß nehmen können.

Empirische Methoden bei der doppelten Aufgabe des Soziologen

Es war davon die Rede, daß die in ihren Zielsetzungen neutrale Technik nicht neutral ist, wenn es um die Auswahl derjenigen geht, die sich ihrer bedienen sollen. Das gilt gleichfalls für die Sozialtechnik. Es ist klar, daß unter den heutigen Bedingungen der Machtkonzentration eine Vervollkommnung der Methoden der Sozialtechnik zu einem Faktor dieser Konzentration wird und die Macht derjenigen erweitert, die sie bereits besitzen. In Amerika wurde häufig auf derartige Konsequenzen von soziologischen Untersuchungen hingewiesen, die von den Inhabern der politischen Macht und vom Kapital inspiriert sind; in den vorhergesagten Erfolgen der Sozialtechnik hat man eine neue Bedrohung der Demokratie gesehen. Das praktische Ziel der Stoufferschen Untersuchungen über den amerikanischen Soldaten bestand darin – und der greise Robert Lynd hat das voll Bitterkeit hervorgehoben –, wirksame Methoden herauszufinden, um Hundertausende junger Männer dem Willen der amerikanischen Führung zu unterwerfen, sie dazu zu bringen, mit maximalem Effekt für Parolen zu kämpfen, die ihnen fremd sind. Andere soziologische Untersuchungen über die Arbeiter sollten den Kapitalbesitzern Mittel einer wirksameren Lenkung der Betriebsbelegschaft an die Hand geben.

Der Soziologe braucht sich jedoch nicht auf eine Rolle zu beschränken, in der er Aufträge für technische Direktiven ausführt, und auch nicht auf die Rolle eines selbständigen Erforschers von Abhängigkeiten zwischen den Tatsachen im Sinne moralisch neutraler Direktiven des »social engineering«. Im Laufe unserer Überlegungen sind auch seine anderen Aufgaben genannt worden, Aufgaben, welche die Väter der amerikanischen Soziologie sich gestellt hatten, Aufgaben, die zur sozialen Thematik der polnischen Soziologen der älteren und nicht nur der älteren Generation überleiteten und die in Amerika Robert Lynd[2] oder C. W. Mills[3] dem zeitgenössischen Soziologen stellen. Diese erweiterten Aufgaben – Aufgaben eines Initiators – lassen sich mit einem neutralen Professionalismus nicht vereinbaren. Es geht hier um eine Rolle des Soziologen, die nicht die Respektierung des Status quo voraussetzt. Robert Hutchins, 1929-1945 Präsident der Universität von Chicago und von

2 R. Lynd, *Knowledge for What? The Place of Social Sciences in American Culture*, Princeton Univ. Press 1939.

3 C. W. Mills, *The Sociological Imagination*, New York 1959. R. A. Nisbet stellt die gegenwärtige Generation der amerikanischen Soziologen den früheren Generationen in der folgenden Weise gegenüber: »Bis vor einer Generation bestand das Hauptinteresse der amerikanischen Soziologen in der Erforschung des *Wandels* [. . .], heute stellen wir eine radikal andere Orientierung fest. Die Hauptorientierung ist nicht der Wandel, *sondern die Ordnung.« Conservatism in Sociology*, in: *American Journal of Sociology* 1952 (September).

1945-1951 deren Kanzler, hat sich scharf einer Auffassung der Universität entgegengestellt, der zufolge diese Institution die Menschen an die bestehenden Verhältnisse anzupassen habe. Nach seiner Meinung ist es eine der vornehmsten Aufgaben der Hochschulen, ihre Umwelt und die dort herrschenden Konformismen freizügig und umfassend zu kritisieren.[4] Diese Aufgabe, die Hutchins der Universität insgesamt stellen möchte, gehört sicherlich zu den Aufgaben des Soziologen in der sozialen Rolle, von der wir hier sprechen, und es ist wohl kein Zufall, daß gerade die Soziologie sich üppig entfaltete während der Amtszeit Hutchins', als die Universität von Chicago des Kommunismus und anderer Vergehen gegen den amerikanischen Konformismus angeklagt wurde.

Vielfach hat sich im Fortgang unserer Erwägungen über die Besonderheiten der Sozialwissenschaften gezeigt, wie wichtig soziologische Untersuchungen im Dienste der gesellschaftlichen Planung sind, Untersuchungen, die von konkreten Bedürfnissen der planenden Institutionen ausgehen. Die Reflexionen über die sozialen Konsequenzen der Planung führten uns aber zu umfassenderen Problemen, die bereits nicht mehr einen konkreten Bereich innerhalb der bestehenden Formen der Planung betreffen, in den sozialen Beziehungen nach neuen Möglichkeiten zu suchen – beispielsweise solchen Formen einer sozialen Ordnung, in denen sich Effizienz und Rationalität der Planung mit einem hochgradigen Freiheitsempfinden und einer hochgradigen Beteiligung der breiten Bevölkerungsschichten am Entscheidungsprozeß vereinbaren ließen. Es besteht keine Chance, derartige Probleme auf ausgetretenen Pfaden mit standardisierten Methoden zu lösen, und wenn man sich ihrer annimmt, so will man nicht neutrale, sondern wirksame Techniken entwickeln, die sich gleichermaßen für entgegengesetzte Zwecke verwenden lassen.

Ist die Unterscheidung dieser beiden Rollen, die der Soziologe im gesellschaftlichen Handeln spielt, gleichzusetzen mit dem Gegensatz zwischen dem empiristischen und dem humanistischen Soziologen? Es besteht kein Anlaß, empirische Studien, die auf quantitative Resultate abgestellt sind, nicht auf Sachverhalte auszudehnen, die über soziographische Diagnostik

4 R. M. Hutchins, *Freedom, Education and the Fund*, New York 1956, S. 15.

und das Feststellen von Korrelationen hinausgehen, deren Kenntnis für die Durchführung politischer oder ökonomischer Pläne nötig ist. Es besteht kein Anlaß zu der Vermutung, durch die Aufdeckung bestimmter Korrelationen oder die Anwendung bestimmter sozialer Experimente ließen sich nicht empirische Daten finden auch für Methoden einer wirksamen Verteidigung des Menschen und freier, informeller Gruppen gegenüber jeder Machtkonzentration bzw. gegenüber der Bürokratisierung des gesellschaftlichen Lebens, oder für Methoden, mit denen man die Initiative der Einzelnen, das soziale Verantwortungsgefühl und die Herstellung von menschlichen Beziehungen, die auf Kooperation gründen, entfachen könnte. Eine derartige Erweiterung der Thematik der modernen empirischen Soziologie würde freilich ihre »Humanisierung« erforderlich machen. Man muß über die einfachen standardisierten Methoden hinausgehen, wenn man nach neuen Phänomenen und neuen Möglichkeiten sucht, und wenn gerade deshalb untypische Verhaltensweisen und Ausnahmesituationen ein besonderes Gewicht bekommen.

Lazarsfeld läßt, wo er über die Arbeiten der »Kulturanthropologen« spricht, die sich nicht auf die Beschreibung von Phänomenen beschränken, sondern Mechanismen entdecken möchten, die den Gang des zeitgenössischen gesellschaftlichen Lebens beeinflussen, eine Bemerkung fallen, aus der hervorgeht, daß er sich für etwas Besseres als einen professionellen Empiristen der quantitativen Forschung hält: »[Die Kulturanthropologen], die sich sowohl durch ihre Brillanz als auch durch die Unverantwortlichkeit auszeichnen, mit der sie sich auf die Tatsachen berufen, scheinen den mit Zahlen operierenden Soziologen zu einer wirksamen Zusammenarbeit aufzurufen. Dieser Aufruf verdient gehört zu werden, denn aus der Zusammenarbeit zweier Gruppen können neue Einsichten in die menschlichen Verhältnisse entstehen.«[5] Die Zusammenarbeit, an die wir denken, würde noch weiter reichen – in den Forschungsprozeß hinein. Sie drängt sich auf bei der vergleichenden Analyse von Materialien, die mit Hilfe desselben empirischen Verfahrens, etwa der Anwendung eines einheitlichen oder eines analogen Fragebogens in verschiedenen Gesellschaften und Kulturen, gesammelt wurden. Die Frage der Vergleich-

5 P. F. Lazarsfeld, *The Historian and the Pollster*, S. 253.

barkeit der gewonnenen Antworten entzieht sich angesichts der kulturellen Unterschiede ethnischer Gruppen oder einzelner Milieus der statistischen Methode. Dieses Thema haben wir bereits erörtert.

Eine Domäne des humanistischen Soziologen werden sicherlich historische Materialien bleiben, die bei all ihren Nachteilen den einen Vorteil gegenüber Materialien haben, die mit der Methode des schriftlichen oder mündlichen Interviews gesammelt wurden, daß sie nicht durch den Untersuchungsprozeß beeinflußt sind. Angesichts des frühen Entwicklungsstadiums, in dem sich die Methoden der empirischen Soziologie befinden, und in Anbetracht des raschen Tempos, in dem sich die zeitgenössische Realität verändert, ist freilich schwer vorherzusehen, wie die Zusammenarbeit des Vertreters quantitativer empirischer Forschung und des humanistischen Soziologen sowohl bei soziographischen Studien, in denen das Ausgangsmaterial subtilere Methoden der Interpretation erfordert, als auch bei der Suche nach weitergehenden Generalisierungen und neuen Auffassungen der sozialen Phänomene und Probleme sich entwikkeln wird. Vielleicht wird sich, wenn man Teilbereiche der gegenwärtigen Realität untersucht, eine Synthese von Methoden, die sich nach naturwissenschaftlichen Vorbildern richten, und von humanistischen Methoden herausbilden, wobei man sich des vergleichenden Materials bedienen wird, über das der Sozialanthropologe verfügt. Vielleicht wird aber auch der empirische Soziologe, der seine Disziplin ausschließlich auf die Untersuchung der ihm unmittelbar zugänglichen Realität beschränkt, den Weg zu einer erweiterten Problemstellung und zu weiterführenden Verallgemeinerungen finden, indem er das Fehlen historischen Materials durch die Anwendung vielfältiger sozialer Experimente im großen Maßstab ausgleicht. Der Gedanke derartiger Experimente hat eine längere Tradition, als man gemeinhin vermutet. Wenn man Herodot glauben darf, so hat schon jener Pharao von der Möglichkeit sozialer Experimente für wissenschaftliche Zwecke gewußt, der durch Experimente sein linguistisch-soziologisches Interesse an der natürlichen Sprache befriedigen wollte. Heute erstrecken sich diese Einfälle allerdings auf ein sehr viel weiteres Gebiet, und auch die Möglichkeiten ihrer Realisierung sind sehr viel größer geworden.

Alphabetisches Verzeichnis der edition suhrkamp